NEUROBUGS

LUIZ GAZIRI

NEUROBUGS

Supere as falhas do seu cérebro, revolucione suas decisões e afie seu pensamento crítico

volume 1

ALTA CULT
EDITORA

Neurobugs

Alta Cult é um selo do Grupo Editorial Alta Books (STARLIN ALTA EDITORA E CONSULTORIA LTDA).

ISBN: 978-85-508-2778-0

Impresso no Brasil — 1ª Edição, 2025 — Edição revisada conforme o Acordo Ortográfico da Língua Portuguesa de 2009.

Dados Internacionais de Catalogação na Publicação (CIP)

G258n
1. ed. Gaziri, Luiz
Neurobugs: supere as falhas do seu cérebro, revolucione suas decisões e afie seu pensamento crítico / Luiz Gaziri. - 1. ed. Rio de Janeiro : Alta Cult, 2025. v. 1.
264 p.; 16 x 23 cm

Bibliografia.
ISBN 978-85-508-2778-0

1. Psicologia cognitiva. 2. Tomada de decisão. 3. Comportamento humano. 4. Ciência cognitiva. I. Título.

CDD 153.42
CDU 159.955

Produção Editorial: Grupo Editorial Alta Books
Diretor Editorial: Anderson Vieira
Editor da Obra: J. A. Ruggeri
Vendas Governamentais: Cristiane Mutüs

Produtor editorial
Fonte Editorial

ALTA BOOKS
GRUPO EDITORIAL

Rua Viúva Cláudio, 291 — Bairro Industrial do Jacaré
CEP: 20.970-031 — Rio de Janeiro (RJ)
Tels.: (21) 3278-8069 / 3278-8419
www.altabooks.com.br — altabooks@altabooks.com.br
Ouvidoria: ouvidoria@altabooks.com.br

Editora **afiliada à:**

ASSOCIADO

Para Mariana, Leonardo e Victoria

As vezes eu me assusto comigo mesmo
As vezes minha mente prega peças em mim
E tudo continua se acumulando
Eu acho que estou pirando
Será que sou simplesmente paranoico?
Eu não sei
Basket Case
Green Day

Sumário

Introdução

Analise a imagem abaixo e responda: qual das mesas é a mais comprida?

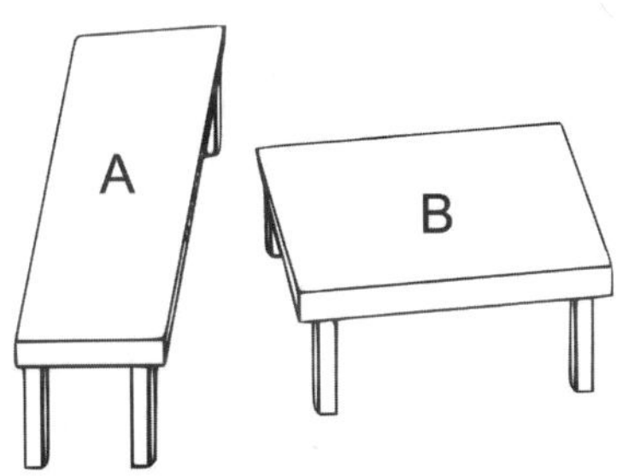

Figura 1 – Mesas de Shepard

A resposta é óbvia, não é mesmo? A mesa A é mais comprida do que a mesa B. Será? **Isso é o que seus olhos te mostram**. Se puder, pegue uma régua, um pedaço de papel ou até mesmo o seu smartphone, e meça o comprimento e largura de cada uma das mesas – você vai se surpreender.

Sim, você pode medir quantas vezes quiser e o que encontrará é que **tanto a largura quanto o comprimento das mesas A e B são idênticos**, apesar de seu cérebro te entregar uma informação bem diferente. Essa ilusão, criada pelo cientista da Stanford, Roger Shepard, traz o ensinamento de que nossos julgamentos a "olho nu" nem sempre são confiáveis e, quando em dúvida, **devemos investigar mais profundamente para descobrir a verdade**.

Perceba que mesmo que você **tente** ver as mesas de forma igual, você nunca vai conseguir. Mesmo **sabendo que as mesas são iguais**, seus olhos continuam não acreditando. Nem a **consciência** de que a imagem é uma ilusão permite com que o seu cérebro a desligue. Da mesma forma, as **ilusões**

cognitivas que o seu cérebro fabrica são impossíveis de se apagar – **nós não conseguimos desligar os vieses que governam nossas decisões.** Para não sermos vítimas de maus julgamentos, é aconselhável usarmos uma régua.

Essa régua se chama ciência!

A metodologia científica é uma das maiores invenções da humanidade, funcionando como uma espécie de passo a passo que os pesquisadores são **obrigados** a utilizar para eliminar os ***bugs*** que assombram nosso cérebro e descobrir como o mundo funciona de verdade. O influente cientista da Harvard, Steven Pinker, reflete que em situações de risco, mesmo que um piloto de avião tenha uma visão precisa de todos os detalhes do avião e do terreno que está sobrevoando, ele precisa se livrar de suas intuições e seguir as instruções do sistema de segurança da aeronave para escapar de uma fatalidade. Em outros momentos, pilotos têm sua visão prejudicada pela nebulosidade e precisam confiar nos instrumentos para guiar a aeronave com segurança até o seu destino. Da mesma maneira, em nossos percursos do dia a dia podemos ter bloqueios visuais e mentais causados por **bugs em nosso cérebro** e assim, devemos deixar de lado nossas crenças e confiar na ciência para nos guiar a decisões seguras.

Entre a imensidão de vieses que distorcem nossas decisões e crenças sobre como o mundo funciona, destacam-se os que revelam que o ser humano luta com todas as suas forças para **manter uma imagem positiva de si mesmo**. Todos nós queremos acreditar que somos indivíduos inteligentes, honestos, racionais e bons decisores. Em nossas cabeças, somos espertos demais para adotarmos estratégias perigosas em nossas empresas, defendermos políticos desonestos, investirmos dinheiro em ações sem potencial, casarmos com a pessoa errada, sermos vítimas de cultos destrutivos, acreditarmos em teorias da conspiração, ou até mesmo, para sermos enganados por charlatões da autoajuda. Essa necessidade de manter o ego elevado faz com que as pessoas tenham **extremas dificuldades em assumir erros, atualizar suas crenças e mudar suas atitudes**, levando-as a persistir em estratégias corporativas comprovadamente ineficientes, teimar no investimento de seu suado dinheiro em fundos que trarão prejuízo, acabar com a sua saúde mental permanecendo em relacionamentos tóxicos e pior, aumentar seu apoio a políticos com histórico de corrupção e autoritarismo.

Uma vasta literatura científica revela que quando confrontadas com informações que colocam suas crenças em risco, as pessoas tendem a assumir posições ainda mais radicais naquilo que já acreditam.

No decorrer desse livro, você descobrirá que nosso cérebro apresenta vários *bugs* que nos levam a cometer erros **sistemáticos e previsíveis**. A notícia boa é que, como esses bugs são previsíveis, podemos **antecipá-los e superá-los,** evitando com que eles arruínem nossas decisões.

Olhando por uma perspectiva evolucionária, muitas partes do nosso cérebro que são responsáveis pela tomada de decisões são relativamente novas, portanto, é esperado que existam alguns *bugs* nesse sistema. Um desses *bugs* é o investimento demasiado no que os cientistas chamam de **Positivo Falso**, ou seja, acreditar em algo que acaba não se revelando verdadeiro. Para os nossos ancestrais, era melhor **acreditar** que foi um **leão** que fez um barulho atrás do arbusto e sair logo correndo, do que permanecer parado no local imaginando que poderia ser um antílope. Ao sair correndo e posteriormente descobrir que se tratava de um antílope atrás do arbusto, o prejuízo causado por esse Positivo Falso era **mínimo**. Mas ao sair correndo e depois de alguns minutos ver um leão saltando de trás do arbusto, um Positivo Verdadeiro, o **lucro era enorme**. Por outro lado, ficar parado e ser surpreendido por um leão saltando em sua direção, um **Negativo Falso**, gera prejuízos gigantescos, por isso, o ser humano sempre prefere **acreditar** primeiro, **agir** por segundo e **verificar** por terceiro. Na savana, os indivíduos mais vigilantes à presença de potenciais predadores tinham chances maiores de sobreviver e passar seus genes para as próximas gerações, o que nos leva a conclusão de que **nós somos descendentes dessa classe de indivíduos**. Perceba que há dezenas de milhares de anos, acreditar em algo que não era verdadeiro gerava danos pequenos para nós, mas atualmente, em um mundo recheado de *fake news*, dicas empresariais furadas, políticos corruptos e lobos disfarçados de gurus, esse *bug* pode gerar perdas inestimáveis.

As renomadas cientistas Susan Fiske, da Princeton, e Shelley Taylor, da Universidade da Califórnia Los Angeles definem o ser humano como um **Avarento Cognitivo**.

Da mesma forma que um avarento evita gastar dinheiro, o nosso cérebro evita gastar energia.

Inúmeros estudos apontam que o cérebro humano é limitado em tempo, conhecimento, atenção e recursos cognitivos, assim, as pessoas não pensam cautelosamente sobre determinados assuntos, utilizando **atalhos cognitivos** para fazer previsões e julgamentos. Estes atalhos do cérebro são conhecidos como **vieses ou heurísticas**, e eles nos ajudam a tomar decisões rápidas e **geralmente acertadas** – como no caso do barulho atrás do arbusto – sem a necessidade de termos de pensar cuidadosamente em todas as variáveis envolvidas naquela decisão.

Por isso, o objetivo desse livro é apresentar uma lista organizada das ocasiões em que esses atalhos mentais apresentam bugs – levando-nos a correr quando não existe leão algum atrás do arbusto – provocando decisões equivocadas e crenças perigosas.

São abundantes os exemplos apresentados sobre as ações dos vieses nos mundos corporativo, jurídico, político, financeiro, conjugal, religioso, familiar, pessoal e muitos outros. Alerta de spoiler: poucos minutos de leitura diária já farão com que você **detecte** esses vieses nas situações mais corriqueiras do dia a dia. Como diz um amigo meu, depois de ser picado pelo "bichinho dos vieses" você passa a enxergá-los por toda parte. O conhecimento que você vai adquirir nesse livro, porém, vem com um preço alto: você nunca mais vai consumir informações de maneira ingênua, seu poder de análise crítica vai te deixar surpreso e seu nível de exigência para aceitar qualquer tipo de conteúdo vai subir muito. **Você está pronto para essa nova vida?**

Entre as descobertas que você fará nessa obra, estão:

- Ao ler um artigo científico revelando que comissões trazem piores resultados em vendas, existem chances maiores ou menores de um empresário mudar a estratégia de remuneração na sua empresa?

- As pessoas passam a ter uma visão política mais equilibrada quando consomem informações dos dois lados?

- Casais com baixa fertilidade têm mais chances de conceber um filho após adotar uma criança?
- Cada ser humano é motivado por fatores diferentes, portanto, o que me motiva não necessariamente te motiva?
- Qual a probabilidade de as pessoas notarem uma mancha de ketchup na sua gravata após um acidente durante o almoço?
- Ao não serem resgatadas por um disco voador que as salvaria de uma calamidade, como prometido pelo líder de um culto religioso, as pessoas têm mais ou menos chances de abandonar o culto?
- Juízes de direito inocentam criminosos perigosos com mais frequência antes ou depois do almoço?
- Votar em um político e posteriormente descobrir que ele está envolvido em um esquema de corrupção, faz com que um indivíduo se torne um defensor ainda mais fervoroso desse candidato?
- Após ajudar uma senhora de idade a atravessar a rua, existem mais ou menos chances de você contratar um candidato de uma raça diferente da sua?
- Ao herdar uma farta carteira de investimentos do seu tio avô, sua tendência é mudar completamente a alocação dos recursos ou deixar os investimentos da maneira que estão?
- Depois de confessar para seus colegas de trabalho que cometeu uma falha e colocou os resultados da empresa em perigo, seus colegas passam a gostar mais ou menos de você?

Sem usar a régua da ciência, dificilmente acertaremos as respostas para essas perguntas e assim, nunca saberemos se elas não passam de ilusões criadas por nossas mentes.

O leitor mais desconfiado pode estar indagando nesse momento: **se o ser humano é tão idiota, como é que ele inventou um foguete que tem marcha ré?** Essa pergunta é excelente, assim como a resposta para ela. Nós não tomamos decisões erradas por sermos estúpidos, e sim, por sermos

humanos. Os vieses presentes em nosso cérebro não são frutos da nossa irracionalidade, mas de **bugs em nossa racionalidade**.

Todos nós temos crenças enraizadas que influenciam nossa visão do mundo, porém, durante essa leitura você vai entender que **suas crenças devem ser encaradas como hipóteses a serem testadas, não como verdades a serem preservadas.**

REFERÊNCIAS

Shepard, R. N. (1990). *Mind Sights*: Original visual Illusions, Ambiguities, and other Anomalies, with a Commentary on the play of mind in Perception and art. WH Freeman/Times Books/Henry Holt & Co.

Shepard, R. N. (2001). Perceptual-cognitive universals as reflections of the world. *Behavioral and Brain Sciences*, 24(4), 581-601.

Pinker, S. (2021). *Rationality*: What it is, why it seems scarce, why it matters. Penguin.

Gilovich, T., Griffin, D., & Kahneman, D. (Eds.). (2002). *Heuristics and biases*: The psychology of intuitive judgment. Cambridge university press.

Williams, E. F., & Gilovich, T. (2008). Do people really believe they are above average?. *Journal of Experimental Social Psychology*, 44(4), 1121-1128.

Rozin, P., & Royzman, E. B. (2001). Negativity bias, negativity dominance, and contagion. *Personality and Social Psychology Review*, 5(4), 296-320.

Fiske, S. T., & Taylor, S. E. (1991). *Social cognition*. Mcgraw-Hill Book Company.

Bazerman, M. H., & Schoorman, F. D. (1983). A limited rationality model of interlocking directorates. *Academy of Management Review*, 8(2), 206-217.

Dissonância Cognitiva

No dia 30 de janeiro de 1997, membros do culto Heaven's Gate pagaram mais de USD 3.600,00 por um sofisticado telescópio que os possibilitaria enxergar algo que esperavam há mais de 20 anos. Na época, o cometa Hale-Bopp orbitava próximo ao sol e seu brilho podia ser visto a olho nu no mundo inteiro. O líder do grupo, Marshall Applewhite, acreditava que a chegada do cometa era um **sinal dos extraterrestres** que, de acordo com a profecia, salvariam os membros do Heaven's Gate do plano terrestre e os guiariam a um "nível de existência superior ao humano." A crença do grupo era a de que uma **nave espacial** viajava colada à cauda do cometa Hale-Bopp, com o intuito de **coletar suas almas** quando estivesse próxima à terra. Após terem suas almas coletadas, as pessoas do grupo seriam **transformadas em seres super evoluídos**, muito superiores aos humanos. No entanto, para que isto acontecesse, os membros deveriam livrar-se de seus "receptáculos terrestres" – seus corpos. O investimento feito no telescópio era de grande valia para o grupo, já que o instrumento os permitiria acompanhar com precisão o deslocamento do cometa e da nave espacial, auxiliando-os a decidir **quando** seria o momento preciso da salvação.

No entanto, um fato curioso aconteceu no dia 7 de fevereiro, quando alguns membros retornaram à loja onde haviam comprado o telescópio para devolvê-lo e pedir um reembolso. Ao serem questionados pela gerente do estabelecimento sobre o motivo da devolução, um dos membros afirmou: "o telescópio está com defeito, nós enxergamos o cometa perfeitamente, mas não conseguimos avistar a nave espacial que está viajando atrás dele."

Eu sei que você provavelmente deve estar esboçando um sorriso neste momento, mas faz isto sem saber que também é vítima de crenças similares a esta e que, frequentemente, comporta-se de forma parecida aos membros deste culto.

Tragicamente, no dia 26 de março, trinta e nove membros do culto foram encontrados **mortos** em uma mansão em San Diego, Califórnia, vítimas de suicídio coletivo. Todos usavam roupas e tênis idênticos, tinham USD 5,75 em seus bolsos e jaziam em suas camas com as cabeças cobertas por um manto roxo.

O fenômeno que levou os membros do Heaven's Gate a descartarem as evidências de que não havia uma nave espacial atrás do cometa é conhecido pelos cientistas como **Dissonância Cognitiva**, que demonstra que o ser humano tem enormes dificuldades em aceitar fatos contrários às suas crenças.

A Dissonância Cognitiva é o desconforto causado quando uma pessoa é exposta a duas cognições conflitantes.

Como um exemplo, a cognição:

Eu acredito que uma nave espacial viajando junto ao cometa Hale-Bopp coletará minha alma e me conduzirá a um nível de existência superior ao humano.

É conflitante com:

Eu procurei a nave espacial usando um poderoso telescópio, mas enxerguei apenas o cometa.

Para reduzir este desconforto e passar a sentir-se bem novamente, o indivíduo tem duas opções:

1. Deixa de acreditar no culto.

2. Tentar convencer a si mesmo que sua crença é correta: "o telescópio está com defeito."

Se você possui uma crença tão enraizada que está disposto, inclusive, a morrer por ela, quando é confrontado com informações que colocam esta crença em risco, o caminho mais confortável sempre é **reduzir a dissonância, colocando a culpa no telescópio e mantendo sua crença viva**. Milhares de experimentos científicos inspirados por Leon Festinger, o renomado cientista que desenvolveu a Teoria da Dissonância Cognitiva, evidenciam que o ser humano encontra as mais bizarras justificativas para **manter suas crenças**

intactas, principalmente quando o indivíduo sente que sua imagem como **inteligente, bom decisor, honesto e racional** está sendo ameaçada.

Em 1954, Festinger e outros cientistas se infiltraram em um culto similar ao Heaven's Gate para estudar o comportamento de seus membros. A líder do culto, Dorothy Martin, dizia **receber mensagens de extraterrestres** e, em meados daquele ano, os alienígenas a "informaram" que uma grande inundação **acabaria com a vida na terra** no dia 21 de dezembro. No dia 17, Dorothy recebeu uma ligação de um "habitante do planeta Clarion", informando-a que uma nave espacial pousaria em seu jardim às 16h para salvar os membros de seu culto da catástrofe que se aproximava. Como você pode imaginar, o disco voador não veio. Às 17h30, sem sinais da nave, os membros do culto chegaram à conclusão de que os extraterrestres não haviam pousado por uma razão: aquela havia sido apenas uma **sessão de treinamento**. Segundo Dorothy, para embarcar com segurança no disco voador, todos deveriam se livrar dos **objetos de metal** de suas roupas e corpos, como zíperes, anéis, botões, colares e pulseiras. O treinamento teve o intuito de certificar que os terráqueos não cometeriam falhas no momento real do resgate. Cognições como "foi só um treinamento" e "os alienígenas abortaram o resgate porque alguém esqueceu de arrancar o suporte de seu sutiã", certamente serviram para reduzir a dissonância, trazer conforto e manter viva a crença do grupo, após os membros terem pensamentos como: "eu acreditei em uma mulher que me disse que alienígenas viriam me resgatar de uma grande inundação, fiquei aguardando uma nave espacial, mas ela nunca chegou."

Mais tarde naquele mesmo dia, Martin recebeu uma nova mensagem a informando de que um disco voador os resgataria às 1h30 do dia 18. O grupo esperou até às 3h30 e, novamente, os extraterrestres os decepcionaram. No dia 20 de dezembro, um dia antes da catástrofe profetizada, boas notícias: Dorothy Martin recebeu a mensagem de que um ser espacial os visitaria pontualmente à meia-noite e os conduziria até um disco voador escondido em um local secreto, onde os membros do grupo poderiam embarcar com segurança. O ser espacial não chegou meia-noite, nem 1h, nem às 2h ou 3h. Os membros ficaram atônitos, em silêncio, por horas. Porém, às 4h45, Dorothy Martin anunciou ao grupo que recebeu a surpreendente mensagem: "O Deus da Terra poupou o planeta da destruição, o cataclismo foi adiado. O pequeno grupo que ficou sentado a noite toda espalhou tanta luz que Deus salvou o mundo da destruição."

Você acha que o grupo acreditou nesta mensagem? Após tantas decepções seguidas, a intuição de muitos é a de que o culto chegaria ao seu fim, de que seus membros o abandonariam – mas não foi isso que aconteceu. Festinger e os demais cientistas reportaram que o grupo continuou firme em sua posição nos dias seguintes, acreditando **com ainda mais fervor** na promessa de que um dia seriam resgatados por extraterrestres. Prova disso é que o grupo, que era fechado e não concedia entrevistas, mudou completamente de comportamento após ter sua crença desconfirmada, passando a sair nas ruas para **recrutar novos membros** e começando a dar entrevistas para vários meios de comunicação. "Ufa, não sou um maluco por acreditar que uma nave espacial viria me salvar do fim do mundo, sou esperto e ainda por cima, salvei o planeta da destruição", deve ter sido a cognição dos membros. Você percebe alguma similaridade aqui com radicais políticos, que depois de descobrirem que o candidato em que votaram está envolvido em um escândalo de corrupção, passam a fazer de tudo para se cegar ao comportamento antiético do mesmo e tornam-se **ainda mais fiéis** a ele? Ou a executivos que escolheram certa estratégia para uma empresa e, por mais que os dados mostrem o fracasso, decidem investir ainda mais nela? E que tal investidores da bolsa de valores que, após perdas consecutivas de uma ação, resolvem comprar ainda mais, enganando a si mesmos de que as ações vão estourar muito em breve?

Essas evidências revelam que ao inventar justificativas para manter uma crença perigosa, as pessoas **voltam a ter um sentimento de conforto**, o que os cientistas chamam de **Redução de Dissonância**. Em algumas ocasiões, a invenção de uma justificativa atrás da outra para reduzir a dissonância pode chegar a um nível em que voltar atrás é impossível, gerando consequências catastróficas como as que ocorreram com os membros do Heaven's Gate. Nesses casos, é importante lembrarmos de uma das frases mais famosas do lendário cientista Carl Sagan, da Cornell University:

> *Melhor a verdade dolorida, eu digo, do que a ilusão confortante. E no final das contas, muitas vezes, os fatos são mais reconfortantes do que a fantasia.*

A Dissonância Cognitiva também acontece com crenças **menos radicais** do que as de resgates extraterrestres. Em 1965, um ano após o Ministério da Saúde dos Estados Unidos publicar um relatório sobre os perigos do tabagismo, dois cientistas da Universidade da Califórnia em Los Angeles realizaram uma pesquisa para saber como as pessoas avaliavam tais descobertas sobre o cigarro. Sem surpresas: 80,4% dos não fumantes diziam que o relatório era confiável, contra 77% dos fumantes leves, 58,3% dos fumantes moderados e 52,2% dos fumantes inveterados. Quanto mais cigarros os participantes fumavam, maior era o desejo de reduzir a dissonância e consequentemente, sua descrença às informações do relatório do Ministério da Saúde.

A **neurociência** também já mergulhou fundo para analisar os efeitos da dissonância. Um dos estudos mais impactantes dessa área, foi liderado pelo cientista Drew Westen, da Emory University. Dessa vez, os cientistas se reuniram para analisar o comportamento de um grupo curioso de pessoas: **radicais políticos**. Os cientistas colocavam participantes de **esquerda e de direita** em uma máquina de ressonância magnética (fMRI) em que eles deveriam ler frases que mostravam que **o seu candidato favorito** havia prometido algo e feito o contrário. Já em outras condições, os participantes liam uma contradição realizada pelo candidato do partido **oposto**. Conhecendo um pouco sobre dissonância, você concluirá com precisão que os participantes não percebiam contradição nas declarações de seu candidato preferido, mas conseguiam enxergá-la com clareza quando ela havia sido cometida pelo candidato do **partido oposto**.

O candidato do meu partido foi contraditório?

(1 – discordo totalmente, 4 – concordo totalmente)

Direita: 2,16

Esquerda: 2,60

O candidato do partido oponente foi contraditório?

(1 – discordo totalmente, 4 – concordo totalmente)

Direita: 3,55

Esquerda: 3,79

Os cientistas também pediram para os participantes julgarem frases contraditórias ditas por pessoas **neutras**, como por exemplo, o ator Tom Hanks. Como era de se esperar, esquerdistas e direitistas **conseguiam detectar facilmente** a contradição, demonstrando que **sabiam separar o que era certo do que era errado** quando o alvo não era um político.

Em seguida, os radicais políticos liam uma justificativa de seu candidato favorito, ou do candidato do partido oposto, e julgavam se o **candidato havia mesmo cometido uma contradição**. Confirmando a hipótese do estudo, esquerdistas e direitistas avaliavam a justificativa de seu candidato como forte e a do oponente como fraca.

Após a justificativa, o candidato do meu partido mostrou que não foi contraditório?

(1 - discordo totalmente, 4 – concordo totalmente)

Direita: 3,50

Esquerda: 3,11

Após a justificativa, o candidato do partido oponente mostrou que não foi contraditório?

(1 - discordo totalmente, 4 – concordo totalmente)

Direita: 1,82

Esquerda: 1,71

Pelo que parece, quando você está comprometido com um político, **engole qualquer justificativa esfarrapada que o seu candidato apresente quando ele comete um erro, e demoniza as justificativas do candidato ao qual se opõe.**

"Ufa, com certeza votei no candidato mais incrível e honesto que existe, sou muito esperto e tomei a decisão correta", delira o cérebro do radical político na tentativa de reduzir a dissonância.

Esse estudo ainda reservava uma bela surpresa: ao lerem informações contraditórias sobre seu candidato, o córtex pré-frontal dorso lateral – região do cérebro geralmente envolvida no raciocínio – **não apresentou atividade**. Isso mostra que estes circuitos neurais literalmente permanecem desligados quando temos contato com informações contrárias aos nossos desejos. Ativações de áreas cerebrais relacionadas com **desconforto, punição, dor e sentimentos negativos** foram detectadas enquanto os participantes estavam em dissonância, sendo seguidas por atividades em áreas responsáveis por **lembranças passadas, perdão, simpatia, cognições afetivas, julgamentos morais, regulação das emoções, e correção de respostas**. Algumas destas áreas, quando ativadas, causam **redução** no funcionamento de uma das regiões cerebrais envolvidas no processamento de ameaças, a amídala, o que revela que um cérebro em dissonância faz de tudo para desligar o oceano de emoções desprazerosas.

Complementando as descobertas, os cientistas registraram que após a redução das emoções negativas, o cérebro ativa áreas responsáveis pela **antecipação de recompensas**, como o estriado central e o núcleo accumbens. Essas áreas são movidas pelo neurotransmissor dopamina, que traz sentimentos de *embriaguez*. Depois de chegar a uma conclusão tendenciosa, o cérebro não quer apenas o sentimento de **alívio**, ele quer os sentimentos de **prazer e de reforço positivo**. Estes circuitos fazem parte das mesmas regiões do cérebro ativadas quando viciados em drogas alcançam a sensação de *barato*.

Você fica "doidão" depois de racionalizar o comportamento antiético do seu político favorito.

De acordo com Drew Westen, o cérebro político é um cérebro **emocional**, não uma calculadora que busca objetivamente por fatos e dados para tomar uma decisão **racional**. Os caminhos neurais que utilizamos para processar informações partidárias são completamente diferentes dos que usamos para realizar julgamentos mais "frios", que apresentam baixo valor emocional. Em resumo: tomar uma decisão política neutra é uma tarefa impossível para o ser humano. Estudos anteriores nomearam esse fenômeno como **Defesa Psicológica**, concluindo que o cérebro **nega, racionaliza e distorce informações contrárias as nossas crenças**, como se possuísse um sistema imunológico que expele informações que as colocam em risco. Essas são evidências sólidas de que quando realizamos julgamentos sobre assuntos políticos, nosso cérebro busca por **prazer** e não por **precisão.**

Jack Brehm da Universidade de Minnesota fez uma descoberta interessante sobre o processo da dissonância cognitiva. Em um experimento, mulheres tinham que dar notas para **oito eletrodomésticos** e em seguida, escolhiam um deles como um brinde. Minutos depois, o cientista dizia que os fabricantes dos eletrodomésticos estavam interessados em saber como as clientes avaliavam seus produtos depois de terem deixado a loja e assim, pediam para as participantes novamente atribuírem notas para os eletrodomésticos. Como você pode esperar, quando avaliavam os eletrodomésticos pela segunda vez as mulheres davam notas **mais altas para os que haviam escolhido** e mais baixas para os itens que não haviam escolhido. Perceba que um **pequeno comprometimento inicial**, como a escolha de um item ou um comentário nas mídias sociais, já é suficiente para produzir grande dissonância. Já os cientistas Dan Gilbert e Jane Ebert, da Harvard e MIT, respectivamente, descobriram que a dissonância é ainda maior quando a escolha das pessoas é **irrevogável**, ou seja, quando ela não tem mais volta. Uma pergunta: você pode **devolver seu voto?**

Contribuição igualmente importante sobre esse viés foi realizada pelo lendário cientista Elliot Aronson, da Universidade da Califórnia Santa Cruz, que revelou em um estudo que as pessoas reduzem a dissonância de um fracasso com ainda mais força após terem feito um **grande investimento inicial**. Em minhas conversas com executivos e executivas de empresas, frequentemente escuto relatos de pessoas que passaram anos trabalhando em companhias famosas por abusar dos funcionários, aquelas com ambientes pesados, onde os que não atingem as metas são ridicularizados na frente dos colegas. Porém, quando eu pergunto a estas pessoas se valeu a pena passar tanto anos em uma empresa abusiva, a maioria deles responde: "o ambiente era pesado, mas foi **uma escola**!" Depois de passar por processos de recrutamento e seleção extremamente concorridos, por uma bateria de entrevistas com os diretores da empresa, coletar toda a documentação para a admissão, realizar exames, investir anos trabalhando duro na empresa, ficar constantemente até às 21h no escritório e levar diversas broncas desnecessárias dos superiores, não é fácil admitir que passar por tudo isto foi um equívoco. A pessoa precisa **justificar** de alguma maneira todo esse esforço para manter a sua reputação como inteligente e boa decisora. O mesmo processo ocorre em cursos de coach, seminários e imersões em montanhas, em que as pessoas **pagam rios de dinheiro** para participar, passam por processos seletivos "rigorosos" para fazer parte do grupo, deslocam-se para outra cidade e sacrificam seu sono adentrando na madrugada para fazer atividades. "Foi uma experiência transformadora, mudou minha vida", será o tipo de depoimento dos participantes após o evento – quanto **mais esforço** esta pessoa teve que fazer para realizar o curso, **mais forte se tornará a dissonância para justificar o investimento**.

Há mais de vinte anos, eu venho expondo em meus livros, palestras e aulas, que existem evidências contundentes de que **comissões** trazem **piores resultados** em vendas. Apesar de mostrar estudos de Stanford, Universidade de Michigan, Duke, Universidade de Rochester, Yale, Universidade de Chicago e outras instituições de enorme prestígio, além dos resultados incríveis das empresas para as quais prestei serviços de consultoria e eliminei o pagamento por comissionamento, a regra é ver a dissonância cognitiva batendo sem piedade nas pessoas: "lá na minha empresa está funcionando", "os estudos da Stanford não se aplicam no Brasil, pois aqui a cultura é diferente", "os cientistas não entendem nada de vendas, aposto que eles nunca saíram à campo para vender um produto", "esses estudos científicos não refletem o mundo real", são algumas das racionalizações que venho escutando há mais de duas décadas. No mundo corporativo, infelizmente uma quantidade minúscula de empresas aplica evidências científicas em suas estratégias, assim como são pouquíssimos os líderes que gerenciam suas equipes usando a ciência. Já imaginou essa situação em um hospital, onde os médicos operam e tratam os pacientes do jeito que "acham" que vai dar certo?

Praticar medicina sem usar evidências científicas é algo inconcebível para nós e assim deveria ser também para os negócios.

A verdade é que ninguém gosta de se mostrar inconsistente ou de estar errado. Nossa sociedade celebra aqueles que mantém suas posições firmes, aqueles que não mudam de opinião. Admitir estar errado ou mudar de opinião, para nós, são sinais de **fraqueza**. No entanto, reconhecer um erro é uma enorme **virtude**, que mostra que a pessoa está disposta a mudar de opinião de acordo com as melhores evidências atuais, que está disposta a **aprender**.

Quando preferimos racionalizar nossas decisões ao invés de admitir e corrigir um erro, demonstramos arrogância, não inteligência.

Elliot Aronson afirma que gostamos de definir o ser humano como racional, quando na verdade, somos **racionalizadores**. O ser humano racionaliza qualquer informação para manter suas crenças intactas e preservar uma imagem superior de si mesmo.

Como você vai se comportar se eu te disser que estudos revelam que pensar positivo reduz suas chances de atingir objetivos? Que homeopatia não funciona? Que seu signo prevê a sua personalidade com a mesma precisão que um secador de cabelos mede a fertilidade de um elefante? Que meritocracia não existe? Que dinheiro raramente compra felicidade? Você também vai agir como um racionalizador?

REFERÊNCIAS

Festinger, L. (1957). *A theory of cognitive dissonance.*

Festinger, L., Riecken, H. W., & Schachter, S. (2008). *When prophecy fails.* Pinter & Martin Publishers.

Shultz, T. R., & Lepper, M. R. (1996). Cognitive dissonance reduction as constraint satisfaction. *Psychological review*, 103(2), 219.

Sagan, C. (1999). *The Demon-Haunted World.* Library Services Branch.

Kassarjian, H. H., & Cohen, J. B. (1965). Cognitive dissonance and consumer behavior. *California Management Review*, 8(1), 55-64.

Westen, D., Blagov, P. S., Harenski, K., Kilts, C., & Hamann, S. (2006). Neural bases of motivated reasoning: An fMRI study of emotional constraints on partisan political judgment in the 2004 US presidential election. *Journal of cognitive neuroscience*, 18(11), 1947-1958.

Gilbert, D. T., Pinel, E. C., Wilson, T. D., Blumberg, S. J., & Wheatley, T. P. (1998). Immune neglect: a source of durability bias in affective forecasting. *Journal of personality and social psychology*, 75(3), 617.

Brehm, J. W. (1956). Postdecision changes in the desirability of alternatives. *The Journal of Abnormal and Social Psychology*, 52(3), 384.

Gilbert, D. T., & Ebert, J. E. (2002). Decisions and revisions: the affective forecasting of changeable outcomes. *Journal of personality and social psychology*, 82(4), 503.

Aronson, E., & Mills, J. (1959). The effect of severity of initiation on liking for a group. *The Journal of Abnormal and Social Psychology*, 59(2), 177.

Ariely, D., Gneezy, U., Loewenstein, G., & Mazar, N. (2009). Large stakes and big mistakes. *The Review of Economic Studies*, 76(2), 451-469.

Lepper, M. R., Greene, D., & Nisbett, R. E. (1973). Undermining children's intrinsic interest with extrinsic reward: A test of the" overjustification" hypothesis. *Journal of Personality and social Psychology*, 28(1), 129.

Mani, A., Mullainathan, S., Shafir, E., & Zhao, J. (2013). Poverty impedes cognitive function. *Science*, 341(6149), 976-980.

Deci, E. L. (1971). Effects of externally mediated rewards on intrinsic motivation. *Journal of personality and Social Psychology*, 18(1), 105.

Gneezy, U., & Rustichini, A. (2000). Pay enough or don't pay at all. *The Quarterly journal of economics*, 115(3), 791-810.

Oettingen, G., & Mayer, D. (2002). The motivating function of thinking about the future: expectations versus fantasies. *Journal of personality and social psychology*, 83(5), 1198.

Ernst, E. (2002). A systematic review of systematic reviews of homeopathy. *British journal of clinical pharmacology*, 54(6), 577-582.

Fichten, C. S., & Sunerton, B. (1983). Popular horoscopes and the "Barnum effect". *The Journal of Psychology*, 114(1), 123-134.

McLaughlin, K. A., Weissman, D., & Bitrán, D. (2019). Childhood adversity and neural development: A systematic review. *Annual review of developmental psychology*, 1(1), 277-312.

Carrion, V. G., Weems, C. F., & Reiss, A. L. (2007). Stress predicts brain changes in children: a pilot longitudinal study on youth stress, posttraumatic stress disorder, and the hippocampus. *Pediatrics*, 119(3), 509-516.

Di Tella, R., Haisken-De New, J., & MacCulloch, R. (2010). Happiness adaptation to income and to status in an individual panel. *Journal of Economic Behavior & Organization*, 76(3), 834-852.

Falácia do Custo Irrecuperável

Imagine que você é um apaixonado por teatro e fica sabendo de uma promoção em uma casa renomada que te permite, **durante um ano**, assistir quantas peças quiser aderindo ao plano "Loucos Por Teatro" por R$ 600,00. Tentando conter sua empolgação, o rapaz da bilheteria avisa que, uma vez adquirido, o plano não permite reembolso em caso de desistência. Você dá pouca importância para a regra da casa, já que ir ao teatro é seu hobby favorito, e assim, adere ao plano. Na noite seguinte, você já quer fazer o plano valer e assim, decide assistir a uma peça. Para sua frustração, a peça era chata, quase sem graça. No final de semana seguinte, uma nova peça está em cartaz e você vai novamente ao teatro, apenas para ter mais uma frustração com um espetáculo de qualidade duvidosa. Com anos de experiência em teatro, você não lembra qual foi a última vez que viu duas peças ruins em sequência, concluindo que o acontecido deve ter sido um azar tremendo. Assim, você junta toda a sua coragem e investe em mais uma noite de final de semana indo ao teatro. A terceira peça é tão fraca quanto as duas primeiras. Você acredita que em uma situação como essa, você continuaria indo ao teatro? E caso você tivesse pagado R$ 300,00 pelo plano, sua decisão seria afetada de maneira diferente? Nesse momento, acredito que sua resposta para ambas as perguntas seria um **não**, no entanto, como nossas decisões **frias** são bem diferentes daquelas quando estamos **vivenciando** uma situação, gostaria de te apresentar um experimento científico que testou uma hipótese parecida.

Os cientistas Hal Arkes e Catherine Blumer, da Ohio University, fizeram um acordo com um teatro local para oferecer planos de entrada ilimitada durante um ano, nas seguintes condições:

- Grupo 1: Pagariam USD 15,00 pelo plano

- Grupo 2: Receberiam USD 2,00 de desconto, pagando USD 13,00 pelo plano

- Grupo 3: Receberiam USD 7,00 de desconto, pagando USD 8,00 pelo plano

Levando em consideração que em 2025, o valor do plano custaria 3,15 vezes mais do que em 1982/1983, quando o experimento foi realizado, você acredita que os grupos variaram na frequência com a qual compareceram ao teatro? Pode apostar que sim! Os cientistas reportaram que nas primeiras cinco peças, as pessoas compareceram com a frequência a seguir:

- Grupo 1: 4,11 vezes

- Grupo 2: 3,32 vezes

- Grupo 3: 3,29 vezes

Note que quanto mais dinheiro uma pessoa investiu no plano, maior era a sua frequência no teatro. É importante ressaltar que em experimentos científicos, um grupo nunca sabe das condições dos outros grupos, portanto, podemos descartar a hipótese de que esse comportamento se deu pelo motivo dos participantes terem descoberto que algumas pessoas pagaram mais ou menos do que elas. Assim, podemos concluir que o que **causou** a maior frequência do primeiro grupo foi o fato de eles terem pagado **mais caro**, ou seja, de terem um **sentimento maior de perda** do que os outros grupos caso não utilizassem seus ingressos. Esse sentimento foi nomeado pelos cientistas como **Falácia do Custo Irrecuperável**, um viés que faz com que permaneçamos nos comportando de certa maneira pois não queremos **perder os recursos que já investimos**. Mas será que isso acontece mesmo quando assistimos três peças chatas em sequência? Apesar dessa hipótese não ter sido testada, outra similar chegou à conclusão de que mesmo ao perceber que um filme é chato, muitas pessoas continuam o assistindo para "não perder" os minutos iniciais investidos nele.

Por incrível que pareça, a Falácia do Custo Irrecuperável nos atinge inclusive quando podemos optar por uma **opção melhor** do que a que escolhemos em primeiro lugar. Suponha que você adora surfar e ao navegar no site de uma agência de viagens, encontra um pacote para um final de semana em Florianópolis por R$ 2.000,00, o qual adquire imediatamente. Algumas semanas depois, você recebe o alerta de uma outra agência de viagens, oferecendo um pacote final de semana em Saquarema por R$ 1.000,00, e mais uma vez, não consegue resistir à tentação. Apesar de apreciar o mar de Floripa, você acredita que vai gostar mais da viagem à Saquarema. Ao organizar sua agenda, porém, você percebe que, no meio da empolgação, comprou os pacotes para o **mesmo final de semana**. Sem a possibilidade de receber o reembolso de qualquer uma das agências, qual destino você escolheria? Em um experimento similar, Arkes e Blumer descobriram que a maioria das pessoas deixa de ir ao seu destino favorito, simplesmente por terem investido **mais dinheiro** no outro pacote de viagem. No artigo, publicado no journal Organizational Behavior and Human Decision Processes, os cientistas exaltam que como a teoria econômica tradicional prevê que o ser humano sempre toma decisões baseadas nos custos e benefícios esperados de cada opção, seria "racional" que 100% dos participantes escolhessem seu destino favorito, no entanto não foi isso o que ocorreu – evidência de que a "racionalidade humana" prevista pelo modelo tradicional da economia não reflete as decisões no mundo real. Incrivelmente, **muitas das nossas decisões não são baseadas no prazer futuro e sim, no medo de perder um investimento passado.**

Esse viés já foi testado inclusive por **ganhadores do Prêmio Nobel**, como Daniel Kahneman e Richard Thaler. Em um estudo ao lado de seu maior parceiro, Amos Tversky, Kahneman recrutou participantes para indicar suas decisões em cenários similares aos seguintes:

1. Imagine que você decidiu assistir a uma peça em que o ingresso custa $ 50,00. Assim que entra na fila, percebe que **perdeu uma nota de $ 50,00** da sua carteira. Você ainda pagaria $ 50,00 para assistir à peça?

2. Imagine que você decidiu assistir a uma peça e comprou um ingresso que custava $ 50,00. Assim que entra na fila, percebe que **perdeu o ingresso.** O assento não era marcado e não existe a possibilidade de recuperar o valor. Você pagaria $ 50,00 por um novo ingresso?

Em dezenas de estudos similares a esse, uma quantidade estatisticamente significativa de pessoas responde **sim** no primeiro cenário e **não** no segundo, sem ao menos perceber que em ambos o valor investido é o mesmo: $ 100,00. É interessante notar que no segundo cenário as pessoas têm um sentimento maior de prejuízo, pois não conseguem ignorar o fato de que a perda do ingresso trará o custo incremental de $ 50,00 pela peça.

A inabilidade em ignorar perdas e investimentos passados e focar nos benefícios do futuro é a marca registrada da Falácia do Custo Irrecuperável.

Em um artigo intitulado "Toward a positive theory of consumer choice", Richard Thaler dá um exemplo interessante sobre esse viés, afirmando que quando uma pessoa paga USD 40,00 para assistir a um jogo de basquete que exige um deslocamento de 1h30 de sua casa, mas no dia da partida a sua cidade é atingida por uma tempestade de neve, **ela decide ir de qualquer maneira**. No entanto, isso **não aconteceria** caso ela tivesse ganhado o ingresso **gratuitamente**. Perceba que **indo ou não ao jogo**, o ingresso de USD 40,00 valerá USD 0,00 após a partida, ou seja, os USD 40,00 são um **custo irrecuperável**, algo que faz parte do **passado**. No entanto, não ir ao jogo depois de investir USD 40,00 gera um sentimento de **perda** e isso faz com que a pessoa se sinta obrigada a comparecer. Sem o sentimento de perda, na hipótese de que a pessoa tenha ganhado o ingresso em um sorteio, ela consegue focar apenas nos **benefícios futuros** de ficar em casa e poupar o risco de se deslocar em uma tempestade de neve.

Nessa altura, eu acredito que você tenha entendido outro fenômeno que influenciou o comportamento dos membros do Heaven's Gate. Muitos deles brigaram com suas famílias, divorciaram-se de seus cônjuges, pediram demissão de seus empregos, entraram em conflito com seus amigos, doaram todo o seu dinheiro ao culto e resolveram se mudar para viver junto aos colegas em uma casa em San Diego. Depois de **inúmeros investimentos**, torna-se praticamente impossível voltar atrás e admitir um erro, mesmo depois de ter um alerta gigantesco sobre as falhas de suas crenças, com o episódio do telescópio. Nos últimos anos, algo similar vêm acontecendo com **pessoas boas** que se deixaram levar por **políticos maus**. Como ilustrado no capítulo sobre Dissonância Cognitiva, ao descobrir que o candidato em quem votou está envolvido em algum episódio de desonestidade, a pessoa tende a descartar essa evidência para continuar com uma imagem positiva de si mesma, assim, ela prende-se a um **investimento passado** que prejudica o seu bem-estar **presente**.

O seu voto não tem volta, ele é um custo irrecuperável, portanto, seu investimento passado deve ser ignorado e você deve focar nos benefícios do presente e do futuro ao se transformar em uma nova pessoa, alguém que não tolera corrupção.

Um modismo que vem infernizando a vida de muitos brasileiros são as plataformas de apostas esportivas, ou **bets**. Essas empresas são altamente lucrativas justamente por triunfarem através da Falácia do Custo Irrecuperável, fazendo com que logo após perder uma aposta, o indivíduo **queira fazer uma nova** para tentar recuperar o valor perdido – sucessivamente. Recentemente, foram noticiados pela imprensa casos de pessoas que perderem todas as suas economias, casas e carros, apostando nessas plataformas. O desejo em manter uma imagem boa de si mesmo, racionalizando que "não é estúpida por ter perdido R$ 50,00 em uma bet," faz com que a pessoa invista cada vez mais para mostrar para si mesma que é uma excelente apostadora e que usa seu dinheiro de forma inteligente.

Em uma situação com consequências menos graves, eu fui vítima dessa falácia. Logo que troquei uma carreira de 16 anos como executivo por uma carreira na área da educação, devido à minha paixão pela ciência, eu decidi que queria fazer um mestrado em Administração de Empresas para me tornar um cientista. No entanto, já nas três primeiras disciplinas do mestrado, eu descobri que não gostava de **fazer** ciência e sim, de **ensinar** ciência. Por mais que eu tenha assumido essa consciência logo no início, eu não queria **perder** todo o tempo que havia investido frequentando as aulas, realizando as longas leituras para as disciplinas, comprando livros, fazendo pesquisas e adentrando a madrugada para fazer os trabalhos. Dessa maneira, persisti por quase dois anos nessa jornada e somente quando a **dor presente** tomou uma proporção maior em minha vida do que a **perda do passado**, é que eu decidi desistir do mestrado – quando estava cursando a penúltima disciplina. Na época, eu não tinha o conhecimento que tenho hoje sobre a Falácia do Custo Irrecuperável, por isso, sacrifiquei o meu prazer presente e futuro simplesmente por ter já ter **andado muito**.

Na vida do trabalho, milhões de pessoas têm o desejo de mudar de profissão ou de cargo dentro de uma empresa, mas acabam presas a uma rotina que não gostam pelo medo de perder o que já investiram. Mudanças desse tipo são difíceis realmente, principalmente pelo aspecto financeiro: começar uma carreira do zero, demanda um grande investimento. Em alguns casos, uma mudança significa um salário inicial bem menor do que o que a pessoa está habituada e consequentemente, uma redução na qualidade de vida. Já em outras, essa mudança acarreta grande investimento em educação. Nessas oportunidades, é sempre importante lembrar que **é melhor sofrer por três ou quatro anos do que viver uma vida de desgosto.** A mesma regra vale para relacionamentos amorosos, bem como, para outros investimentos de longo prazo. Muitas pessoas que compram ações na bolsa, após verem os valores de certos ativos despencarem, agem de forma irracional **mantendo** seus investimentos em ações perdedoras, ou pior, **aumentando-os** para tentar "recuperar" o que perderam. Não satisfeitos com uma decisão ruim, muitos desses investidores **vendem rapidamente** suas ações que estão performando bem, ao invés de mantê-las e ganhar ainda mais. No caso de investimentos em ações que vêm gerando prejuízo, é importante lembrar que **despejar dinheiro bom em cima de dinheiro ruim só agrava a situação.** O melhor é se desprender do passado, assumir a perda, aprender com os erros e investir em ações melhores.

O mundo corporativo também não está ileso a esse viés. Quantos de nós já presenciamos uma empresa insistindo em uma estratégia que não está funcionando apenas por estar utilizando ela há muito tempo? Qual empresa não continua a apostar em um funcionário com desempenho fraco pela razão de ele já ter muitos anos de casa? E quantas companhias decidem continuar a investir na construção de uma nova sede, apesar de ela estar custando mais caro do que o planejado e a empresa não ter mais a necessidade de mudar de imóvel, simplesmente por que a obra já está em andamento? Se formos tratar de sistemas de gestão e de fornecedores, faltariam páginas nesse livro para cobrirmos os exemplos. No entanto, talvez o livro recordista no Guinness por ter o maior número de páginas da história, seria o das péssimas decisões que nossos políticos tomam quando se tornam vítimas da Falácia do Custo Irrecuperável, afinal, quase toda cidade tem uma ponte inacabada e trechos de rodovias que estão eternamente em obras.

Em uma sociedade que premia a resiliência, a desistência soa como um comportamento destinado aos fracos, àqueles que não aguentam pressões, que não cumprem suas promessas ou que não são determinados o bastante. Porém, em muitos casos a **desistência é uma opção mais sábia do que a resiliência.** Não continuar projetos, crenças, investimentos e comportamentos que trouxeram altos custos no passado, mas que geram grande dor presente, é um sinal de que você sabe priorizar sua saúde mental e bem-estar. Não caia na tentação de continuar com certos comportamentos, ou finalizar tudo o que você começou pela pressão social de que você deve ser resiliente. A desistência poupa energia para a **resiliência no que importa**.

REFERÊNCIAS

Arkes, H. R., & Blumer, C. (1985). The psychology of sunk cost. *Organizational behavior and human decision processes*, 35(1), 124-140.

Strough, J., Mehta, C. M., McFall, J. P., & Schuller, K. L. (2008). Are older adults less subject to the sunk-cost fallacy than younger adults?. *Psychological Science*, 19(7), 650-652.

Tversky, A., & Kahneman, D. (1981). The framing of decisions and the psychology of choice. *Science*, 211(4481), 453-458.

Thaler, R. (1980). Toward a positive theory of consumer choice. *Journal of economic behavior & organization*, 1(1), 39-60.

Shefrin, H., & Statman, M. (1985). The disposition to sell winners too early and ride losers too long: Theory and evidence. *The Journal of finance*, 40(3), 777-790.

Viés do Comprometimento

No final de 2020, a população brasileira ficou chocada quando um Ministro do STF determinou a soltura de um perigoso criminoso. Sua decisão foi cassada por outro Ministro, mas já era tarde: o criminoso está foragido até hoje. Mesmo depois da cassação, o Ministro se mostrou contrário à volta do criminoso à prisão. "Continuo convencido do acerto da liminar que implementei", disse. O fato mais curioso, no entanto, foi o Ministro afirmar que sua convicção se devia a **79 decisões anteriores que havia tomado em casos similares!** Nem mesmo Ministros do STF, um grupo formado pelos profissionais mais respeitados da área jurídica, estão livres do **Viés do Comprometimento**, que é o desejo em nos mostrarmos consistentes com nossas decisões passadas. Convenhamos que força enorme é necessária para admitir 79 decisões erradas e que encontrar justificativas para diminuir o desconforto e preservar a autoimagem de honesto, competente e racional se tornou um caminho mais sedutor para o Ministro. Ao darmos o primeiro passo em direção a uma decisão errada ou antiética, torna-se fácil racionalizar e acreditar esta decisão.

Em 1955, os psicólogos Morton Deutsch e Harold Gerard demonstraram esse viés em uma série de experimentos. Alunos da New York University deveriam estimar o comprimento de algumas linhas mostradas a eles, seguindo o procedimento abaixo:

- Grupo 1: Escrever sua estimativa do comprimento da linha em um papel que posteriormente seria jogado fora sem ser conferido pelos pesquisadores

- Grupo 2: Escrever sua estimativa do comprimento da linha em um quadro mágico, de forma privada, e apagá-la logo em seguida

- Grupo 3: Escrever sua estimativa do comprimento da linha em um papel, assinar seu nome e entregá-lo aos pesquisadores.

Logo após o palpite de cada aluno, eles foram informados pelos cientistas que suas estimativas **poderiam estar erradas** e que, portanto, **poderiam corrigi-las se quisessem**. Em qual dos grupos os participantes tiveram **maior resistência** em mudar suas estimativas iniciais? Imagino que tenha acertado: o terceiro grupo. O fato de o participante ter anotado sua estimativa, assinado seu nome e entregado o papel (três passos) fez com que eles, mesmo sabendo que poderiam estar errados, **continuassem insistindo que suas estimativas estavam corretas**. Os membros do segundo grupo vieram logo em seguida neste quesito, sendo que o fato curioso do comportamento deste grupo é o de que **só eles mesmos sabiam quais eram suas estimativas**, já que nenhuma outra pessoa teve acesso ao que tinham anotado no quadro mágico. Além disso, os participantes desse grupo apagaram suas estimativas do quadro segundos após as terem escrito. Perceba que o desejo de ser consistente com decisões passadas continua presente no comportamento das pessoas mesmo que elas não tenham tornado suas estimativas públicas e mesmo que a decisão tenha sido tomada há segundos. Esse estudo demonstra que mesmo em ocasiões em que podemos corrigir nosso comportamento, a força de justificar uma ação passada continua exercendo um poder que desconhecemos. Para o ser humano, mudar de opinião não é tarefa fácil e, mesmo assim, é incrível a quantidade de pessoas que dizem "reconhecer seus erros" e "pensar fora da caixa."

Como disse em certa ocasião o famoso físico inglês Michael Faraday, **as pessoas preferem ser consistentes ao invés de certas!** O perigo do cenário atual é que esse primeiro passo acontece com um simples comentário nas mídias sociais, elogiando um empresário, estratégia empresarial, candidato, influenciador, matéria jornalística ou política pública. Dar o primeiro passo hoje, aparentemente, quase não envolve esforço e comprometimento. O perigo de dar o primeiro passo é o que este passo provoca em seguida, um comportamento conhecido como **Escalada do Comprometimento**. Uma vez que a pessoa toma uma decisão, ela precisa **justificar essa decisão tomando outra na mesma direção**, posteriormente decidindo uma terceira vez com base no que fez nas duas ocasiões passadas, entrando em um círculo vicioso praticamente sem volta – se é doloroso admitir um erro, **imagine admitir setenta e nove**. O time de futebol para o qual você torce pode estar sendo vítima da Escalada do Comprometimento nesse exato momento. Quando um clube contrata um jogador de peso por milhões, geralmente esse jogador permanece na titularidade por mais tempo, joga mais minutos do que as contratações menos caras, e raramente é substituído. O meu time do coração, **Coritiba**, certamente já cometeu esse equívoco. Quando o cientista da Universidade da Califórnia Berkeley, Barry Staw, analisou esse fenômeno de perto acompanhando o comportamento de equipes da NBA, ele levantou dados que escancaram que **quanto mais cedo um jogador era escolhido** no draft da NBA, **mais tempo na quadra ele ficava** e mais resistência o time tinha em **trocá-lo por outro atleta**, mesmo quando seu desempenho era pífio. O mesmo acontece em empresas, já que quando um gestor contrata uma pessoa, ele quer **manter uma imagem positiva de si mesmo como um bom recrutador** e, portanto, **resiste em demitir** a pessoa quando ela não entrega os resultados esperados ou pior, **decide a promover**. Seria você esse gestor? Apesar de serem irrefutáveis as evidências atuais de que comissões trazem piores resultados na área comercial, uma vez que essa estratégia não gera bons resultados em uma empresa, gestores resolvem **aumentar o comissionamento** dos vendedores para tentar resolver o problema, não apenas agindo de forma consistente com suas decisões passadas, mas **aumentando suas apostas** em uma estratégia perigosa.

Gostaria de apresentar aqui mais um experimento que demonstra como um simples passo pode nos colocar em um caminho que não gostaríamos de traçar. Os cientistas da Stanford, Jonathan Freedman e Scott Fraser solicitaram que um grupo de voluntários convencesse alguns moradores de Palo Alto, Califórnia, a instalarem **outdoors em frente de suas casas** com os dizeres: Dirija com cuidado. Os voluntários do estudo se identificavam como parte de uma organização ligada à Direção Segura e mostravam aos moradores a foto de uma casa onde o outdoor havia sido instalado. A placa cobria quase a totalidade da frente da casa, invadia um pedaço da entrada para a garagem e tinha um design horrível. Obviamente, 83% dos moradores recusavam a oferta, no entanto, com uma simples técnica, os cientistas conseguiram com que **76% dos moradores de outro grupo concordassem com o pedido**. O caminho para essa taxa de conversão foi construído duas semanas antes, quando os participantes batiam na porta da casa dos moradores, igualmente se identificando como membros de uma organização relacionada com a Direção Segura, e perguntavam se eles poderiam **colar um pequeno adesivo** na janela da frente de suas casas, ou em seus carros, com os dizeres: Seja um motorista prudente. Como você pode imaginar, este pedido era **tão pequeno** que a **maioria dos moradores o aceitou**. Duas semanas depois, os voluntários voltaram a essas casas com um segundo pedido: a instalação dos outdoors. Como exposto anteriormente, quase 80% das pessoas aceitaram a instalação da horrível placa – por quê? Perceba que depois de aceitar colar um pequeno adesivo em sua janela, o morador deve **agir de forma consistente** com seu comportamento passado, tornando-se uma presa fácil para um segundo pedido **absurdamente maior**. Os cientistas nomearam essa técnica de persuasão como **Técnica do Pé na Porta**, revelando que uma vez que fazemos um pedido tão pequeno a alguém que é quase impossível que ela recuse – ou seja, quando inicialmente colocamos apenas um de nossos pés dentro da casa da pessoa – ela fica mais suscetível a aceitar um pedido subsequente muito maior.

Em 2015, cientistas das Universidades da Carolina do Norte, Washington e Arizona publicaram um artigo intrigante no que diz respeito em como a **desonestidade aumenta a cada passo que damos**. Voluntários deveriam resolver uma série de tarefas em três rodadas, sendo que na primeira eles recebiam um **pequeno valor financeiro** como recompensa para cada questão que acertassem, na segunda um valor médio e na terceira, um valor extremamente alto. Os voluntários do estudo eram informados pelos cientistas de que **não precisavam entregar suas folhas com os rascunhos dos cálculos que realizaram**: tudo o que deveriam fazer era jogar seus rascunhos fora, anotar em um gabarito quantas questões haviam respondido corretamente e pegar em um envelope o dinheiro correspondente à quantidade de questões que haviam acertado. Ou seja, esses alunos realizavam uma tarefa onde havia **grande tentação em trapacear para receber uma vantagem financeira**. Um segundo grupo de voluntários realizava a mesma tarefa com uma condição diferente: nas primeiras duas rodadas eles não recebiam nada, mas na terceira poderiam receber um valor extremamente alto para cada questão respondida corretamente. Já um terceiro grupo recebia valores extremamente altos em todas as rodadas. Fora do conhecimento dos participantes, no entanto, os cientistas encontraram uma maneira de descobrir quais e quanto cada um havia trapaceado. Se fosse para adivinhar qual dos grupos trapaceou mais na última rodada, qual seria sua aposta? Daqueles colocados em uma situação em que o valor financeiro **aumentava gradativamente** a cada rodada, **60% trapacearam pelo menos uma vez na terceira rodada**, contra 30% dos que recebiam uma mudança abrupta nas recompensas (de zero para incentivos extremamente altos) e 31% daqueles que sempre recebiam incentivos altos. Note que em qualquer condição, um grande percentual de pessoas trapaceia, fenômeno reportado com frequência em estudo após estudo que analisa o quanto somos desonestos quando dinheiro está em jogo – um alerta especial aqui para empresas que pagam comissões para vendedores e que acham "motivador" dar incentivos financeiros para os colaboradores. Porém, a condição que mais causou trapaça foi a que os participantes recebiam **pequenos incrementos a cada rodada**, mostrando que uma vez que o indivíduo comete um pequeno ato desonesto, ele tem o desejo de ser consistente com sua decisão passada e assim, passa a ter comportamentos gradativamente piores com o passar do tempo. Na psicologia, os cientistas comparam um comportamento inicial que leva a outros cada vez piores a um "declive escorregadio."

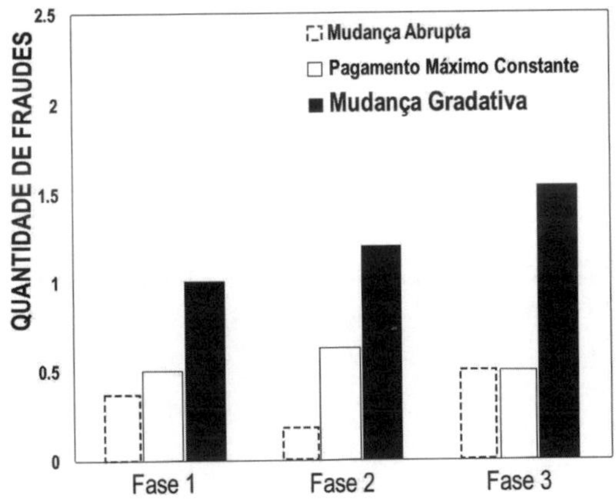

Figura 2 – Escalada do comprometimento em trapaças

Como você vai entender mais profundamente no decorrer desse livro, nosso cérebro evita com todas as forças o gasto desnecessário de energia, portanto, o Viés do Comprometimento se aproveita dessa brecha para fazer a festa em nossa mente. Uma vez que tomamos uma decisão, em uma segunda oportunidade nós não precisamos mais pesar os prós e contras dessa decisão, basta seguir o que já fizemos anteriormente. Por se tratar de um **comportamento automático**, não é fácil se livrar do Viés da Consistência, por isso, **foque nos benefícios futuros** de mudar suas decisões em 180 graus – não naquilo que os outros vão pensar de você!

REFERÊNCIAS

Deutsch, M., & Gerard, H. B. (1955). A study of normative and informational social influences upon individual judgment. The journal of abnormal and social psychology, 51(3), 629.

Bazerman, M. H., Giuliano, T., & Appelman, A. (1984). Escalation of commitment in individual and group decision making. Organizational behavior and human performance, 33(2), 141-152.

Staw, B. M., & Hoang, H. (1995). Sunk costs in the NBA: Why draft order affects playing time and survival in professional basketball. Administrative Science Quarterly, 474-494.

Mani, A., Mullainathan, S., Shafir, E., & Zhao, J. (2013). Poverty impedes cognitive function. science, 341(6149), 976-980.

Gneezy, U., & Rustichini, A. (2000). Pay enough or don't pay at all. The Quarterly journal of economics, 115(3), 791-810.

Freedman, J. L., & Fraser, S. C. (1966). Compliance without pressure: the foot-in-the-door technique. Journal of personality and social psychology, 4(2), 195.

Welsh, D. T., Ordóñez, L. D., Snyder, D. G., & Christian, M. S. (2015). The slippery slope: how small ethical transgressions pave the way for larger future transgressions. Journal of Applied Psychology, 100(1), 114.

Fiske, S. T., & Taylor, S. E. (1991). Social cognition. Mcgraw-Hill Book Company.

Viés da Confirmação

Em 1975, cientistas da Washington State University publicaram um artigo intrigante no Journal of Personality and Social Psychology. Estudantes **favoráveis ou contrários** a legalização da maconha deveriam escutar mensagens que **defendiam a liberação da substância**. Um total de quatorze mensagens foram apresentadas aos participantes, sendo que **sete eram fortes** e difíceis de refutar e as outras **sete eram tolas e fáceis de se vencer**. Os estudantes deveriam escutar as quatorze mensagens através de fones de ouvido, sem saber que, propositalmente, os cientistas inseriram um **ruído** estático nos fones, que atrapalhava levemente a audição dos participantes. Para acabar com este problema, os cientistas pediam aos participantes que apertassem um botão, que cancelava o ruído por cinco segundos. Você acha que os estudantes apertavam o botão quando ouviam argumentos **favoráveis** ou **desfavoráveis** às suas posições em relação a maconha?

Aqueles favoráveis à venda da substância apertaram em média 11,93 vezes o botão enquanto escutavam argumentos fortes que **confirmavam** suas crenças, mas quando escutavam argumentos tolos e fáceis de desqualificar, apertavam o botão apenas 8,24 vezes. Já os participantes contrários à legalização da maconha, apertavam em média 10 vezes o botão enquanto escutavam as mensagens tolas e 7,53 quando escutavam mensagens com argumentos de alta qualidade. Ambas as diferenças são **estatisticamente significativas**. Este experimento e muitos outros similares mostram que, literalmente, fazemos o que for necessário para **não escutar mensagens contrárias as nossas opiniões**, aquelas que podem despedaçar nossas crenças.

A tendência em valorizar mais as informações que vão ao encontro das nossas crenças foi nomeada pelos cientistas como **Viés da Confirmação**. Neste exato momento, **você** pode estar sendo vítima do Viés da Confirmação, sublinhando apenas as partes deste livro que **confirmam** seus pontos de vista.

Que tal voltar algumas páginas para analisar? Agora, vamos mergulhar mais fundo nesse viés. Suponha que você recebeu quatro cartas, apresentadas da seguinte forma:

Figura 3 – Tarefa de seleção de Wason

Sua missão é testar uma regra: sempre que uma vogal aparece na face de uma carta, a face oposta tem um número par. Você só pode virar **uma** das quatro cartas: qual seria? Fácil não é mesmo? Basta virar a carta A ou a 2, correto? Quando o cientista Peter Wason da University College Londres realizou esse estudo, em média, 90% das pessoas optaram por virar uma dessas cartas. E precisamente por isso, todas elas **falharam no teste**, já que virar as cartas A ou 2 não responde a hipótese de forma satisfatória, pois que mesmo que elas **confirmem** a validade da regra, se posteriormente a carta 3 for virada e sua face oculta revelar a letra E, devemos concluir que a hipótese é falsa. Percebe a grande descoberta de Wason? Naturalmente, a maioria das pessoas tenta validar uma hipótese **procurando pelas informações que a confirmam**, ao invés de procurar pelas informações que a **desconfirmam**. Tanto esse estudo, quanto o anterior revelam algo ainda mais surpreendente: **o uso do Viés da Confirmação nem sequer necessita que a pessoa seja apaixonada pelo tema em discussão**. A maioria das pessoas **não é apaixonada pelas cartas A ou 2**, mesmo assim, elas escolhem virar aquelas que confirmam a hipótese. Se em casos como esses nossa tendência natural é procurar primeiramente pela confirmação da hipótese, imagine o que acontece quando os temas são **política, armas, investimentos, negócios, religião, relacionamentos homoafetivos e futebol?**

Uma série de experimentos realizados por cientistas da Universidade Hebraica de Jerusalém, chegou a outra conclusão extremamente interessante sobre o Viés da Confirmação: as pessoas **processam mais rapidamente frases que confirmam suas crenças em relação a informações contraditórias**. Este comportamento, por incrível que pareça, acontece naturalmente e fora do nosso nível de consciência, já que os participantes do estudo estavam sendo avaliados pela correção gramatical das frases e **não pela rapidez** com que as processavam. Mesmo assim, frases que **confirmavam seus pontos** de vista eram corrigidas mais rapidamente.

Você deve se recordar que, através de uma perspectiva evolucionária, acreditar sem questionar fazia todo o sentido para nossos ancestrais. Se um deles **ouvisse** um barulho próximo a um arbusto, era melhor que o cérebro **acreditasse** que atrás da planta estava um leão ao invés de um antílope. Se a intuição desse indivíduo fosse verdadeira, o **lucro seria enorme**, já que o medo de virar almoço faria com que ele já estivesse a muitos metros de distância do arbusto quando o leão se revelasse. Caso a intuição fosse falsa e o barulho tivesse sido causado por um antílope, **o prejuízo de ter saído correndo era mínimo**. Um cérebro que busca pela **confirmação** de uma intuição gera grades dividendos em termos evolucionários, mas pode trazer inúmeros prejuízos em nossas decisões do mundo moderno.

Justamente por essa tendência é que o método científico é tão valioso. Muitas pessoas acreditam que a ciência trabalha com "comprovações científicas", sendo que na verdade a base da ciência é a **descomprovação**. Sempre que um cientista realiza um estudo, uma das obrigações da metodologia científica é que ele formule uma hipótese que pode demonstrar que está errado – a **hipótese nula**. Um cientista pode até preferir que a sua hipótese alternativa seja verdadeira, mas **nunca pode coletar apenas os dados que confirmam que ele está certo**. Por essa e outras razões é que afirmei na introdução desse livro que o método científico é a maior invenção da humanidade.

Um lado ainda mais curioso do Viés da Confirmação foi descoberto em um estudo realizado por Edward Jones e Rika Kohler da Universidade Duke. Voluntários favoráveis e desfavoráveis à **segregação racial** deveriam ler argumentos sobre ambos os lados. Alguns destes argumentos eram extremamente **plausíveis** enquanto outros eram completamente fracos, quase **ridículos**. Os cientistas queriam descobrir de quais argumentos as pessoas iriam **lembrar** mais. A hipótese deles era a de que as pessoas lembrariam com mais facilidade dos argumentos fortes e esqueceriam dos argumentos fracos, afinal, qual é a razão de memorizar argumentos ridículos? Mas não foi isto que aconteceu. Os participantes de ambos os lados lembravam facilmente dos argumentos **plausíveis sobre sua posição** e dos argumentos **não plausíveis do lado oposto**, mas tinham dificuldades em lembrar de argumentos plausíveis defendendo a posição **oposta** e dos argumentos fracos defendendo **sua própria posição**.

Lembrar dos fatos que confirmam nossas crenças não é suficiente para trazer o conforto de que estamos certos, é necessário também lembrar quão ridículas são as pessoas que defendem posições contrárias.

O Viés da Confirmação ainda nos leva a outro erro fatal em nossos julgamentos. Caso você tenha se sentido desconfortável com a informação de um capítulo anterior de que comissões trazem piores resultados em uma série de tarefas, estou certo de que logo em seguida você **lembrou de algumas empresas que pagam comissões agressivas e têm resultados fantásticos**. Após termos nossas crenças desafiadas, um dos nossos comportamentos mais comuns é, logo em seguida, buscar seletivamente por informações que confirmam que estamos certos, ou conversar com pessoas que pensam como nós, buscando reduzir a Dissonância Cognitiva. No entanto, quando precisamos analisar como duas variáveis se relacionam, sempre existem quatro possibilidades.

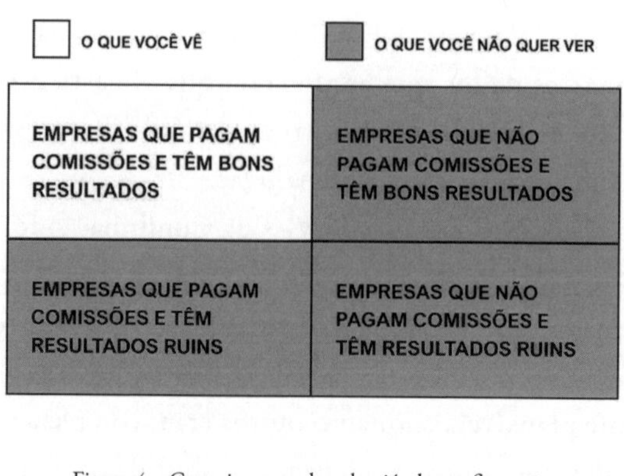

Figura 4 – Cegueira causada pelo viés da confirmação

Note que quando é vítima do Viés da Confirmação, você explora possibilidades e analisa dados de forma rasa, prestando atenção em apenas 25% dos casos e cegando-se para os outros 75%. Se a sua crença é a de que comissões trazem melhores resultados, você dificilmente pensou em empresas que pagavam comissões altas e foram à falência, ou em empresas que não pagam comissões – como a Apple – e apresentam resultados acima da média. O aprendizado somente é possível quando você aborda o mundo com a humildade em aceitar que sua opinião pode estar errada.

REFERÊNCIAS

Kleinhesselink, R. R., & Edwards, R. E. (1975). Seeking and avoiding belief-discrepant information as a function of its perceived refutability. *Journal of Personality and Social Psychology*, 31(5), 787.

Nickerson, R. S. (1998). Confirmation bias: A ubiquitous phenomenon in many guises. *Review of general psychology*, 2(2), 175-220.

Wason, P. C. (1968). Reasoning about a rule. *Quarterly journal of experimental psychology*, 20(3), 273-281.

Gilead, M., Sela, M., & Maril, A. (2019). That's my truth: Evidence for involuntary opinion confirmation. *Social Psychological and Personality Science*, 10(3), 393-401.

Frick, R. W. (1996). The appropriate use of null hypothesis testing. *Psychological Methods*, 1(4), 379.

Jones, E. E., & Kohler, R. (1958). The effects of plausibility on the learning of controversial statements. *The Journal of Abnormal and Social Psychology*, 57(3), 315.

Raciocínio Motivado

É curioso saber que muitos estudos revelam que o ser humano **aceita facilmente e rapidamente** as opiniões que confirmam suas crenças, mas isso é apenas um pedaço da história, já que as pessoas vão **ainda mais longe** para ter a certeza de que suas crenças são verdadeiras.

Foi exatamente isto que três cientistas da Stanford, Mark Lepper, Lee Ross e Charles Lord, descobriram em um experimento que pediu para que participantes **favoráveis e contrários à pena de morte** avaliassem a qualidade de estudos científicos com resultados opostos. Alguns estudos demonstravam um efeito **positivo** da pena de morte, com a diminuição de homicídios, enquanto outros chegavam à conclusão de que a pena de morte **não diminuía** o número de assassinatos.

Neste experimento, ambos os grupos recebiam informações de um estudo favorável a pena de morte:

> Kroner e Phillips (1977) compararam as taxas de homicídio dos anos anterior e seguinte a adoção da pena de morte em 14 estados. Em 11 dos 14 estados, as taxas de assassinato foram menores após a adoção da pena de morte. Esta pesquisa comprova o efeito intimidador da pena de morte.

Assim como informações de um estudo contrário a esta medida:

> Palmer e Crandall (1977) compararam as taxas de homicídio em 10 pares de estados vizinhos com diferentes leis de punição. Em 8 dos 10 pares, as taxas de assassinato eram maiores em estados com pena de morte. Esta pesquisa refuta o efeito intimidador da pena de morte.

Em seguida, os participantes recebiam mais informações sobre as pesquisas, como gráficos e dados, bem como, eram solicitados a responder alguns questionários sobre a qualidade das mesmas.

Os resultados revelaram que tanto as pessoas favoráveis quanto as contrárias a pena de morte avaliaram os estudos que **confirmavam seus pontos de vista** como mais **robustos** e com **melhor metodologia**, ao mesmo tempo que concluíam que os estudos **contrários as suas opiniões** eram **tendenciosos, mal formulados e possuíam dados inconclusivos** – apesar de as descrições de ambos os estudos serem praticamente **idênticas**. Esse fenômeno é conhecido como **Raciocínio Motivado**, e pode ser classificado como o **passo seguinte** do Viés da Confirmação. Para o ser humano, não basta confirmar que suas opiniões estão certas, é preciso também encontrar justificativas para **descartar os dados que colocam suas crenças em dúvida**.

Um aluno **favorável à pena de morte**, avaliou os estudos que leu da seguinte forma:

> Estudo favorável à pena de morte:
> *Parece que os pesquisadores estudaram um grupo de estados selecionados cuidadosamente e foram cautelosos ao analisar os dados.*
>
> Estudo contrário à pena de morte:
> *A pesquisa não cobriu um período longo o suficiente para provar que a pena de morte não é eficiente em deter os assassinatos.*

Já um aluno **contrário à pena de morte**, avaliou os estudos conforme abaixo:

> Estudo favorável à pena de morte:
> *O estudo foi feito apenas um ano antes e depois da pena de morte ser instituída. Para ser mais eficiente o estudo deveria ter coletado dados de pelo menos 10 anos.*

Estudo contrário à pena de morte:
Os estados foram escolhidos aleatoriamente, portanto os resultados mostram os efeitos médios da pena de morte através da nação. O fato de que 8 de 10 estados mostram um aumento nos assassinatos destaca-se como boa evidência.

Além de Lepper, Ross e Lord, o fato de que o ser humano aceita facilmente dados favoráveis as suas crenças e analisa mais criticamente as informações que as contrariam, foi magnificamente documentado também em um estudo realizado pelos cientistas Peter Ditto e David Lopes da Kent State University. Os participantes desse estudo foram levados a acreditar que o objetivo do experimento era analisar a relação entre características psicológicas e saúde física, assim, eles preencheram formulários sobre os dois assuntos e tiveram sua pressão sanguínea mensurada. Logo em seguida, o experimento realmente começava. Os cientistas diziam aos participantes que eles passariam por um exame para detectar uma condição médica chamada de **"Deficiência de TAA,"** que ocorria quando a enzima Tioamina Acetilase não estava presente no corpo. Os participantes eram informados de que a ausência dessa enzima poderia causar uma variedade de **problemas no pâncreas** futuramente. Para receber o diagnóstico, o participante deveria esfregar um pedaço de papel especial em uma amostra de sua saliva dentro de um pote. Um grupo de participantes foi informado de que caso o resultado demonstrasse uma **deficiência da enzina**, o papel especial permaneceria com **a mesma cor amarela** após o contato com a saliva, mas se o resultado revelasse a presença da enzima, o papel mudaria de cor, tornando-se **verde escuro.** Outro grupo recebeu a informação contrária: caso o papel mudasse de cor para verde escuro, isso significaria más notícias, mas se o papel permanecesse amarelo eles poderiam esperar boas notícias.

Grupo 1

- Papel Permanecendo Amarelo: Más Notícias
- Papel Mudando Para Verde Escuro: Boas Notícias

Grupo 2

- Papel Permanecendo Amarelo: Boas Notícias
- Papel Mudando Para Verde Escuro: Más Notícias

Em seguida, os cientistas diziam que a mudança de cor no papel ocorreria entre **10 segundos e um minuto**, mas que geralmente ficava completa em **20 segundos**. Eles também pediam aos participantes para que assim que o teste estivesse completo, o papel fosse colocado "o mais rápido possível" dentro de um envelope para que os cientistas tivessem um arquivo permanente do resultado. Como você pode imaginar, em qualquer dos grupos, o papel **continuava amarelo**, nunca mudando de cor. Isso significa que os participantes do **Grupo 1 sempre recebiam uma má notícia**, enquanto os do **Grupo 2 sempre recebiam uma boa notícia**.

Sem o conhecimento dos participantes, os cientistas **filmaram** cada passo do procedimento e, confirmando uma de suas hipóteses, os participantes do Grupo 1 levavam em média **104,8 segundos** para colocar o papel no envelope, enquanto os do Grupo 2 concluíam o procedimento em **76,5 segundos**. Esses dados demonstram novamente que somos **mais críticos** com informações que **contrariam nossas expectativas** e aceitamos mais rapidamente aquelas que vão ao encontro delas. Além disso, 52% dos participantes que receberam más notícias se engajaram em uma variedade de comportamentos com o intuito de **retestar a validade** de seus resultados. Alguns colocaram um novo pedaço de papel na saliva, outros testaram o papel em uma nova amostra de saliva, outros ainda guardaram pedaços de papel especial em seus bolsos (com o intuito de testar novamente em outro lugar fora do laboratório) e os mais desesperados decidiram colocar o papel diretamente em suas línguas. Ao receber más notícias, alguns participantes ainda mergulharam o papel novamente na saliva outras **doze vezes**, assopraram-no, chacoalharam o pote e finalmente, ficaram observando meticulosamente o papel para ver se ele estava mudando de cor – mais evidências do quanto relutamos para aceitar informações contrárias as nossas expectativas. Apenas 18% dos que receberam boas notícias **se importaram em realizar um novo teste** para validar seu diagnóstico.

Isso significa que 82% dos participantes que receberam uma boa notícia aceitaram os resultados facilmente e sem questionar.

Essa é uma demonstração impactante de que quando recebemos notícias que nos agradam, **evitamos buscar uma segunda opinião.** Mas esse não é o fim do estudo, já que os cientistas ainda pediram aos participantes respostas a uma série de questionários que analisavam suas opiniões sobre a gravidade da ausência de TAA e de doenças pancreáticas (de 0 a 100), o quão frequente eles acreditavam ser as duas condições entre estudantes universitários, bem como, sobre a precisão do teste realizado com o papel especial (de 1 a 9). Como você pode verificar na tabela abaixo, quando comparados com os participantes que tiveram boas notícias, os que receberam **notícias contrárias as suas expectativas** afirmavam que a seriedade da ausência de TAA e de doença no pâncreas **não era tão grave assim**, que a frequência das condições entre alunos universitários **era mais alta do que o normal** e, obviamente, que o **teste não era muito preciso**.

	Condição de Diagnóstico	
Medidas	**Deficiência**	**Sem deficiência**
Pós teste		
Gravidade da deficiência de TAA	31.7	49.8
Gravidade da doença pancreática	54.8	67.3
Prevalência da deficiência de TAA	38.8	16.6
Prevalência da doença pancreática	23.0	13.1
Precisão do teste de saliva para TAA	4.9	6.2

Figura 5 – Participantes usando o raciocínio movitado para descartar evidências contrárias aos seus desejos

Algo parecido aconteceu com você ao fazer um teste de Covid em casa durante a pandemia? Se a sua resposta foi sim, eu fico um pouco mais aliviado em saber que esse viés atingiu não somente as pessoas da minha casa. Evidências similares a essas foram encontradas em uma variedade de estudos. Como exemplo, a cientista Emily Pronin, da Princeton, descobriu que pessoas que recebiam resultados negativos em um teste de inteligência social avaliavam o teste como **menos válido** em relação àquelas que receberam bons resultados.

Parece que tudo aquilo que mostra nossos defeitos, é defeituoso!

A forma seletiva como processamos informações é amplamente documentada por vários estudos e, um dos mais interessantes que tive acesso até hoje foi desenvolvido pela cientista Ziva Kunda, que ocupou posições em Princeton e na Universidade de Waterloo. Homens e mulheres deveriam ler um artigo do New York Times que detalhava como o consumo de cafeína estava associado com o risco de desenvolver uma doença nos seios. Intencionalmente, a metade das mulheres selecionadas por Kunda consumia **altos níveis de cafeína**, enquanto a outra metade quase não utilizava a substância. Os homens, por sua vez, tinham perfis variados de consumo de cafeína. Era de se imaginar que o artigo causasse maior desconforto nas mulheres que consumiam cafeína excessivamente e, portanto, estas seriam as **mais descrentes** nas informações apresentadas. E foi exatamente isto o que aconteceu. Mulheres que consumiam pouca cafeína e homens – que não eram o grupo de risco para desenvolver a doença – se demonstraram suficientemente convencidos pelo artigo, enquanto as mulheres fãs de bebidas cafeinadas foram altamente **críticas e céticas** com as informações apresentadas nele.

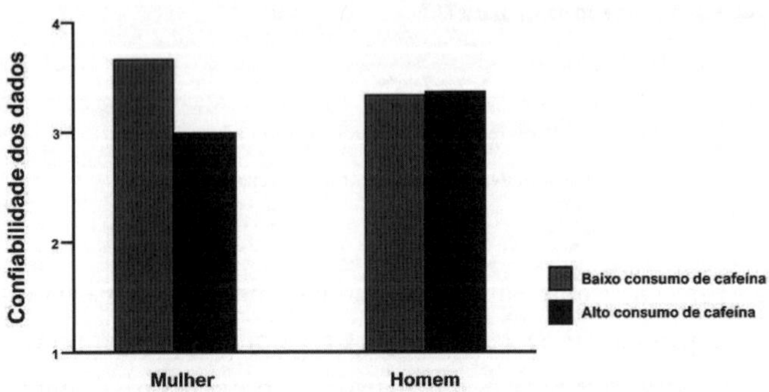

Figura 6 – Mulheres que consumiam altas doses diárias de cafeína eram as mais desconfiadas quanto a confiabilidade do estudo

É apavorante saber que até mesmo alguns cientistas acabam se comportando como os participantes dos estudos acima. Nos anos iniciais de pesquisas na área que hoje é conhecida como **Economia Comportamental**, o cientista da Harvard, Matthew Rabin notou que os economistas tradicionais ficavam profundamente irritados e respondiam com agressividade toda vez que uma nova pesquisa revelava que os modelos econômicos tradicionais **não refletiam** a forma como as pessoas se comportavam no mundo real. Ao invés de abordarem as novas descobertas com um senso de curiosidade e humildade, algo fundamental no mundo da ciência, os economistas tradicionais atacavam os economistas comportamentais, como se estivessem sendo ameaçados. Ao observar essa reação negativa constante, Rabin afirmou que os economistas estavam sofrendo de **incuriosidade agressiva**. Justamente para evitar situações como as ilustradas nesses estudos, é que um dos objetivos dessa leitura é tentar fazer com que você se torne um **curioso receptivo**. Topa?

REFERÊNCIAS

Lord, C. G., Ross, L., & Lepper, M. R. (1979). Biased assimilation and attitude polarization: The effects of prior theories on subsequently considered evidence. *Journal of personality and social psychology*, 37(11), 2098.

Epley, N., & Gilovich, T. (2016). The mechanics of motivated reasoning. *Journal of Economic perspectives*, 30(3), 133-140.

Ditto, P. H., & Lopez, D. F. (1992). Motivated skepticism: Use of differential decision criteria for preferred and nonpreferred conclusions. *Journal of personality and social psychology*, 63(4), 568.

Pronin, E., Lin, D. Y., & Ross, L. (2002). The bias blind spot: Perceptions of bias in self versus others. *Personality and Social Psychology Bulletin*, 28(3), 369-381.

Kunda, Z. (1987). Motivated inference: Self-serving generation and evaluation of causal theories. *Journal of personality and social psychology*, 53(4), 636.

Rabin, M. (1998). Psychology and economics. *Journal of economic literature*, 36(1), 11-46.

Polarização de Atitude

Voltando ao estudo de Lepper, Ross e Lord sobre o efeito intimidador da pena de morte, apresentado no capítulo anterior, uma descoberta ainda mais surpreendente foi realizada. Os pesquisadores solicitaram aos participantes que informassem quanto mudaram suas opiniões sobre os efeitos da pena de morte após lerem os estudos e analisarem seus dados. Muitos acreditam que após lerem estudos favoráveis e contrários sobre certo assunto, as pessoas passarão a ter uma opinião mais **equilibrada**, certo? Surpreendentemente, as pessoas relataram ter ficado **ainda mais convencidas** de que suas posições iniciais estavam **corretas**. Este movimento em direção a posições cada vez mais extremas após a exposição a informações contrárias às suas crenças é conhecido como **Polarização de Atitude**.

Painel superior: Mudanças de atitude ao longo do tempo, por participantes que leram primeiro o estudo a favor da pena de morte.

Painel inferior: Mudanças de atitude ao longo do tempo, por participantes que leram primeiro o estudo contra a pena de morte.

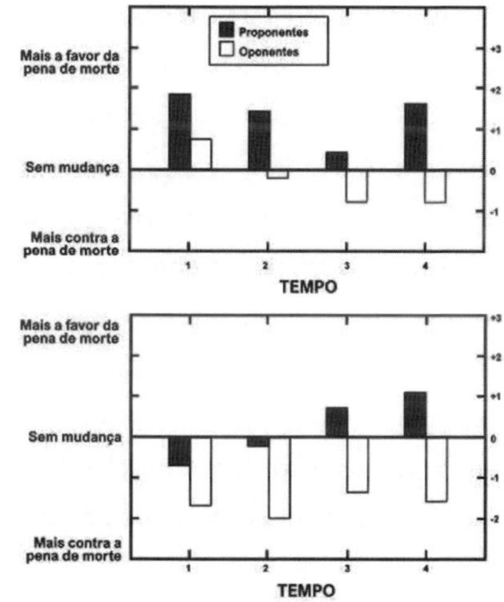

Figura 7 – Para melhor compreensão, analise apenas as colunas brancas, no painel superior, e as colunas escuras, no painel inferior

Ao conhecer esses resultados, conseguimos entender por que é praticamente impossível com que radicais políticos mudem de opinião em um mundo de informações apontando para lados distintos. Armas aumentam ou diminuem a violência? Legalizar abortos é algo positivo ou negativo para a sociedade? Programas sociais tiram a habilidade de pescar dos mais pobres? Lockdowns são ou não efetivos em pandemias? Cotas raciais nas universidades são justas? Como ficou evidente no estudo sobre a pena de morte, mesmo quando as pessoas **acessam informações idênticas**, elas as **processam de maneira diferente**, favorecendo suas crenças atuais. Quando envolvidos politicamente com algum assunto, radicais rapidamente buscam apenas por informações que favorecem sua ideologia, não levam a sério evidências contrárias e assim, ficam **ainda mais convencidos** de que suas crenças estão corretas.

Um dos maiores debates durante a pandemia do coronavírus foi sobre a eficiência de lockdowns. Não existe ser humano que goste de ficar trancado em casa ou empresário que sobreviva sem abrir seu negócio, no entanto, a conclusão da maioria dos experts da área da saúde era a de que isolar as pessoas em suas casas durante um tempo diminuiria a taxa da transmissão do vírus. No início de 2022, um estudo realizado por um cientista da Johns Hopkins concluiu que o lockdown contribuiu pouco para a redução de mortes causadas pelo Covid-19. Em seguida, muitas pessoas contrárias ao lockdown, por motivos políticos ou pessoais, começaram a divulgar que o "estudo da Johns Hopkins" – aspas intencionais – confirmava a falta de efetividade do lockdown. No entanto, **artigos científicos publicados em journals de renome mostram justamente o contrário,** concluindo que lockdowns salvaram milhões de vidas. É interessante perceber que até a divulgação do "estudo da Johns Hopkins", muitas pessoas contrárias ao lockdown eram **descrentes na ciência**, mas assim que um estudo que **confirmava** seus pontos de vista foi lançado, elas rapidamente mudaram de opinião e ficaram ainda mais convencidos de que suas crenças estavam certas.

Para muitas pessoas, a ciência só vale quando confirma aquilo que elas querem que seja verdade.

Para aqueles que se deram o trabalho de ler o estudo, como eu fiz, trata-se de um working paper, ou seja, **um artigo que ainda não foi publicado em um journal científico** e que não passou até o momento pela **avaliação de pares**. Além disso, o conceito de lockdown definido pelos autores do estudo é "a imposição de pelo menos uma intervenção compulsória não-farmacêutica", o que significa que **usar uma máscara em um restaurante lotado está sendo considerado como lockdown neste estudo**. Adicionalmente, o estudo foi realizado por três economistas, **não por médicos**. Muitos defensores desse estudo não chegaram nem a verificar que dos três autores, **apenas um era da Johns Hopkins**, portanto, este não é um "estudo da Johns Hopkins" e sim, um **estudo sem revisão de pares** feito por **um** cientista da Johns Hopkins ao lado de outro da Lund University, e um terceiro não vinculado a qualquer universidade.

De qualquer forma, esse estudo pode vir a ser publicado futuramente, porém, como você entenderá melhor no **apêndice** desse livro, a ciência não vive de apenas **um** estudo e existem diferentes **qualidades** de journals científicos. Estudos com conclusões contrárias **sempre existirão**, por isso, **a direção para onde a maioria dos estudos aponta** deve ser a nossa base de decisão. Cientistas não são super-heróis, eles são simplesmente humanos e, como qualquer ser humano, eles também estão sujeitos ao Viés da Confirmação. Vale lembrar que é por essa razão que a metodologia científica tem como regra a formulação de uma **hipótese nula**, ou seja, o cientista é obrigado a coletar e analisar dados que podem provar que **sua hipótese está errada**. Durante a leitura, você gradualmente aprenderá a pensar como um cientista e deixar de ser presa fácil para desinformações.

Por algum tempo, eu acreditei que simplesmente seguir nas mídias sociais algumas pessoas que têm opiniões contrárias as minhas seria o suficiente para que ter uma visão mais equilibrada sobre vários assuntos, mas eu estava errado. Em setembro de 2018, um grupo de dez cientistas da Duke, Brigham Young e New York University publicou um estudo no Proceedings of the National Academy of Sciences em que 1.652 pessoas receberam incentivos financeiros para seguir por **um mês** um bot no Twitter que replicava diariamente 24 mensagens aleatórias de 4.176 perfis políticos diferentes. Republicanos passavam a receber conteúdos de políticos, jornalistas e líderes de opinião Democratas, enquanto os Democratas passavam a receber conteúdos Republicanos. Após aplicar uma quantidade enorme de medidas de verificação para ter certeza de que simpatizantes de ambos os lados estavam realmente lendo os Tweets contrários a suas ideologias, os cientistas queriam descobrir se os simpatizantes de Donald Trump que passaram a ler mensagem de Hillary Clinton, e vice-versa, passaram a ter opiniões mais equilibradas. Repetindo o que o experimento de Ross, Lepper e Greene havia encontrado 39 anos antes, simpatizantes de ambos os partidos se tornaram **ainda mais inclinados as suas ideologias**. Apesar de a polarização ter ocorrido para Republicanos e Democratas, os efeitos para os Democratas não foram estatisticamente significativos. De qualquer forma, este estudo nos alerta novamente para o fato de que expor as pessoas a ideologias contrárias as suas pode **aumentar**, ao invés de diminuir, a polarização.

Como professor de pós-graduação, eu sempre acreditei que apresentar dados era a forma mais eficiente de mudar a opinião das pessoas, até que eu descobri esses estudos e mudei minha postura. Antes, eu entrava em discussões sobre política em grupos de WhatsApp e apresentava todos os dados possíveis para basear minhas opiniões, apenas para ver as pessoas contrárias à minha posição tornarem-se **cada vez mais radicais**. Centenas de experimentos demonstram algo fascinante sobre a natureza humana: **dados não mudam nossas opiniões!** Quando as pessoas têm acesso a dados que desconfirmam suas crenças, o que ocorre é justamente o movimento **oposto**, elas passam a acreditar com **ainda mais fervor em seus pontos** de vista. Nosso sistema imunológico psicológico realmente faz de tudo para expelir o vírus do desconforto e construir uma realidade que mantem nossas crenças cada vez mais fortes. É isso mesmo: quanto mais você apresenta dados que ameaçam a autoestima de seu cunhado, mais para o extremo ele se move.

O cientista Adam Grant, da Universidade da Pennsylvania, afirma que uma das maneiras mais eficientes para tentar mudar uma crença equivocada de outra pessoa, é perguntar a ela: **quais dados fariam com que você mudasse de opinião?** Um dos maiores motivadores para o ser humano é se comportar de forma consistente com suas promessas passadas – ninguém gosta de ser visto como alguém que **promete e não cumpre**. Assim, a tendência é que o desejo em manter uma imagem positiva de si mesmo faça esse indivíduo ficar mais aberto a consumir informações que o desafiam.

REFERÊNCIAS

Lord, C. G., Ross, L., & Lepper, M. R. (1979). Biased assimilation and attitude polarization: The effects of prior theories on subsequently considered evidence. *Journal of personality and social psychology*, 37(11), 2098.

Herby, J., Jonung, L., & Hanke, S. (2022). A literature review and meta-analysis of the effects of lockdowns on COVID-19 mortality. *Studies in Applied Economics*, (200).

Yakusheva, O., van den Broek-Altenburg, E., Brekke, G., & Atherly, A. (2022). Lives saved and lost in the first six month of the US COVID-19 pandemic: A retrospective cost-benefit analysis. *Plos one*, 17(1), e0261759.

Flaxman, S., Mishra, S., Gandy, A., Unwin, H. J. T., Mellan, T. A., Coupland, H., ... & Bhatt, S. (2020). Estimating the effects of non-pharmaceutical interventions on COVID-19 in Europe. *Nature*, 584(7820), 257-261.

Bail, C. A., Argyle, L. P., Brown, T. W., Bumpus, J. P., Chen, H., Hunzaker, M. F., ... & Volfovsky, A. (2018). Exposure to opposing views on social media can increase political polarization. *Proceedings of the National Academy of Sciences*, 115(37), 9216-9221.

Grant, A. (2023). Think again: The power of knowing what you don't know. Penguin.

Cialdini, R. B., Trost, M. R., & Newsom, J. T. (1995). Preference for consistency: The development of a valid measure and the discovery of surprising behavioral implications. *Journal of personality and social psychology*, 69(2), 318.

Groupthink

O Viés da Confirmação e os demais vieses associados com o desejo humano de estar sempre certo, muitas vezes, levam as pessoas a **darem um passo ainda mais largo** no caminho equivocado. O desconforto de ter nossas crenças colocadas em xeque traz o desejo de "cancelarmos" as pessoas que pensam diferente da gente e de nos **rodearmos de pessoas que pensam de forma similar**, mantendo desta forma nossas crenças vivas, além da crescente certeza de que tomamos decisões corretas. O perigo dessa ação é enorme, como demonstra um estudo conduzido em 2016 por cientistas da Universidade do Colorado. Inicialmente cada participante deveria indicar com uma marca sob uma linha sua posição em relação a dois presidentes americanos, como no exemplo da Figura 8.

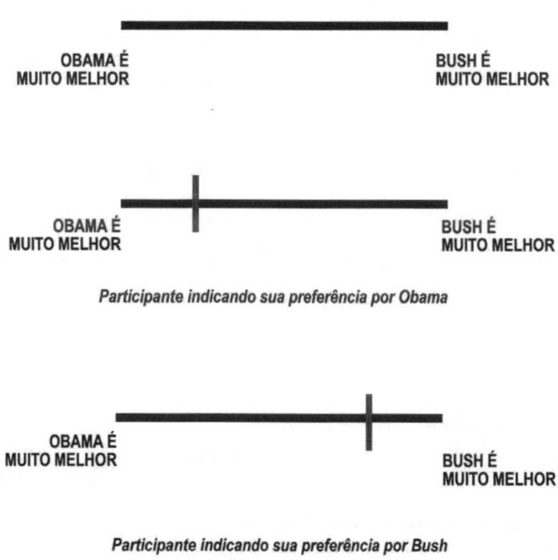

Figura 8 – Exemplo de posição inicial dos participantes

A linha tinha 15,8 cm de comprimento, portanto, aqueles que realizassem uma marcação próxima ao início, indicavam que Barack Obama era seu político preferido e aqueles que marcassem um traço próximo aos 15,8 cm mostravam sua preferência por George W. Bush. Com esta informação em mãos, os cientistas direcionavam as pessoas para **grupos** compostos apenas por pessoas com o **mesmo direcionamento político**, onde elas deveriam discutir por 15 minutos porque seu político preferido havia feito um melhor trabalho nas áreas da economia e política exterior quando presidente, chegando a um consenso. Posteriormente, os participantes respondiam individualmente a uma série de perguntas, entre elas, **duas** eram fundamentais para as conclusões do estudo:

1. Cada participante deveria **relembrar** sua posição **anterior** à discussão e a marcar na linha.

2. Cada participante deveria marcar na linha o quanto seu **posicionamento havia mudado após a discussão em grupo**.

Como você pode imaginar, repetindo o que aconteceu no estudo de Lepper, Ross e Lord, a segunda questão revelou que cada participante **se tornou mais extremo** em direção ao seu candidato **após a discussão em grupo**. Chamam atenção também os resultados da primeira pergunta: quando cada indivíduo foi colocado para **relembrar sua posição inicial** em relação ao político, os participantes realizaram marcações **mais extremas do que as originais**. Isto demonstra que após discutirmos assuntos carregados de ideologia em grupos de pessoas com posicionamentos iguais aos nossos, além de nos tornarmos **mais radicais**, também passamos a acreditar que **sempre tivemos posições extremas**, cegando-nos para o fato de que nossas posições iniciais eram mais moderadas. Isso significa que esses comportamentos fazem com que as pessoas se tornam mais radicais **sem que ao menos percebam**.

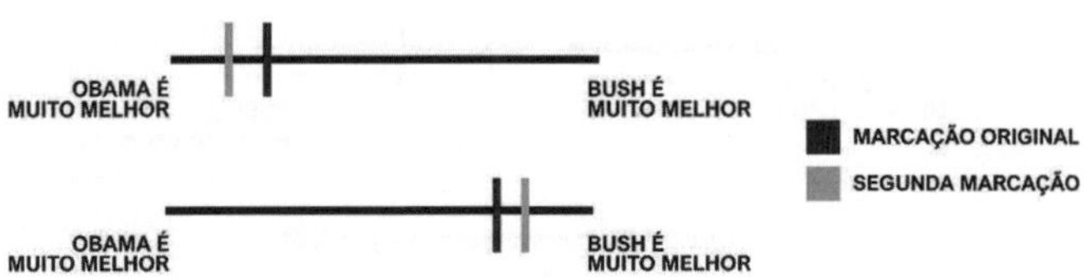

Figura 9 – Participantes se tornando mais radicais após conversarem com pessoas de mesmo direcionamento político

Em 2007, os cientistas Cass Sunstein da Harvard, Reid Hestie da Universidade de Chicago e David Schkade da Universidade da Califórnia San Diego, realizaram um estudo similar ao apresentado anteriormente. Cada participante respondia a um questionário indicando sua posição em uma variedade de assuntos, usando uma escala entre 1 e 10. Posteriormente, estas pessoas se reuniam em **grupos** compostos por **uma maioria de indivíduos com o mesmo direcionamento político**, para debater três assuntos: **aquecimento global, casamento gay e inclusão de minorias.**

LIBERAIS SE TORNANDO MAIS LIBERAIS APÓS DISCUSSÕES EM GRUPO

	Média pré-debate	Média pós-debate
Aquecimento global	9.19	9.44
Programas Sociais	5.81	6.38
Casamento Gay	9.22	9.69
Geral	8.07	8.50

CONSERVADORES SE TORNANDO MAIS CONSERVADORES APÓS DISCUSSÕES EM GRUPO

Aquecimento global	5.13	2.97
Programas Sociais	2.84	1.61
Casamento Gay	2.48	2.19
Geral	3.48	2.26

Figura 10 – Mesmo discutindo com algumas pessoas de direcionamento político diferente, os participantes acabaram se tornando ainda mais radicais em suas posições iniciais

Após a discussão em grupo, cada individuo deveria responder a um novo questionário sobre suas posições nos mesmos assuntos, usando uma escala igual a do primeiro questionário. Repetindo os resultados dos demais estudos, após serem expostos as **opiniões de outras pessoas com a mesma mentalidade**, os participantes **assumiram posições ainda mais radicais** sobre os assuntos. Estas e muitas outras evidências científicas apontam para o fato de que, sozinhas, as pessoas não conseguem pensar em **todas** as razões pelas quais sustentam certa posição. No entanto, quando conversam com outras pessoas com **crenças similares** as delas, acabam sendo expostas a novas opiniões e argumentos sobre os quais nunca haviam refletido, o que faz com que elas se movam **para posições cada vez mais extremas**.

A tendência em tomar decisões mais extremas quando estamos em grupos é conhecida como **Groupthink**. Irving Janis, o cientista da Yale que cunhou o termo, afirma que esse fenômeno ocorre quando em um grupo coeso, a **busca pela concordância** se torna tão grande que as pessoas passam a ignorar opções alternativas e mais realistas para solucionar um problema. Janis descobriu que em muitas dinâmicas de interação e tomada de decisão que acontecem em grupo, as pessoas preferem manter a **harmonia com os demais membros** ao invés de entrar em conflito. Esta busca pela harmonia faz com que as pessoas se sintam desconfortáveis em discordar das demais, magoar os outros, ser as ovelhas negras, assumir o papel de **advogado do diabo** e em serem responsabilizadas se as decisões fracassarem. Com isso, o grupo acaba ganhando uma **mente única**, onde a regra é **concordar** com tudo o que os demais afirmam. Alguns cientistas denominam este movimento como **Mudança Arriscada**, demonstrando que grupos altamente coesos tomam decisões cada vez mais perigosas: All in!

Fenômenos como o Groupthink acontecem por razão da enorme necessidade que os humanos têm em pertencer a grupos. Cientistas evolucionários concluíram que fazer parte de grupos gerava vantagens importantes para nossos ancestrais, em três objetivos fundamentais: **proteção, reprodução e acesso facilitado à recursos.** Entre as principais regras de um grupo está a **obediência** dos indivíduos a certas **normas sociais**. Quando em uma igreja, por exemplo, você sabe exatamente qual é o comportamento que as demais pessoas esperam de você. Já no estádio de futebol, as regras são outras, assim como são as normas em uma empresa. Caso você decida levantar-se de seu banco e começar a dançar no altar da igreja, ou insista em ficar sentado no meio da torcida organizada lendo um livro, ou ainda, resolva discordar do seu chefe todos os dias, certamente sofrerá as consequências destas violações e, em casos extremos, o grupo optará por sua expulsão. Seguir as normas do grupo é uma **forma de ser aceito** e continuar se beneficiando das vantagens conquistadas pela coletividade. Nossos ancestrais puniam aqueles que não se comportavam de forma adequada, aqueles que destoavam do grupo. E imagine o que acontecia com os membros expulsos de um grupo primitivo, sozinhos, na selva. Em um cenário como este, somente dois humanos sobreviveriam: Rambo e Braddock!

Estas são algumas das razões pelas quais temos **pavor de não sermos aceitos** por nosso grupo e, também, a explicação de muitos dos problemas da vida moderna.

Em um artigo incrível que ilustra essa situação de forma primorosa, a cientista Naomi Eisenberger e colegas colocaram participantes para jogar um game virtual enquanto acompanhavam a atividade cerebral dos mesmos. Grupos de três participantes deveriam jogar uma partida de **Cyberball**: um jogo simples de computador onde as pessoas trocam passes usando uma bola virtual. Muitos cientistas utilizam o Cyberball para entender os efeitos da exclusão social e nestes casos, eles fazem com que o indivíduo estudado passe a **não receber mais a bola dos dois outros colegas** alguns minutos após a partida começar. Como você pode imaginar, nesses estudos os participantes acreditam estar jogando com outras pessoas, mas na verdade **não existem outros jogadores**, tudo é feito através de uma simulação de computador.

Figura 11 – Exemplo de uma tela de cyberball

Nós costumamos dizer que existe uma "dor na perda", apesar de não acreditarmos objetivamente que perder um relacionamento cause **dor física**. Mas, por incrível que pareça, foi exatamente isto que Eisenberger e os demais cientistas descobriram: os participantes excluídos no Cyberball tiveram um aumento na atividade de uma área relacionada com a **dor física**, o Cíngulo Anterior. O artigo, publicado na prestigiada revista científica science, ainda demonstrou que com o passar do tempo, uma outra área do cérebro passou a ter maior atividade, o Córtex Pré-Frontal Ventral Direito, que é ativado quando uma pessoa passa a **regular a dor física**. Um grupo de cientistas de universidades alemãs e italianas trouxe uma descoberta de igual importância ao realizar uma meta análise de 42 estudos que envolveram análises de ressonância magnética durante partidas de Cyberball. Os resultados mostram consistentemente que ser excluído, mesmo em um jogo online, é **altamente estressante**. Isso ficou evidente com o aumento da atividade da **amídala** dos participantes – a parte do cérebro que processa emoções negativas – bem como, com a elevação dos níveis do hormônio cortisol, que frequentemente está presente em situações negativas.

Um dos estudos mais famosos da história da psicologia, ilustra brilhantemente a nossa tendência em concordar com outras pessoas para evitar situações sociais estranhas. Imagine que você e mais três pessoas foram selecionados para participar de um experimento científico. A tarefa que devem executar é simples: indicar qual das linhas ao lado direito (A, B ou C) tem o **mesmo comprimento da linha X.**

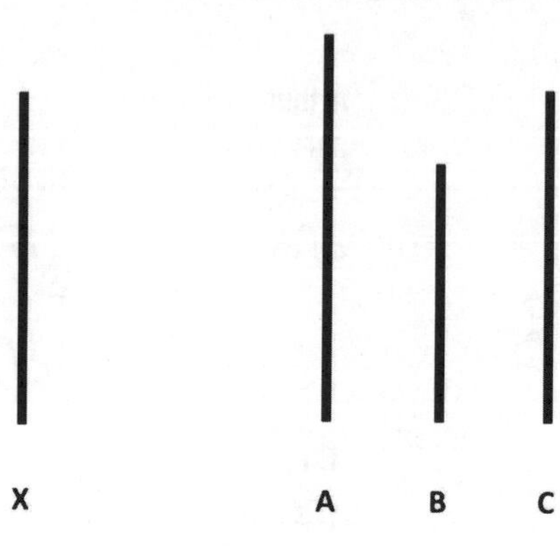

Figura 12 – O famoso estudo de Solomon Asch

O pesquisador pergunta a resposta ao primeiro participante e, depois de pensar por alguns segundos ele diz: B. Você ri discretamente e pensa, "esta pessoa deve ser maluca ou não deve enxergar bem." Agora é a vez do segundo participante, que depois de profunda análise responde: B. Você se pergunta se está no meio de um grupo de míopes quando em seguida, escuta o terceiro participante afirmar seguramente: linha B. Finalmente, chega sua vez. O que responderia? O cientista Solomon Asch, que conduziu esse estudo, revelou que 75% das pessoas tendem a **concordar com o grupo** pelo menos uma vez, mesmo em situações em que os outros indivíduos estão **visivelmente erradas**. Asch foi um dos primeiros cientistas a descobrir que em **situações de pressão social**, em que todos os indivíduos estão convergindo para um lado, as pessoas tendem a seguir o que os demais estão fazendo quase cegamente. Para o nosso cérebro primitivo, ser bem-visto pelos outros e manter a harmonia do grupo é **mais importante do que estar certo**. Ir contra o bando é doloroso, revela Gregory Berns da Emory University. Ao analisar imagens de ressonância magnética em um de seus estudos, Berns descobriu que quando um indivíduo resiste a pressão do grupo, a decisão é acompanhada por um **aumento na atividade da amídala** – um sinal de desconforto emocional. Além disso, aquele que não segue o consenso é negativamente avaliado pelo grupo. Em muitas ocasiões, **ser a ovelha negra vem com um preço alto**. Um dos problemas do mundo atual é que além de nossos grupos presenciais, temos a necessidade também de pertencer a grupos **online**. Cientes dessas vulnerabilidades, empresas de mídias sociais amplificam nossas crenças usando algoritmos que customizam o feed de acordo com o histórico de uso, entregando-nos cada vez mais conteúdos que "confirmam" que estamos certos, que nos proporcionam prazer imediato e, claro, que nos motivam a permanecer por mais tempo navegando em suas plataformas. Aplicativos de mensagens, muitas vezes desenvolvidos pelas mesmas empresas que arquitetam as mídias sociais, possibilitam com que nos juntemos facilmente a grupos de pessoas com pensamentos similares vindas dos mais diversos lugares do mundo, fazendo com que passemos a acreditar que nossas crenças são mais comuns do que elas realmente são e, pior, que nossas crenças são **superiores** às das demais pessoas. Não à toa, atualmente bilhões de pessoas parecem viver em um mundo paralelo, completamente desconectado da realidade.

Uma das coisas que o ser humano mais detesta é estar errado. O desejo de nos cercarmos de pessoas similares traz conforto, ajuda a distorcer a verdade, faz com que continuemos com uma imagem elevada de nós mesmos e proporciona a **ilusão** de que estamos certos. Somos apaixonados pelos grupos que pertencemos por eles nos darem a certeza de que somos racionais, honestos e bom decisores. Mas, muitas vezes, isso nos leva a tomar decisões que geram prejuízos enormes. Em um estudo realizado por cientistas da Northwestern, Stanford e Brighman Young, membros de diferentes sororidades e fraternidades de uma universidade foram colocados em grupos para resolver uma tarefa de raciocínio que possuía apenas uma resposta correta. Inicialmente em grupos de três pessoas compostas por membros das **mesmas** fraternidades ou sororidades, todos discutiam por alguns minutos o caso e, no meio desta conversa, um membro de uma sororidades ou fraternidade **diferente** entrava na discussão em alguns grupos, enquanto outros grupos recebiam um novo membro da sua mesma tribo. Grupos com um "forasteiro" avaliavam que a conversa da equipe não havia sido muito efetiva e não se mostravam muito seguros com suas decisões, em comparação com grupos trabalhando apenas com seus próprios membros. Porém, a insegurança e a interação truncada trouxeram resultados interessantes, já que grupos que tiveram a intervenção de um membro que pensava diferente chegaram à solução correta da tarefa em **60% dos casos**. Grupos formados apenas por membros das mesmas sororidades e fraternidades, apesar de terem interações mais harmoniosas e acreditarem com firmeza em suas soluções para a tarefa, resolveram-na corretamente em apenas **29% dos casos**. A inclusão de **uma pessoa de fora** mais do que dobrou as chances de sucesso do grupo – esta é mais uma demonstração contundente de que discutir soluções com pessoas que pensam diferente é o que gera os melhores resultados. É fundamental que aprendamos essa lição nas empresas e, principalmente, na política.

Pelas razões apresentadas até aqui é que os cientistas indicam que em todas as reuniões estratégicas de uma empresa seja nomeada uma pessoa para ser a **advogada do diabo**. O papel dessa pessoa é criticar todas as decisões do grupo, apontando falhas e limitações. Algo importante nessa prática é **variar o indivíduo** que assumirá o papel de advogado do diabo, fazendo com que em cada reunião uma pessoa diferente realize essa tarefa. Quem imaginaria que o **Groupfight** seria melhor do que o **Groupthink**?

O ditado *"aves de mesma plumagem voam juntas"*, revela a tendência desses animais em ter mais simpatia por indivíduos similares. Homo sapiens, no entanto, procuram por sinais de similaridade mais profundos do que a plumagem. Se houvesse tal ditado para a nossa espécie, ele seria: *"humanos de cérebro similar andam juntos."*

REFERÊNCIAS

Keating, J., Van Boven, L., & Judd, C. M. (2016). Partisan underestimation of the polarizing influence of group discussion. *Journal of Experimental Social Psychology*, 65, 52-58.

Schkade, D., Sunstein, C. R., & Hastie, R. (2007). What happened on deliberation day. *Calif. L. Rev.*, 95, 915.

Janis, I. L. (1973). Groupthink and group dynamics: A social psychological analysis of defective policy decisions. *Policy Studies Journal*, 2(1), 19.

Mendl, M., & Held, S. (2001). Living in groups: an evolutionary perspective. In *Social behaviour in farm animals* (pp. 7-36). Wallingford UK: CABI publishing.

Eisenberger, N. I., Lieberman, M. D., & Williams, K. D. (2003). Does rejection hurt? An fMRI study of social exclusion. *Science*, 302(5643), 290-292.

Wang, H., Braun, C., & Enck, P. (2017). How the brain reacts to social stress (exclusion)–A scoping review. *Neuroscience & Biobehavioral Reviews*, 80, 80-88.

Asch, S. E. (1956). Studies of independence and conformity: I. A minority of one against a unanimous majority. *Psychological monographs: General and applied*, 70(9), 1.

Berns, G. S., Chappelow, J., Zink, C. F., Pagnoni, G., Martin-Skurski, M. E., & Richards, J. (2005). Neurobiological correlates of social conformity and independence during mental rotation. *Biological psychiatry*, 58(3), 245-253.

Tversky, A., & Kahneman, D. (1973). Availability: A heuristic for judging frequency and probability. *Cognitive psychology*, 5(2), 207-232.

Phillips, K. W., Liljenquist, K. A., & Neale, M. A. (2009). Is the pain worth the gain? The advantages and liabilities of agreeing with socially distinct newcomers. *Personality and Social Psychology Bulletin*, 35(3), 336-350.

Schwenk, C. R. (1984). Devil's advocacy in managerial decision-making. *Journal of Management Studies*, 21(2), 153-168.

Viés da Desejabilidade

Em 2017, cientistas das universidades de Londres e Regent's, publicaram um artigo com uma nova descoberta, que tem uma certa intimidade com o Viés da Confirmação. Em um mundo no qual as pessoas são expostas a uma gama colossal de informações diariamente, a maneira como elas incorporam essas notícias tem efeitos profundos em seus comportamentos. Em um estudo quasi-experimental, Ben Tappin, Leslie van der Leer e Ryan McKay selecionaram 900 pessoas para uma tarefa simples: informarem qual candidato **gostariam** que ganhasse a eleição presidencial dos Estados Unidos em 2016, bem como, qual candidato elas **acreditavam** que iria vencer. Nesse segundo procedimento, para indicar o candidato que acreditavam que iria ganhar, os participantes recebiam uma linha com o nome de Hillary Clinton no lado esquerdo e de Donald Trump no lado direito, e eram solicitadas a deslizar uma flecha para indicar o quanto acreditavam que certo candidato iria ganhar. Sem o conhecimento dos participantes, essa reta continha numerações escondidas entre 0 (lado de Clinton) e 100 (lado de Trump), que os cientistas usavam para saber precisamente a opinião de cada participante. Caso a indicação da flecha do participante correspondesse a um número menor do que 50 na escala, isso revelava que ele acreditava que Clinton iria vencer, caso a indicação da flecha fosse maior do que 50, a crença do participante era a de que Trump ganharia.

Após coletarem as opiniões dos participantes, os cientistas apresentavam para elas pesquisas eleitorais manipuladas propositalmente com informações **desejáveis** ou **indesejáveis** sobre o provável resultado das eleições. Isso significa que algumas pessoas que gostariam que Hillary Clinton ganhasse, recebiam informações de que ela provavelmente ganharia, enquanto outras recebiam projeções de que Donald Trump ganharia. Já um grupo que tinha preferência por Trump, recebia informações de que ele provavelmente venceria as eleições, enquanto outro grupo de apoiadores do Republicano recebia a mensagem de que as últimas projeções indicavam Clinton como ganhadora. Após receberem notícias **confirmatórias** ou **desconfirmatórias** de suas crenças, os participantes deveriam indicar o quanto mudaram de opinião de acordo com as projeções eleitorais apresentadas, novamente empurrando a flecha na linha entre 0 e 100. As descobertas foram impactantes: quando recebiam projeções de pesquisas **indesejáveis**, os participantes pareciam **não incorporar a nova informação**, atualizando levemente suas opiniões ao empurrar a flecha, independentemente se a nova pesquisa **confirmava** ou **desconfirmava** suas crenças. No entanto, esse cenário mudava radicalmente quando os participantes recebiam informações **desejáveis**. Nos casos de opiniões **desejáveis e desconfirmatórias**, ou seja, quando os participantes **queriam** que certo candidato ganhasse, **acreditavam** que o rival ganharia, mas recebiam resultados novas pesquisas indicando que **seu candidato favorito seria o vencedor**, eles mudavam suas opiniões enormemente, empurrando a flecha 10,55 pontos em direção ao seu candidato em comparação com sua posição anterior. Já nos casos em que a informação era **desejável e confirmatória**, ou seja, o participante **queria** que certo candidato ganhasse, **acreditava** que ele seria eleito e recebia **projeções** indicando que **estava certo**, os participantes empurravam a flecha 1,34 pontos em direção ao seu candidato de preferência.

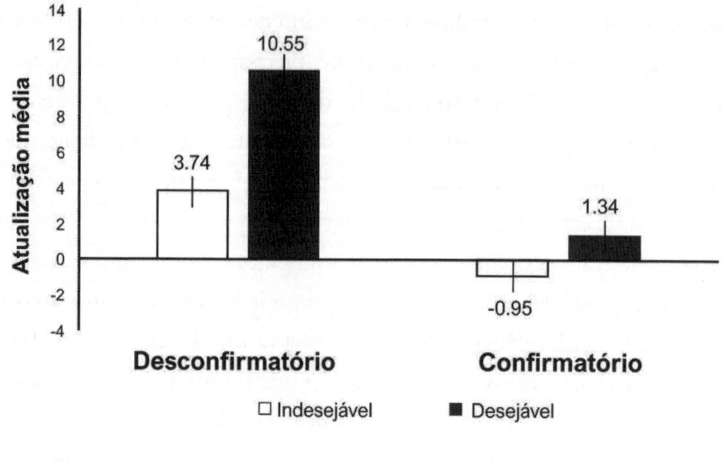

Figura 13 – O viés da desejabilidade em ação

Os cientistas concluíram que as pessoas **incorporam novas informações** mais fortemente quando elas são **desejáveis**, fenômeno que nomearam como **Viés da Desejabilidade**.

Outra evidência interessante desse fenômeno foi obtida em um estudo publicado em 2020 no journal Nature Neuroscience, com autoria de cientistas da Universidade de Londres, Virginia Tech e University College Londres. Os cientistas fizeram participantes chegarem em pares até o laboratório, conhecerem um o outro rapidamente e posteriormente, foram colocados em locais separados para uma partida de um jogo que simulava o mercado imobiliário. Após opinarem se o preço de 175 imóveis era maior ou menor do que USD 1 milhão e em seguida deveriam realizar apostas variando de USD 0,01 a USD 0,60 sobre a precisão de seus julgamentos. Posteriormente, cada participante descobria como seu colega havia precificado os mesmos imóveis e, finalmente, eles poderiam redefinir o valor das apostas que haviam feito inicialmente. Tali Sharot e os demais cientistas do estudo descobriram que, seguindo os mesmos padrões do experimento citado anteriormente, quando os participantes recebiam informações de que seus colegas **concordavam** com eles no preço dos imóveis, eles **aumentavam** significativamente o valor de suas apostas, no entanto, reduziam-nas apenas **levemente** quando eram informados de que os colegas **discordavam** de suas posições. Isso demonstra que a opinião de um terceiro é valorizada somente quando ela **confirma** nossas crenças, mas é levada pouco a sério quando nos contradiz. Quando os cientistas analisaram a atividade do **Córtex Frontal Medial Posterior**, envolvido na percepção do cérebro de que uma decisão anterior está provavelmente **errada**, revelou-se uma atividade não significativa nesta região nas oportunidades em que o colega **discordava** do participante. Esse estudo sugere que esta área do cérebro leva em consideração a opinião de outra pessoa **apenas quando ela é confirmatória**, mas apresenta falhas quando a opinião dos outros coloca nossas crenças em xeque. É interessante notarmos que os participantes desse estudo **não eram corretores ou investidores do mercado imobiliário** e, portanto, não eram apaixonados por imóveis. No entanto, eles levavam as opiniões de outros participantes à sério apenas quando elas **confirmavam** seus julgamentos iniciais, demonstrando o quão profundamente esse bug está instalado em nosso cérebro.

Esses estudos explicam alguns dos motivos pelos quais muitos radicais políticos descredenciam as pesquisas que indicam que o seu candidato irá perder e abraçam os institutos que concluem que o seu político preferido será o vencedor, líderes tendem a implementar mais frequentemente as ideias dos colaboradores que corroboram com as suas opiniões e a descartar as ideias de colaboradores que são contrários, e investidores compram mais ações ou investem mais em fundos depois de ler notícias que confirmam que suas escolhas estão corretas, mas resistem em vender ou trocar de fundo quando recebem informações de que suas escolhas foram infelizes.

"You can't always get what you want", cantavam sabiamente os Rolling Stones, porém, as pessoas levam mais em consideração as informações em que elas conseguem o que querem. E ainda dizem que é o Mick Jagger o pé frio!

REFERÊNCIAS

Tappin, B. M., Van Der Leer, L., & McKay, R. T. (2017). The heart trumps the head: Desirability bias in political belief revision. *Journal of Experimental Psychology: General*, 146(8), 1143.

Kappes, A., Harvey, A. H., Lohrenz, T., Montague, P. R., & Sharot, T. (2020). Confirmation bias in the utilization of others' opinion strength. *Nature neuroscience*, 23(1), 130-137.

Efeito do Falso Consenso

O fato de que nos tornamos mais radicais não somente na companhia de mentes similares, mas também quando pensamos sozinhos, ganha força ao conhecermos outro fenômeno extremamente curioso. Suponha que você irá participar de um estudo científico onde sua tarefa é "vestir" uma placa de publicidade com a mensagem "Almoce no Restaurante do João" e andar pelo campus de uma universidade por trinta minutos. Você pode aceitar ou rejeitar usar a placa publicitária. O que você acha que a maioria das pessoas faria? Aceitaria ou rejeitaria? Como pode imaginar, sua resposta sobre o comportamento de **outras pessoas** depende do seu **próprio comportamento**. Se você acredita que **aceitaria** vestir a placa, provavelmente imagina que a maioria das pessoas **também iria aceitar**. Caso imagine que não aceitaria, sua opinião seria a de que a maioria das pessoas faria **o mesmo**.

Foi exatamente isto que aconteceu em um estudo realizado por cientistas da Stanford, que simulou a situação descrita acima. Aqueles que aceitaram vestir a placa de publicidade em troca de créditos para uma disciplina na universidade, imaginavam que a maioria dos alunos **também aceitaria**. Aqueles que se recusaram a vestir a placa, acreditavam que seus colegas teriam **comportamento idêntico**. Lee Ross, David Greene e Pamela House, os cientistas responsáveis por este estudo, obtiveram resultados similares ao ilustrado acima quando perguntaram a centenas de participantes como **outras pessoas** se comportariam se tivessem que escolher entre dar ou não uma entrevista para um comercial de TV, realizar uma avaliação na universidade de forma individual ou em grupo, entrar ou não com um recurso contra uma multa de trânsito e apoiar ou ser contra um programa de exploração espacial do governo – estes participantes acreditavam ingenuamente que a maioria das pessoas iria comportar-se de forma **similar a eles**.

Querendo investigar de forma ainda mais profunda esse fenômeno, uma das intervenções realizadas pelos cientistas nesse estudo chama a atenção. Os participantes deveriam indicar suas respostas para **características de personalidade** (timidez, otimismo, posicionamento político e outras), **preferências pessoais** (pão claro ou escuro, filmes italianos ou espanhóis e outras), **características físicas** (cor dos olhos, homem ou mulher e outras), **problemas pessoais** (dificuldade em fazer amigos, dificuldade em controlar raiva), **atividades pessoais** (quantidade de tempo assistindo TV, doação de sangue, hábito de jogar tênis e outros), **expectativas futuras** (casar até os 30 anos, morar fora do país e outras) e **questões políticas** (participação de mulheres, uso de armas nucleares e outras), avaliando um total de **34 itens**. Em 32 destes itens, as pessoas acreditavam que a **maioria** dos alunos da universidade teriam posicionamentos **similares aos deles próprios**.

Este fenômeno foi nomeado pelos cientistas como **O Efeito do Falso Consenso**, a nossa tendência em **superestimar** o percentual de pessoas que **concordam com nosso posicionamento** em qualquer assunto. Importante destacar que entre todas as categorias analisadas no estudo, aquela onde os participantes acreditavam com mais força de que a maioria das pessoas comungavam de suas opiniões era no campo da **política**. Esse fato explica por que é comum ouvirmos amigos e familiares afirmando que certos resultados de eleições foram fraudados, já que "todo mundo com quem eu conversei disse que votaria no mesmo candidato que eu votei." Da mesma forma que não podemos ser inocentes concluindo que existem mais pagodeiros do que metaleiros no mundo quando estamos em um show de pagode completamente lotado, julgar que um político receberá mais votos do que o seu oponente depois de conversar com pessoas que pensam como você é um tremendo equívoco. Lembre-se, o mundo é muito mais diverso do que você imagina, mas como temos uma tendência em **nos relacionarmos com pessoas parecidas conosco**, acabamos com uma visão limitada de quantos grupos com preferências distintas das nossas existem.

Devido ao Efeito do Falso Consenso é que alguns indivíduos se sentem confortáveis em contar uma piada homofóbica ou compartilhar suas visões políticas em um jantar com pessoas que acabaram de conhecer, surpreendendo-se com o fato de o assunto ter caído como uma **bomba e estragado a conversa** do grupo. No mundo dos negócios, com a confiança exacerbada de que seus clientes compartilham das mesmas preferências, empresários e executivos desenvolvem produtos e serviços que refletem seus

gostos pessoais, cegando-se ao fato de que o mundo é mais diverso do que imaginam. No campo da administração pública, muitos políticos cometem e justificam seus atos de desonestidade apontando que **todos os seus colegas** fazem o mesmo, dando de ombros para aqueles que nunca se envolveram em tais episódios.

Isolados ou acompanhados da opinião de outras pessoas, parece que o nosso cérebro se esforça ao máximo para construir uma realidade que satisfaz nosso ego no curto prazo, mas que pode trazer danos na construção da pessoa que queremos nos tornar no futuro.

REFERÊNCIAS

Ross, L., Greene, D., & House, P. (1977). The "false consensus effect": An egocentric bias in social perception and attribution processes. Journal of experimental social psychology, 13(3), 279-301.

A Ilusão da Transparência

Imagine o seguinte cenário: você foi convidado para ir a um jantar na casa de um amigo e, para sua surpresa, o prato principal era **rim de porco com batatas**. Apesar de a iguaria não ser a sua praia, você decide dar umas garfadas, mas sente um tremendo desgosto pelo prato. Para a sua sorte, o anfitrião te serviu uma porção média. Com muito esforço, embrulhos no estômago, um controle enorme em não deixar com que suas expressões faciais entreguem a sua repulsa pela comida, além da ajuda de inúmeras taças de vinho, você aguenta **comer tudo**. Na sua opinião, quão evidente ficou para o dono da casa que você não gostou da comida?

Em casos como esse, a maioria das pessoas acredita que seu desgosto ficou mais do que evidente para o anfitrião e demais convidados, no entanto, inúmeras pesquisas científicas demonstram que as pessoas têm enormes dificuldades em ler os sentimentos dos **outros**, em saber o que está passando por suas cabeças. Os cientistas nomearam esse fenômeno como **A Ilusão da Transparência**, e ele revela que apesar de acreditarmos que os outros conseguem ler nossos sentimentos, essa não é uma das maiores qualidades do ser humano.

Um experimento genial, conduzido pelo cientista Tom Gilovich, da Cornell University, demonstra com clareza essa dificuldade das pessoas em ler os sentimentos alheios. Os participantes do experimento eram informados de que fariam parte de um estudo sobre as habilidades das pessoas em manter "Expressões Faciais Neutras." A tarefa deles era provar bebidas servidas em 15 copos diferentes, sendo que 5 deles continham um líquido com sabor desagradável (água, corante vermelho e vinagre de vinho). O restante dos copos continha suco de cereja, assim, a cor do líquido nos 15 copos era igual, fazendo com que os participantes não conseguissem identificar quais copos tinham a bebida boa ou a ruim. Os participantes eram solicitados a tentar **controlar ao máximo suas expressões faciais** ao provar as bebidas, mantendo-as neutras, assim como fariam na situação do banquete de rim de porco. Os cientistas então posicionavam uma câmera para gravar as expressões faciais de cada um deles.

Após provarem todas as bebidas, os participantes eram então informados de que 10 jurados assistiriam às gravações e assim, cada participante era solicitado a estimar quantos jurados conseguiriam distinguir quando ele estava ingerindo uma bebida agradável ou uma desagradável. Em média, os participantes acreditavam que **49% dos jurados conseguiriam identificar** os momentos em que eles estivessem provando a bebida com vinagre, mas como você pode imaginar, os participantes **superestimaram** a precisão da leitura dos jurados. Em média, **apenas 35% dos jurados conseguiram ler com precisão os sentimentos dos participantes** ao provar a bebida ruim, uma diferença estatisticamente significativa.

Essa é a **Ilusão da Transparência**: nosso comportamento egocêntrico faz com que acreditemos que as pessoas conseguem ler nossos sentimentos com facilidade, que elas estão de olho em cada um dos nossos movimentos, no entanto, elas têm uma dificuldade enorme em julgar o que estamos sentindo ou expressando. Outra evidência surpreendente desse fenômeno foi obtida pela cientista Elizabeth Newton, da Stanford. Em um experimento, os participantes foram divididos em dois grupos: os "batuqueiros" e os "ouvintes." A função dos "batuqueiros" era escolher uma música em uma lista que continha vinte e cinco canções, como "Parabéns a Você" e o Hino Nacional dos Estados Unidos, e batucar a música em uma mesa para ajudar o "ouvinte" a descobrir qual era a canção. Os "batuqueiros" estimavam que 50% dos "ouvintes" descobririam qual era a música sendo performada, ou seja, acreditavam que a metade dos participantes seriam capazes de identificar a música que eles estavam batucando. E é exatamente aqui que a **Ilusão da Transparência** entra: ao batucar a música, o participante tem uma "memória auditiva" da canção. Dentro de sua cabeça, enquanto batuca, ele escuta todos os instrumentos, a voz da cantora e inclusive os lindos corais performados na música. Mas para o "ouvinte" a tarefa é muito mais complicada, já que tudo o que ele escuta são algumas batidas sem sentido algum. Justamente por isso é que das 120 músicas apresentadas em todos os grupos do experimento, os "ouvintes" acertavam **três**, ou seja, apenas 2,5%. Em outras palavras, os "batuqueiros" estimavam que a **cada duas canções, uma seria descoberta** pelos "ouvintes", no entanto, o número obtido pelos cientistas foi de que a **cada 40 músicas, uma era descoberta.** Os "batuqueiros" acreditavam que suas batidas na mesa comunicariam com enorme transparência o nome da canção e que seria fácil para os "ouvintes" descobrirem, sem levar em consideração que os "ouvintes" não tinham as mesmas informações que os "batuqueiros." Em alguns casos, os cientistas nomeiam esse fenômeno como **"A Maldição do Conhecimento"**, mostrando-nos que uma vez que temos uma informação, ou seja, um conhecimento, acreditamos que as demais pessoas **também o possuem**. É importante que tenhamos a consciência de que no mundo tecnológico, muitas vezes **nós mesmos somos os "batuqueiros."** Esses dois vieses tiram a nossa paciência logo após termos digitado qualquer questão em uma ferramenta de **Inteligência Artificial** e recebido uma resposta que não tem relação alguma com nossa pergunta. Ou quando pedimos para a IA criar uma certa imagem e recebemos um material completamente diferente do que imaginamos. Se continuamos com o sentimento de que fomos extremamente **transparentes** com o Chat GPT e que nossos *prompts* foram cuidadosamente formulados, permaneceremos recebendo respostas e imagens diferentes das quais desejávamos. **Para o Chat GPT, que não é um bom entendedor, meia palavra não basta!** Não à toa, hoje em dia existem cursos que nos ensinam como nos comunicar de forma mais transparente com os recursos de IA, para que além de batucar, a gente ainda cante e toque um instrumento para que a ferramenta identifique com precisão a música que estamos curiosos para descobrir o nome.

Uma certa vez, enquanto eu passeava com meus filhos por uma rua no centro de Curitiba, vi a fachada de um prédio comercial decorado com adesivos enormes que diziam **#AJUDARS**. As letras eram todas da mesma cor e eu fiquei um tempo considerável tentando decifrar o que significava aquela mensagem e até imaginando que poderia se tratar de um erro de grafia não percebido pelos anunciantes. Depois de alguns minutos, cheguei à conclusão de que os idealizadores da campanha tinham como objetivo chamar a atenção dos pedestres e motoristas de que aquele local era um ponto de coleta de doações para o povo do **Rio Grande do Sul**, que estava sofrendo com as enchentes do início de 2024. Na cabeça dos criadores da campanha, seria **transparente** para todos os transeuntes que o hashtag se referia ao Rio Grande do Sul (RS), no entanto, eu acredito que muitos não captaram a mensagem adequadamente e assim, a campanha deixou de mobilizar milhares de pessoas. Uma simples alteração, como por exemplo, #ajudaRS, faria a mensagem ser comunicada de forma mais eficiente, assim como, destacar as fontes do "**RS**" em uma cor diferente. Outra experiência pessoal que remete à Ilusão da Transparência aconteceu em uma oportunidade em que estava no supermercado comprando café. Como um apaixonado por cafés de qualidade, fiquei um tempo considerável escolhendo um produto de boa origem, fresco, com o tipo de torra que eu prefiro e claro, com um preço razoável. Ao chegar em casa empolgado para fazer o café, abro a embalagem e descubro que havia comprado um café em **grãos**, sendo que eu não tinha um moedor de cafés. Detalhe: eu já tinha comprado essa mesma marca de café inúmeras vezes e a embalagem do produto em grãos ou moído me parecia ser idêntica. Ao retornar ao mercado em um outro dia, fui direto à gondola de cafés para entender como eu havia tomado a decisão que me levou a comprar o produto errado. Foi então que eu percebi que a embalagem com cafés em grãos era **azul** na metade de cima e **preta** na metade de baixo, mas a embalagem do café moído era **preta** na metade de cima e **azul** na metade de baixo, ou seja, a única diferença nas embalagens era as **cores invertidas**. No canto esquerdo central da embalagem, um minúsculo selo em preto e branco, com fontes ainda mais minúsculas, indicava se o produto era em grãos ou moído. Vítimas da **Ilusão da Transparência** e da **Maldição do Conhecimento**, acreditando que os **clientes teriam as mesmas informações que eles**, os idealizadores das embalagens caíram na ilusão de que qualquer pessoa conseguiria identificar facilmente o tipo do produto através de uma **simples inversão de cores**, não levando em consideração que uma das informações cruciais sobre o produto deveria estar em destaque, em uma cor diferente, mais disponível, com fontes maiores. Além disso, a equipe de design desse produto também falhou em não se atentar que seu café não é a **única marca exposta** em uma gondola de supermercado, já que concorre pela atenção do cliente com outras marcas, com embalagens de cores diferentes. Em situações como essa, em que o cliente recebe uma quantidade enorme de informações em pouco tempo, seus **recursos cognitivos são tomados** e ele nem sempre acaba tomando a melhor decisão. Por essa razão é que um dos maiores esforços que uma companhia deveria fazer é a de facilitar a decisão do cliente. Alguns setores parecem se dedicar justamente em dificultar tais decisões, como por exemplo, a indústria de produtos de limpeza. Eu me recordo que, quando recém-casado, minha esposa pediu para eu ir ao mercado comprar desinfetante, alvejante, água sanitária e outros produtos. Confesso que essa foi uma das compras mais complicadas da minha vida, já que eu demorei muito mais tempo do que eu imaginava. Ao invés de destacar o **nome do produto** em suas embalagens, as companhias desse setor preferem destacar suas **marcas**. Munidas da ilusão de que "todos os clientes sabem" que ***Lysol*** é um desinfetante, essas empresas certamente perdem clientes – pelo menos do público de recém-casados. Pior ainda são as concorrentes dessas empresas, que copiam as embalagens e rótulos das líderes de mercado, inventam suas próprias marcas e também as colocam em destaque, deixando o nome do **produto** em uma fonte minúscula, em segundo plano. Se essas empresas desejam conquistar clientes ignorantes no mercado de limpeza, como é o meu caso, minha dica seria para que nos rótulos estivesse escrito **alvejante, desinfetante e água sanitária com fonte número 80**, e suas marcas com fonte número 10.

Voltando a vida pessoal, a **vantagem** da Ilusão da Transparência é o sentimento de tranquilidade que podemos ter ao saber que as pessoas estão **menos atentas** do que imaginamos aos nossos sentimentos. Dificilmente, seu chefe conseguirá sentir com precisão o seu nervosismo durante uma reunião, uma paquera a sua timidez em um primeiro encontro, um cliente a sua insegurança em uma apresentação de produto, ou um amigo o seu desgosto pelo rim de porco com batatas que ele preparou – assim como os demais convidados do jantar. Porém, a Ilusão da Transparência tem a **desvantagem** de nos trazer frustração quando nossos sentimentos não ficam claros para as outras pessoas e assim, podemos julgar erroneamente que lhes falta **empatia**. Para vencer esse desencontro, é necessário que paremos de acreditar que temos o superpoder de **"pegar a perspectiva"** de uma outra pessoa, e passemos a **"perguntar a perspectiva"** delas. Não tente adivinhar o que o outro está sentindo, perguntar é uma tarefa mais fácil, que lhe trará mais precisão nos julgamentos e menos decepção em seus relacionamentos.

REFERÊNCIAS

Gilovich, T., Savitsky, K., & Medvec, V. H. (1998). The illusion of transparency: biased assessments of others' ability to read one's emotional states. *Journal of personality and social psychology*, 75(2), 332.

Newton, L. (1990). *Overconfidence in the communication of intent*: Heard and unheard melodies. Unpublished doctoral dissertation, Stanford University, Stanford, CA, 1.

Camerer, C., Loewenstein, G., & Weber, M. (1989). The curse of knowledge in economic settings: An experimental analysis. *Journal of political Economy*, 97(5), 1232-1254.

Ilusão do Controle

Imagine que você está participando de um jogo em um cassino e está prestes a lançar dois dados. Para ganhar o jogo, você precisa que os **dados somem 11**. Agora imagine que na segunda rodada, para a sua vitória é necessário que os **dados somem 3**. Você acredita que precisando destes resultados tão opostos, **a força com que lançaria os dados nas duas rodadas seria igual ou diferente?** Você acredita que a força no lançamento dos dados influencia de alguma forma os resultados? Se a sua resposta para as duas perguntas foi não, você acertou apenas uma delas.

Quando o cientista James Hensli da Universidade do Sul de Illinois estudou o comportamento de apostadores de jogos de azar em situações como a descrita acima, ele observou que os apostadores **lançavam os dados com força** quando precisavam de um número **alto**, mas **jogavam os dados com leveza** quando precisavam de um número **baixo**. A renomada cientista da Harvard, Ellen Langer realizou dezenas de estudos similares a este e descobriu, por exemplo, que depois das pessoas escolherem uma carta ou uma letra do alfabeto para participar de um sorteio, elas **dificilmente trocam suas escolhas iniciais** quando tem esta chance, mesmo quando informadas de que na nova situação **menos pessoas estão concorrendo** e portanto, suas chances de ganhar são **maiores**. Aquelas questionadas se venderiam para outra pessoa a carta que escolheram, pedem **8,67 vezes mais** do que o valor que pagaram. No entanto, Langer revelou que **quando é o cientista que escolhe a carta** ou letra do alfabeto para o participante, os participantes pedem apenas **1,96 vezes mais** do que o valor original para vender sua carta. Da mesma forma, dos participantes que tinham a opção de escolher a letra do alfabeto para o sorteio e posteriormente eram informados de que poderiam mudar para outro sorteio onde tinham mais chances de ganhar, **68% deles preferiram continuar no sorteio em que já estavam**. No entanto, dos participantes que tiveram suas letras escolhidas pelo cientista, **62% preferiram trocar para o sorteio em que havia menos participantes.** Ellen Langer nomeia este comportamento como **A Ilusão do Controle** e seus experimentos demonstram que as pessoas precisam ter a **sensação de controle** mesmo quando estão em situações em que **não existe controle** algum, como um sorteio. Perceba que escolher ou não suas cartas ou letras não muda as chances de as pessoas ganharem o sorteio, **a probabilidade de qualquer carta ou letra ser sorteada é a mesma**, no entanto, quando uma pessoa escolhe a carta ou letra ela passa a acreditar que tem mais chances em ser a vitoriosa, pois exerceu controle sobre a sua escolha.

Ter controle sobre nosso destino é uma condição essencial para o nosso bem-estar, e viver em situações de incerteza é algo extremamente estressante para o ser humano. Os dois maiores cientistas do campo da motivação no mundo, **Edward Deci e Richard Ryan** da Universidade de Rochester, descobriram em seus mais de 50 anos de pesquisas que a **autonomia** é um dos três pilares da motivação – sem a sensação de que têm certo controle sobre diversos aspectos da vida, as pessoas perdem sua motivação, sua vontade de agir em direção a seus objetivos. Assim como o apostador, qualquer um de nós gosta de ter a sensação de controle, mesmo quando ela é ilusória.

No mundo obscuro das *bets*, as pessoas são presas fáceis da Ilusão do Controle, já que quando escolhem quem irá marcar um gol, quantos escanteios uma equipe cobrará, quais jogadores levarão cartões amarelos, com quantos minutos sairá um gol ou qual time vencerá a partida, elas **exerceram sua autonomia** e assim, permanecem com suas apostas ou pior, **as aumentam mesmo quando percebem ter poucas chances de vencer**. No mundo menos obscuro do corporativismo, executivos acreditam que as ideias que escolheram são extremamente valiosas, mesmo quando existem sinais claros do mercado de que uma mudança de 180 graus nas estratégias traria melhores resultados para a empresa. São vastos os exemplos de como a Ilusão do Controle está ligada com a vontade de cada um de nós em permanecer com uma imagem de que somos espertos e nunca faríamos uma escolha equivocada.

O cientista Robert Sapolsky da Stanford, afirma que **não temos controle algum sobre nossas decisões**, mas acreditamos ter. Sapolsky ilustra esse fato dizendo que podemos explicar o comportamento violento de uma pessoa analisando o que aconteceu um **segundo antes**; quais áreas do cérebro do indivíduo estavam ativas quando ela foi violenta; **minutos antes**; quais estímulos do ambiente fizeram essa pessoa sentir que estava sendo ameaçada, quais barulhos, cheiros e comportamentos de outros indivíduos a influenciaram, quais hormônios apresentaram mudanças significativas em seus níveis; **dias a semanas antes**; a possibilidade dessa pessoa ter sido recentemente demitida do trabalho, terminado um casamento de 30 anos, ter perdido algum ente querido; **meses a anos antes**; as chances dessa pessoa ter sido abusada por um chefe autoritário por um longo período, estar casada com um parceiro que a ameaça, sofrer com um filho diagnosticado com uma doença incurável, ter sido vítima de bullying na escola, ter sido constantemente exposta à violência familiar, ter sido moradora de um bairro de extrema pobreza e violência; **na gestação**; se a mãe se alimentou bem durante os meses em que estava grávida, se o pai a abandonou, se ela sofreu muito estresse nesse período, se ela dormiu bem, se o parto ou cesárea ocorreram sem dificuldades, se os genes dos pais tinham a tendência de formar uma pessoa mais violenta por natureza, se a mãe fumou ou usou drogas no período gestacional; ou até **há milhões de anos atrás**; por que na savana africana os indivíduos que estavam mais alertas a potenciais ameaças e reagiam violentamente com rapidez tinham mais chances de sobreviver e passar seus genes para frente. Muitas pessoas são resistentes a informação de que o **livre arbítrio é uma ilusão**, mas se formos **corajosos o suficiente** para refletir sobre o exemplo acima, chegaremos à conclusão de que nosso comportamento é o fruto de milhões de variáveis sob as quais não temos controle algum.

Evidência forte disso vem de um dos estudos mais polêmicos da história da ciência, realizado pelo cientista Benjamin Libet da Universidade da Califórnia San Francisco. Os participantes deveriam apertar um botão quando quisessem, sem pensar muito, avisando aos cientistas o momento em que decidiram o apertar. Enquanto isso um relógio que marcava o tempo com a precisão de frações de segundo gravava o exato momento em que os participantes **diziam aos cientistas ter criado a consciência de querer apertar o botão**. Enquanto realizavam essa atividade, os participantes tinham sua atividade cerebral acompanhada por um eletroencefalograma (EEG). Os dados revelaram que os participantes avisavam aos cientistas sobre a sua consciência de apertar o botão **duzentos milissegundos antes** de moverem os dedos, o que soa como algo normal. No entanto a maior surpresa foi a seguinte: quando as pessoas se **preparam** para mover um membro, uma parte do cérebro chamada de **Área Suplementar Motora** que estimula o movimento dos músculos, se torna ativa. As leituras do EEG revelaram um potencial de prontidão dessa área **trezentos milissegundos antes dos participantes avisarem que apertariam o botão**. Isso significa que o cérebro dos participantes **já havia escolhido** apertar o botão **antes de eles terem a consciência de que apertariam**. O sentimento de controle é apenas uma ilusão criada **depois do cérebro já ter escolhido uma ação fora do seu nível de consciência**. Se esse estudo não te convenceu de que a Ilusão do Controle é mais ilusória do que imaginamos, um novo estudo mais sofisticado e moderno descobriu que essa decisão é feita no Córtex Pré-Frontal, posteriormente se espalhando por todo o Córtex Frontal, em seguida ativando o Córtex Pré-Motor, depois a Área Suplementar Motora e finalmente, os músculos se movem. **Do momento em que o Córtex Pré-Frontal tomou a decisão, até as pessoas terem a consciência de que a tomaram, passam-se nada menos do que 10 segundos**. As mesmas pessoas que respondem "estou bem, graças a Deus" depois de serem perguntadas se estão se sentindo melhor depois de uma forte gripe, ou que dizem "até amanhã, se Deus quiser" quando se despedem de seus colegas de trabalho, curiosamente são aquelas que batem o pé com mais força quando descobrem que não existe livre-arbítrio.

Sapolsky deixa claro que algumas pessoas dão uma guinada completa em suas vidas **depois** de assistirem a um documentário, conhecerem um parceiro romântico ou realizarem uma viagem para um país de terceiro mundo, validando o sentimento de que o livre-arbítrio é real. Porém, o cientista nos convida a **dar um passo atrás** e perguntarmos a nós mesmos: como é que eu acabei me tornando o tipo de pessoa que decidiu assistir a esse documentário e resolveu largar o emprego para ajudar crianças carentes na Zâmbia? Quais fatores na minha genética, quais acontecimentos nas últimas semanas da minha vida, como a forma que meus pais me criaram e como a adaptabilidade dos meus ancestrais explicam eu ter acabado naquela sala de cinema? Como é que **você** se tornou o tipo de pessoa que comprou um livro sobre vieses cognitivos e comportamentais? Como é que eu me tornei o tipo de pessoa que mesmo sabendo que livre-arbítrio não existe, resolveu escrever um livro para ajudar as pessoas a tomarem decisões que beneficiam suas vidas? Incrivelmente, parar para pensar com calma nessas questões pode lhe trazer de volta o sentimento de controle que você tanto precisa para conquistar bem-estar e motivação.

REFERÊNCIAS

Henslin, J. M. (1967). Craps and magic. *American Journal of sociology*, 73(3), 316-330.

Langer, E. J. (1975). The illusion of control. *Journal of personality and social psychology*, 32(2), 311.

Deci, E. L., & Ryan, R. M. (2012). Self-determination theory. *Handbook of theories of social psychology*, 1(20), 416-436.

Sapolsky, R. M. (2017). *Behave*: The biology of humans at our best and worst. Penguin.

Libet, B., Libet, B., Gleason, C. A., Wright, E. W., & Pearl, D. K. (1993). Time of conscious intention to act in relation to onset of cerebral activity (readiness-potential) the unconscious initiation of a freely voluntary act. *Neurophysiology of consciousness*, 249-268.

Haynes, J. D. (2014). *The neural code for intentions in the human brain*. Bioprediction, Biomarkers, and Bad Behavior: Scientific, Legal, and Ethical Challenges. Oxford University Press, Oxford, 173-187.

Bode, S., & Haynes, J. D. (2009). Decoding sequential stages of task preparation in the human brain. *Neuroimage*, 45(2), 606-613.

Sapolsky, R. (2024). Life without free will: Does it preclude possibilities? *Possibility Studies & Society*, 2(3), 272-281.

Realismo Ingênuo

Um famoso estudo científico de 1954, realizado por pesquisadores da Princeton e Dartmouth College, intitulado como *"Eles Viram Um Jogo"*, evidencia de forma ainda mais consistente a influência dos vieses uma vez que tomamos um lado como partido. Alunos da Princeton e Dartmouth deveriam analisar o vídeo de um jogo de futebol americano entre as duas universidades e dar suas opiniões sobre vários aspectos da partida. Os resultados do estudo mostram claramente que os estudantes, dependendo da universidade para qual torciam, viam jogos **completamente diferentes**. Apesar da estrela do time de Princeton ter saído do jogo com o nariz quebrado logo no início do confronto devido as jogadas violentas de Dartmouth, apenas 39% dos torcedores deste time analisaram que o jogo foi limpo, enquanto 93% dos torcedores de Princeton analisaram que o jogo foi sujo. Os torcedores de Dartmouth insistiam que ambas as equipes haviam começado a confusão no gramado, enquanto quase a totalidade dos torcedores de Princeton afirmavam que a equipe de Dartmouth havia começado. Os torcedores de Princeton viam os jogadores de Dartmouth fazendo **mais do que o dobro de faltas do que o seu próprio time**, assim como avaliavam que as faltas haviam sido **mais violentas** do que as cometidas por sua própria equipe. Descoberta similar foi feita pelo cientista da Yale, Dan Kahan, em um estudo intitulado sugestivamente como *"Eles Viram um Protesto,"* feito 58 anos depois do estudo de Princenton e Dartmouth. Participantes deveriam assistir a um vídeo de policiais agindo violentamente contra um grupo de protestantes, sendo que a metade dos voluntários foi informada de que a confusão aconteceu em um protesto **contra o aborto** em frente a uma clínica que realizava esse procedimento, e os demais foram levados a acreditar que o protesto aconteceu na frente de uma instalação militar, onde os protestantes lutavam para que **gays e lésbicas** pudessem fazer parte do exército. Novamente, os participantes assistiam ao mesmo vídeo, mas chegavam a conclusões completamente distintas. Quando informados de que os protestantes eram **conservadores na frente de uma clínica de aborto**, 75% dos **liberais** justificaram a violência policial pois "viram" os protestantes bloqueando o acesso à clínica, mas apenas 25% dos conservadores "viram" este fato.

Quando informados que os protestantes faziam parte de um **grupo liberal de gays e lésbicas**, os percentuais se inverteram – 75% dos conservadores "viram" os protestantes bloqueando o acesso à instalação militar, enquanto apenas 40% dos liberais "viram" isso acontecer. Isso demonstra que dependendo do lado em que estamos, **"enxergamos" as pessoas do nosso grupo protestando pacificamente e as do grupo contrário agindo como delinquentes**.

Em qualquer tipo de campo, seja no de futebol, política, inclusão, aborto, empreendedorismo ou religião, todos nós vemos o mesmo jogo e o avaliamos de formas diferentes. Lee Ross, um dos cientistas mais influentes da história da psicologia, nomeou este fenômeno como **Realismo Ingênuo** – a nossa tendência em acreditar que temos uma **visão cristalina do mundo**, que enxergamos o mundo **exatamente como ele é**, que nossos julgamentos **são livres de vieses e qualquer tipo de influência externa**. Desta forma, avaliamos que aqueles que enxergam o mundo de forma diferente da nossa são **estúpidos, malucos, mal-intencionados ou tendenciosos**.

Foi exatamente isso que Ross, ao lado de Julia Minson da Harvard e outros colegas concluíram em um estudo intrigante. Oitenta e duas pessoas formaram **duplas** e inicialmente, deveriam indicar se **concordavam ou não** com dez propostas, como por exemplo, **se pessoas do mesmo sexo deveriam ter permissão para se casar, se a frase "uma nação sob Deus" deveria ser retirada do juramento à bandeira dos EUA, e até se enfermeiras em escolas deveriam ter autorização do governo para entregar contraceptivos aos alunos com o objetivo diminuir os casos de gravidez na adolescência.** Após concordarem ou não com as propostas, os participantes tinham acesso as **respostas da outra pessoa de sua dupla** e, como você pode imaginar, as **discordâncias** entre os dois indivíduos ficaram evidentes. Finalmente, os participantes deveriam indicar o quanto acreditavam que **suas respostas** haviam sido influenciadas por **fatores objetivos** (fontes confiáveis, compreensão dos problemas e preocupações relacionadas com o assunto, avaliação precisa dos fatos) ou **fatores enviesados** (ilusão de pensamento, posição pessoal no assunto ou direcionamento político). Cada participante deveria indicar também o quanto as respostas **do seu parceiro de dupla** foram influenciadas por esses fatores. Conhecendo o **Realismo Ingênuo**, você pode projetar facilmente o que aconteceu: os participantes indicavam que suas respostas eram influenciadas por **fatores objetivos**, mas que as de seus parceiros eram **influenciadas por vieses**.

Em 1995, um grupo de cientistas da Harvard, Stanford e Universidade de Wisconsin demonstraram esse fenômeno de outra maneira. Participantes que defendiam ou eram contrários ao **aborto** foram solicitados a ler sobre algumas situações de mulheres que escolheram realizar este procedimento. Três situações foram arquitetadas para gerar **simpatia** do participante em relação a mulher: gravidez por estupro, feto ameaçado gravemente por uma doença genética e gravidez na adolescência. Outras três situações foram desenhadas para ilustrar casos em que a **simpatia seria menor**: gravidez causada por uma aventura amorosa, gravidez que dificultaria um crescimento profissional e a gravidez de uma mulher mais velha que já possuía filhos grandes. Em seguida, estes participantes deveriam reportar a simpatia que sentiam pelas mulheres, usando uma escala entre 1 e 7, bem como suas opiniões sobre como **outras pessoas favoráveis ou contra o aborto** avaliariam as mesmas situações.

O resultado indicou que cada indivíduo acreditava que sua posição era mais **equilibrada** do que a dos membros de seu grupo, ou seja, que ele enxergava o mundo de forma mais **realista, precisa e menos enviesada** quando comparado aos seus colegas. No entanto, os participantes do estudo **erravam grandemente** ao tentar adivinhar as posições dos membros de **seu próprio grupo**, assim como, as das pessoas do **grupo contrário**. Cada indivíduo imaginava que a posição dos membros de seu grupo seria extremamente radical em direção a sua bandeira, ao mesmo tempo que acreditavam que os indivíduos do outro grupo teriam posições igualmente firmes, mas na direção contrária. No final das contas, as opiniões de ambos os grupos, favoráveis ou contra o aborto, **eram mais parecidas do que seus membros poderiam imaginar**. O realismo ingênuo não nos trai somente em relação a diferença de opinião entre as pessoas de nosso próprio grupo, mas principalmente, na forma como avaliamos o posicionamento de grupos com opiniões diferentes das nossas. Mesmo assim, cada pessoa quer acreditar que sua visão reflete a **única realidade existente, a única livre de influências, a única equilibrada, a única baseada na verdade**. A realidade, porém, é que todos nós temos algum viés influenciando nossos julgamentos e que uma dose imensa de **humildade** é necessária para livrar-se deles para então termos posições realmente baseadas nos fatos, independentemente de quão contrários às nossas opiniões eles possam ser.

Em discussões políticas, observamos com frequência indivíduos que dizem não entender como as pessoas não conseguem "enxergar" as evidências claras de corrupção do político que não simpatizam, ao mesmo tempo que falham em observar os escândalos de corrupção que o **seu político favorito** está envolvido. Em discussões corporativas, percebemos que certos executivos acreditam que enxergam o "mercado como ele realmente é" ou o "cliente do jeito que ele é," cegando-se para o fato de que suas interpretações são enviesadas e que as estratégias que estão desenvolvendo irão prejudicar a empresa. Em casos como esses, não somente o Realismo Ingênuo, bem como o Efeito do Falso Consenso entram em ação para embaraçar nossas decisões.

Toda vez que você for tomar uma decisão, ou julgar o comportamento de outra pessoa, lembre-se:

Você não vê o mundo do jeito que ele é,
mas sim, do jeito que você é!

REFERÊNCIAS

Hastorf, A. H., & Cantril, H. (1954). They saw a game; a case study. *The Journal of Abnormal and Social Psychology*, 49(1), 129.

Kahan, D. M., Hoffman, D. A., Braman, D., & Evans, D. (2012). *They saw a protest:* Cognitive illiberalism and the speech-conduct distinction. Stan. L. Rev., 64, 851.

Ross, L., & Ward, A. (1996). *Naive realism in everyday life:* Implications for social conflict and misunderstanding. Values and knowledge, 103-135.

Liberman, V., Minson, J. A., Bryan, C. J., & Ross, L. (2012). Naïve realism and capturing the "wisdom of dyads". *Journal of Experimental Social Psychology*, 48(2), 507-512.

Robinson, R. J., Keltner, D., Ward, A., & Ross, L. (1995). Actual versus assumed differences in construal:" Naive realism" in intergroup perception and conflict. *Journal of personality and social psychology*, 68(3), 404.

Efeito da Terceira Pessoa

No final da década de 1980, os cientistas John Innes e Howard Zeitz foram até áreas comerciais em uma cidade australiana para tentar entender como as pessoas avaliavam o poder de influência da mídia em seu comportamento. Os entrevistados deveriam indicar, usando uma escala numérica, quanto as **"pessoas em geral"** ou **"pessoas diferentes delas"** seriam influenciadas por:

1. Uma propaganda política que havia acabado de começar a ser veiculada massivamente

2. Conteúdo violento na televisão

3. Uma campanha recente para alertar os cidadãos dos perigos de dirigir após a ingestão de bebidas alcoólicas

Em seguida, os entrevistados deveriam indicar, usando a mesma escala, quanto **eles mesmos** foram influenciados pelos três conteúdos. Os resultados são assustadores!

Quanto a influência de conteúdos violentos na TV em seu comportamento, os entrevistados acreditavam que eles mesmos **não eram muito persuadidos** por este tipo de conteúdo, mas que o "público em geral" tinha chances **5,6 vezes maiores** do que eles de sofrerem influências negativas. Já quando o assunto era política, os participantes diziam ser **pouquíssimo influenciados** por propagandas partidárias, indicando, porém, que as "outras pessoas" tinham chances **4,15 vezes maiores** de serem persuadidas. No entanto, quando o assunto da conversa poderia **aumentar o senso de autoestima dos participantes**, apresentando sua visão sobre uma regra aprovada socialmente – não beber e dirigir – os entrevistados afirmavam sofrer uma **certa influência** do anúncio, expressivamente maior do que os níveis informados sobre violência e campanhas políticas. Porém, seguindo a mesma lógica, os participantes acreditavam que outras pessoas seriam **2,09**

vezes mais influenciadas pela campanha. No geral, os participantes do estudo imaginavam ser **3,33 vezes menos influenciados pela mídia** em relação as pessoas em geral. Os cientistas também coletaram dados sobre a o nível de educação formal dos entrevistados, não encontrando diferença significativa entre a tendência de julgar os outros como mais suscetíveis a influência da mídia e o nível de escolaridade das pessoas, o que demonstra novamente que mesmo **pessoas inteligentes podem ser vítimas de uma grande quantidade de vieses comportamentais.**

Este é apenas um entre os milhares de estudos que evidenciam um fenômeno amplamente documentado pela ciência, nomeado como **Efeito da Terceira Pessoa**, ou seja, a tendência geral do ser humano em acreditar que a influência da mídia é maior nas outras pessoas do que em si mesmo.

Este fenômeno começou a ser investigado em 1983 pelo cientista W. Phillips Davison, da Universidade de Columbia, em quatro pequenos experimentos. Na época, o cientista coletou dados que confirmavam que as pessoas acreditavam que as **outras** eram mais influenciadas do que **elas mesmas** pela mídia, em assuntos que variavam entre política, propagandas de brinquedos, resultados de pesquisas eleitorais e relações governamentais com o exterior.

Anos mais tarde, este fenômeno sofreu uma pequena adição em seu nome. Hoje, ele é conhecido como o **Efeito Web da Terceira Pessoa**, pois como bem sabemos, grande parte das pessoas consome mais conteúdo online do que por outros meios. Mais recentemente, uma pesquisa realizada por cientistas gregos mostrou que quanto mais idade tinham os voluntários do estudo, maior era a diferença na avaliação de quanto os outros eram mais influenciados pela matéria em relação a eles mesmos. Parece que quanto mais experiência temos, menos acreditamos ser influenciados pela mídia, ao mesmo tempo que achamos que as **outras pessoas** são mais facilmente persuadidas por ela.

As evidências de como vamos longe para manter a nossa autoestima elevada são inúmeras e, no caso desses estudos, podemos perceber uma relação com o **realismo ingênuo**, onde a maioria das pessoas acredita ser influenciada pela mídia de forma mais equilibrada do que as demais. São claros os dados que apontam que nos tornamos mais radicais em nossos pontos de vistas quando consumimos informações contrárias as nossas crenças, mas nós acreditamos que nossas opiniões se tornam mais neutras quando isso acontece. Paralelamente, racionalizamos que as outras pessoas são completamente diferentes de nós, já que mudam radicalmente de opinião por serem facilmente manipuladas pela mídia. Em nossa visão, somos sempre **inteligentes demais**, enquanto as demais pessoas são **excessivamente ingênuas**.

Seria a mídia um "lixo," ou nosso próprio cérebro?

REFERÊNCIAS

Innes, J. M., & Zeitz, H. (1988). The public's view of the impact of the mass media: A test of the 'third person'effect. European Journal of Social Psychology, 18(5), 457-463.

Davison, W. P. (1983). The third-person effect in communication. Public opinion quarterly, 47(1), 1-15.

Antonopoulos, N., Veglis, A., Gardikiotis, A., Kotsakis, R., & Kalliris, G. (2015). Web Third-person effect in structural aspects of the information on media websites. Computers in Human Behavior, 44, 48-58.

Fenômeno da Mídia Hostil

Três dias antes das eleições americanas de 1980, os cientistas Robert Vallone, Mark Lepper e Lee Ross realizaram um estudo inédito, o qual desencadeou uma série de pesquisas realizadas por cientistas do mundo todo. Simpatizantes dos candidatos Ronald Reagan e Jimmy Carter foram entrevistados sobre suas percepções da mídia. Dos eleitores de Reagan, 96% diziam que a mídia favorecia **Carter**. Como você pode imaginar, os simpatizantes de Carter tinham uma opinião contrária: 83% deles afirmavam que a mídia estava favorecendo **Reagan**. Este estudo é mais uma demonstração de que mesmo que as pessoas consumam notícias idênticas, elas as interpretam de maneira distinta, já que em 1980, a grande maioria dos residentes dos EUA tinham acesso a apenas **quatro canais de televisão abertos**.

Os cientistas da Stanford nomearam esse viés como **Fenômeno da Mídia Hostil**, denotando que a maioria das pessoas acredita que a **mídia dá mais cobertura para o inimigo**. Em um segundo estudo, os cientistas pediram para pessoas favoráveis a Israel ou aos Árabes julgarem vídeos da cobertura televisiva do Massacre de Beirut, ocorrido em 1982. Em 18 de setembro daquele ano, membros de uma milícia mataram mais de 3.000 pessoas em um campo de refugiados, a maioria de origem Palestina e Libanesa, sob os olhares das Forças Armadas de Israel, que recebeu notícias sobre o ataque, mas não agiu para prevenir ou acabar com as matanças. Os participantes de ambos os lados assistiram aos **mesmos vídeos**, porém, os favoráveis a Israel julgavam que a cobertura da mídia havia favorecido os Árabes, enquanto os Árabes diziam que os Israelenses haviam sido favorecidos.

Infelizmente, enxergamos que a mídia apresenta o nosso lado como o vilão e o outro lado como o herói.

Trinta anos depois, cientistas da Universidade de Oklahoma encontraram os mesmos resultados, desta vez, em uma meta-análise de 34 estudos sobre o fenômeno, envolvendo assuntos variados como religião, política, esportes, segurança, aborto, tabagismo, entre outros. No artigo, os cientistas demonstraram que quanto mais as pessoas estão envolvidas com os assuntos em debate, mais elas tendem a enxergar a mídia **favorecendo** o "outro lado". Em 2018, cientistas das Universidades de Utah e de Konkuk, descobriram que estes efeitos também acontecem nas mídias sociais. Radicais políticos, lendo as **mesmas matérias**, julgam-nas como mais **enviesadas** quando são postadas por simpatizantes do partido oposto. Já 2019, cientistas de universidades europeias e americanas descobriram que seguir políticos nas mídias sociais aumenta as chances de as pessoas terem sentimentos de **entusiasmo** pelo seu candidato, assim como de **ódio** em relação ao candidato concorrente. Ambos os fatores, entusiasmo e ódio, possuem uma relação com a percepção da **mídia hostil**.

Seria a mídia tendenciosa? Ou seriamos nós os tendenciosos? Perceba que a mídia, equilibrada ou não, tem pouco efeito sobre nossa confiança, já que processamos informações de forma enviesada e enxergamos a "realidade" de formas diferentes. Em 2021, os cientistas Mark Kayser e Michael Peress analisaram mais de 2 milhões de artigos publicados na mídia em 16 países diferentes, encontrando **relações fracas** das notícias sobre economia com o partidarismo político, ou seja, esse estudo revelou que em geral, a mídia realizou uma **cobertura fiel aos fatos**. No entanto, estes cientistas descobriram que a mídia **cobre com mais frequência eventos econômicos negativos**, questionando se realmente existe um viés partidário na mídia ou se simplesmente a mídia acredita que notícias negativas produzem melhores manchetes do que as positivas, o que leva as pessoas a acreditarem que a mídia está favorecendo alguma agenda política.

Os resultados da eleição americana de 1980 trouxeram uma vitória esmagadora de Reagan, que conquistou a maioria dos votos em **44 dos 50 estados americanos**. Na sua opinião, havia alguma justificativa para 96% dos eleitores de Ronald Reagan enxergarem a mídia como enviesada? E, caso a mídia realmente tivesse se comportado desta forma, os resultados da eleição seriam os mesmos? Será que a mídia realmente tem o poder que acreditamos em fazer as pessoas mudarem completamente de opinião?

Para o choque de muitos, a influência da mídia na mudança de nosso comportamento é incrivelmente **fraca**, em alguns casos, **nula**. Esta é a conclusão de estudos extremamente cuidadosos realizado por William McGuire, um cientista da Universidade de Yale. Ele descobriu que a correlação entre o investimento em publicidade para um produto e a sua participação do mercado é **extremamente fraca** ou **não significativa.** Outros cientistas concluíram que nas oportunidades em que esta correlação é significativa, geralmente os efeitos duram **menos de um ano**. Correlações fracas ou inexistentes não são exclusivas para a área de publicidade, diversos cientistas descobriram que **propagandas políticas** e campanhas de serviços públicos apresentam os mesmos efeitos na mudança de nosso comportamento. Em 2021, cientistas da Pricenton, Universidade do Sul Califórnia, Hertie School e Universidade de Illinois publicaram os resultados de um experimento revelador, que levou **16 meses** para ser concluído. Logo no início da pesquisa os participantes responderam a uma bateria de perguntas avaliando seu conhecimento político, hábitos de consumo de notícias, percepções sobre políticas externas e internas, opiniões sobre imigração, nível de aprovação do presidente, sentimentos de polarização e outros assuntos. Durante os meses iniciais, os cientistas analisaram o comportamento online dos participantes, verificando os sites de notícias que acessavam bem como, seus posts nas mídias sociais. Quatro meses após o início, os cientistas realizaram uma intervenção interessante, **mudando a página inicial dos navegadores dos participantes** de forma aleatória. Um terço passou a acessar como página inicial um portal de notícias mais **conservador**, um terço passou a acessar um portal **liberal** e o restante não foi exposto a site algum – o grupo de controle. Os participantes também foram solicitados a **seguir as páginas** destes veículos nas mídias sociais e assinar seus newsletters, para garantir uma exposição **ainda maior** dos participantes a notícias políticas. Apenas nos dois primeiros meses de intervenção, mais de 19 milhões de visitas a sites foram analisadas. Nos meses finais do estudo, os participantes respondiam novamente a uma bateria de perguntas que analisava suas opiniões sobre assuntos políticos. Haveria alguma mudança de posicionamento por parte dos participantes? Seguindo as descobertas de McGuire, os cientistas deste estudo **não encontraram mudanças significativas nas opiniões das pessoas**, mostrando novamente o fraco efeito de influência da mídia, **mesmo após a exposição dos participantes a portais claramente politizados.** Outros estudos recentes mostraram os mesmos efeitos em campanhas políticas, mesmo as realizadas através das mídias sociais.

É tentador para cada um de nós concluir que **outras pessoas** são facilmente influenciadas pelo posicionamento da mídia ou mudam de candidato após a publicação de pesquisas eleitorais, mas estas poderosas evidências nos mostram que estes efeitos **simplesmente não existem**. Lembre-se que consumir mídias **favoráveis** ou **desfavoráveis** ao nosso posicionamento político tem o mesmo efeito: **aumentar o nosso radicalismo**.

É importante, porém, analisarmos outros tipos de influência que a mídia pode ter. A publicidade pode não aumentar nossa disposição em comprar um produto específico, mas pode nos trazer uma vontade incessável pelo consumo, lealdade por uma marca, conhecimento de novos produtos e euforia. Uma campanha política pode não nos fazer votar em certo candidato, mas pode nos trazer a ideia de que a economia do país nunca esteve tão mal. O cientista político da Stanford, Shanto Iyengar, nomeia este efeito da mídia como **Controle de Pauta**. A mídia pode não influenciar nosso comportamento, mas define os assuntos nos quais **pensamos e acreditamos ser importantes.**

Como atualmente nossa influência não vem apenas da mídia tradicional mas também das mídias sociais, onde todos tem voz, os **seguidores de políticos** – cegos pela quantidade enorme de vieses comportamentais – podem passar a avaliar que os assuntos trazidos por eles são **as prioridades para o país**, como voto impresso auditável, abertura de novas universidades, programas de inclusão social, banheiros exclusivos para pessoas transgênero, doutrinação nas escolas, invasão de propriedades privadas, nacionalização do preço dos combustíveis, anistia para manifestantes, facilitação na compra de armas, compra de medicamentos ineficazes, proibição da linguagem inclusiva, perseguição a cientistas climáticos, combate a comunistas, combate a capitalistas, entre outros. A tática destes políticos em afirmar que suas redes sociais revelam "aquilo que a mídia não mostra", alimenta o ódio da população contra jornalistas, faz com que as pessoas se tornem ainda mais radicais e formem opiniões distorcidas sobre as reais necessidades do país.

Parafraseando o brilhante cientista Neil deGrasse Tyson, convido o leitor a refletir:

Quão triste deve ser uma vida em que você acredita que cientistas, acadêmicos, historiadores, economistas e jornalistas

> *passaram a vida toda te enganando, e políticos, com décadas de fraudes e mentiras exaustivamente documentadas, são os únicos agentes da verdade e honestidade.*

Uma mídia independente, livre e investigativa, que possa apresentar à população a realidade do país sem medo de sofrer retaliação de quem está no poder, é uma obrigatoriedade para a manutenção da democracia.

REFERÊNCIAS

Vallone, R. P., Ross, L., & Lepper, M. R. (1985). The hostile media phenomenon: biased perception and perceptions of media bias in coverage of the Beirut massacre. *Journal of personality and social psychology*, 49(3), 577.

Hansen, G. J., & Kim, H. (2011). Is the media biased against me? A meta-analysis of the hostile media effect research. *Communication Research Reports,* 28(2), 169-179.

Lee, T. K., Kim, Y., & Coe, K. (2018). When social media become hostile media: An experimental examination of news sharing, partisanship, and follower count. *Mass Communication and Society*, 21(4), 450-472.

Weeks, B. E., Kim, D. H., Hahn, L. B., Diehl, T. H., & Kwak, N. (2019). Hostile media perceptions in the age of social media: Following politicians, emotions, and perceptions of media bias. *Journal of Broadcasting & Electronic Media*, 63(3), 374-392.

Kayser, M. A., & Peress, M. (2021). Does the Media Cover the Economy Accurately? An Analysis of Sixteen Developed Democracies. *Quarterly Journal of Political Science*, 16(1), 1-33.

McGuire, W. J. (1986). The myth of massive media impact: Savagings and salvagings. *Public communication and behavior*, 1, 173-257.

Bird, K. (2002). Advertise or die: advertising and market share dynamics revisited. *Applied Economics Letters*, 9(12), 763-767.

Landes, E. M., & Rosenfield, A. M. (1994). The durability of advertising revisited. *The Journal of Industrial Economics*, 263-276.

Kaid, L. L. (2004). Political advertising. In *Handbook of political communication research* (pp. 173-220). Routledge.

Tyler, T. R. (1984). Assessing the risk of crime victimization: The integration of personal victimization experience and socially transmitted information. *Journal of Social Issues*, 40(1), 27-38.

West, S. L., & O'Neal, K. K. (2004). Project DARE outcome effectiveness revisited. *American journal of public health*, 94(6), 1027-1029.

Guess, A. M., Barberá, P., Munzert, S., & Yang, J. (2021). The consequences of online partisan media. *Proceedings of the National Academy of Sciences*, 118(14), e2013464118.

Kalla, J. L., & Broockman, D. E. (2018). The minimal persuasive effects of campaign contact in general elections: Evidence from 49 field experiments. *American Political Science Review*, 112(1), 148-166.

Coppock, A., Hill, S. J., & Vavreck, L. (2020). The small effects of political advertising are small regardless of context, message, sender, or receiver: Evidence from 59 real-time randomized experiments. *Science advances*, 6(36), eabc4046.

Levy, R. E. (2021). Social media, news consumption, and polarization: Evidence from a field experiment. *American economic review*, 111(3), 831-70.

Eibach, R. P., Libby, L. K., & Gilovich, T. D. (2003). When change in the self is mistaken for change in the world. *Journal of personality and social psychology*, 84(5), 917.

Dearing, J. W., Rogers, E. M., & Rogers, E. (1996). *Agenda-setting* (Vol. 6). Sage.

Iyengar, S., & Simon, A. (1993). News coverage of the Gulf crisis and public opinion: A study of agenda-setting, priming, and framing. *Communication research*, 20(3), 365-383.

Iyengar, S., & Kinder, D. R. (2010). *News that matters:* Television and American opinion. University of Chicago Press.

Efeito Holofote

Você já deve ter passado por uma situação similar a que vou descrever: logo após o almoço, você vai até o banheiro da empresa para fazer a sua higiene bucal e, de repente, um pouco de pasta de dente escapa da sua boca e cai na sua blusa: uma tragédia! Desesperado, você molha e esfrega levemente a blusa na esperança de que a mancha desapareça, apenas para ficar ainda mais frustrado ao descobrir que mesmo depois de alguns minutos de limpeza, a mancha ainda está visível. Você sai do banheiro com a certeza de que todo mundo que passar por você **vai notar** aquela mancha horrível. Será mesmo?

Em 1998, os cientistas Thomas Gilovich da Universidade Cornell, Kenneth Savitsky da Williams College e Victoria Medvec da Universidade Northwestern, decidiram testar essa hipótese. Os pesquisadores convocaram participantes que, ao chegar no laboratório, eram encaminhados para uma sala de reuniões e colocados para sentar-se em uma mesa longa. Propositalmente, os cientistas colocaram todas as cadeiras no mesmo lado da mesa, assim, todos os participantes se sentavam de frente para a porta que dava acesso à sala. Em seguida, os participantes eram solicitados a preencher alguns formulários para a pesquisa. O truque que os cientistas usaram neste experimento, foi convocar **um** dos participantes para chegar **cinco minutos depois** do grupo. Esse participante, o qual os cientistas nomearam como **participante-alvo**, chegava por uma parte diferente do laboratório, era informado por um assistente que o experimento aconteceria em uma outra sala e então, era solicitado a **trocar de camiseta**. A camiseta que o participante-alvo deveria vestir, estampava o rosto do cantor "brega" **Barry Manilow**, compositor do hit "Mandy." Em uma pesquisa teste que os cientistas realizaram antes do experimento, estudantes da Cornell disseram que ficariam envergonhados em vestir tal camiseta: era exatamente isso que Gilovich e seus colegas queriam provocar.

Sem protesto, o participante-alvo vestia a camiseta. O assistente então encaminhava o participante-alvo até a sala onde os outros participantes estavam preenchendo formulários e pedia para que ele batesse na porta para ser atendido por outro assistente, o qual daria seguimento ao experimento. Ao entrar na sala, o assistente encaminhava o participante-alvo para sentar-se em uma cadeira no **lado vazio da mesa**, portanto, ele ficava de frente para os demais participantes. No entanto, quando o participante-alvo estava prestes a se sentar, o assistente murmurava algo e dizia ao participante-alvo que tinha pensado melhor e que como os demais estavam adiantados no preenchimento dos formulários, era melhor ele esperar um pouco no lado de fora da sala. O participante-alvo era então abordado pelo primeiro assistente no corredor, que o informava que o experimento estava investigando a "memória acidental" das pessoas, ou seja, a memória delas a fatos aos quais não foram solicitadas a prestar a atenção. O assistente então perguntava ao participante-alvo a sua estimativa de **quantas pessoas** na sala diriam com precisão quem era o cantor ilustrado em sua camiseta. Já o assistente da sala, perguntava individualmente para cada participante se eles lembravam quem estava ilustrado na camiseta do participante-alvo. O que aconteceu foi nada menos do que impressionante!

Assim como a maioria das pessoas acredita que uma mancha de pasta de dente na blusa não passará despercebida pelas demais, os participantes vestindo camisetas do Barry Manilow também imaginavam que muitas pessoas na sala iriam notar a estampa do cantor brega. Os quinze participantes-alvo desse experimento acreditavam que, em média, aproximadamente **50% dos participantes na sala notariam a camiseta do cantor brega** – Oh, Mandy, eles estavam tremendamente errados! Os cientistas revelaram que as estimativas dos participantes-alvo em relação a quantidade de pessoas que lembrariam da camiseta eram **duas vezes maiores** quando comparadas com a quantidade de participantes que de fato perceberam o cantor na camiseta. Ou seja, os participantes-alvo acreditavam que aproximadamente metade das pessoas na sala notariam a camiseta do Barry Manilow, enquanto **apenas 25% delas notaram.**

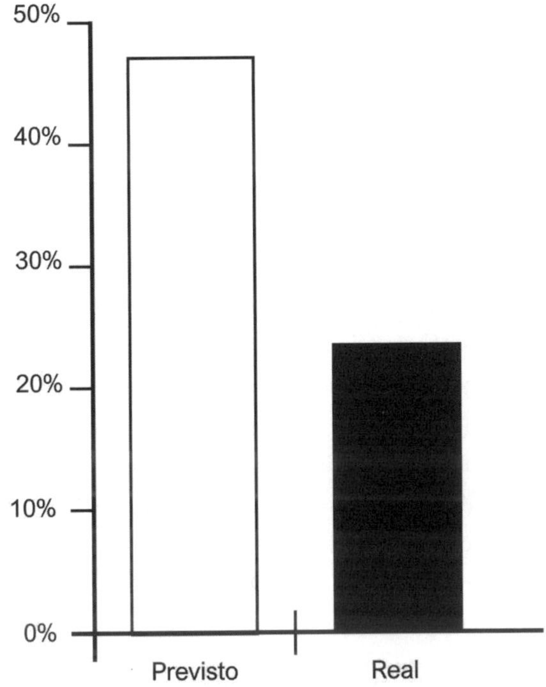

Figura 14 – O erro de cálculo que realizamos quando somos vítimas do efeito holofote

Estatísticas similares foram encontradas quando os participantes-alvo vestiam camisetas de personalidades que eram admiradas pelos estudantes da Cornell na época, como **Bob Marley, Jerry Seinfeld e Martin Luther King Jr**, e até mesmo quando usavam uma camiseta com a foto do cantor de rap **Vanilla Ice**, com os dizeres: "Ice, Ice, Baby."

Gilovich e seus colegas nomearam esse viés como **Efeito Holofote**, a crença que temos de que outras pessoas estão constantemente de olho na gente, acompanhando cada passo que damos, as roupas que estamos vestindo, as gafes que cometemos e até, se a nossa blusa está manchada de pasta de dente. Em outras palavras, acreditamos ser o centro da atenção das outras pessoas, que todos os holofotes estão direcionados para nós, enquanto as demais pessoas não dão a mínima para a gente, já estão ocupadas demais tentando criar uma boa impressão **delas mesmas**.

Felizmente para alguns, e infelizmente para outros, **raramente** as pessoas notarão o seu novo corte de cabelo, a blusa que está vestindo pela primeira vez, os resultados do último procedimento estético que você fez (a não ser que o seu rosto tenha ficado assimétrico), o pelo que está escapando para fora do seu nariz ou o novo design das suas sobrancelhas. Da mesma forma, muitas pessoas devem se tornar céticas às suas percepções de que "todos estão tentando me derrubar" ou que "meus vizinhos têm inveja de mim e percebem cada passo que eu dou." Sobre esse último assunto, é curioso lembrar que em junho de 2022, um casal vandalizou uma clínica odontológica em Belo Horizonte alegando que o dentista havia inserido um "chip" no dente da mulher, que possibilitava com que seus **vizinhos escutassem suas conversas.** Imaginem quão interessante deve ser a vida dessa senhora para que seus vizinhos realizassem uma conspiração junto a um dentista para que ele implantasse um chip em seu segundo molar superior direito, a fim de que os condôminos largassem todos os seus afazeres para "maratonar" as aventuras da senhora do apartamento 1102. Em momentos como esse é que percebemos que a falta de conhecimento sobre esse viés pode nos colocar em apuros.

Quando eu descobri o Efeito Holofote, confesso que fiquei mais relaxado em situações sociais, já que agora sei **provavelmente ninguém** irá notar que um dos botões da minha camisa está desabotoado, que sou um péssimo dançarino de forró, que abaixei para amarrar um sapato, que uma castanha de caju escapou da minha boca enquanto eu comia, que estou ajustando o cinto da minha calça, que estou perdido em um aeroporto, que esqueci de arrancar um pelo da minha orelha ou que um pedaço insistente de contrafilé ficou preso entre meus molares.

O Efeito Holofote deixa claro que as outras pessoas estão prestando atenção demasiada nelas mesmas e assim, não tem tempo para se importar com o seu visual ou com o que você está fazendo. **Faça um favor para a sua saúde mental e viva uma vida mais leve!**

REFERÊNCIAS

Gilovich, T., Medvec, V. H., & Savitsky, K. (2000). The spotlight effect in social judgment: an egocentric bias in estimates of the salience of one's own actions and appearance. *Journal of personality and social psychology*, 78(2), 211.

https://g1.globo.com/mg/minas-gerais/noticia/2022/06/08/video-mostra-casal-fazendo-quebradeira-em-clinica-odontologica-de-bh-apos-mulher-reclamar-de-dor-de-dente.ghtml

Viés do Retrospecto

Imagine que seu time de futebol está empatando e, aos 43 do segundo tempo, o técnico resolve arriscar: apesar de estar sendo massacrado pelo adversário, ele substitui um **zagueiro por um atacante**. Aos 48, numa jogada isolada, o atacante que acabara de entrar marca o gol da vitória do seu time. Em seguida, você ouve um torcedor gritar: *"eu sabia que isso iria acontecer, esse atacante é pé quente"*. Próximo ao fosso, você vê um torcedor levantando um cartaz com os dizeres *"Eu já sabia."*

Agora imagine o mesmo cenário, com um final diferente. Aos 48, o time adversário cruza uma bola na área que desvia no atacante do seu time – aquele que acabara de entrar – morrendo no fundo das redes. Em seguida, você ouve um torcedor esbravejar: *"eu sabia que isso iria acontecer, este jogador é um pé frio"*. Do outro lado do estádio, um torcedor adversário levanta um cartaz com os dizeres *"Eu já sabia"*.

Estas situações ilustram uma tendência comportamental do ser humano chamada de **Viés do Retrospecto**. Depois de sabermos o resultado de algum evento, passamos a superestimar o nosso poder de prever o que iria acontecer. Este viés comportamental pode nos cegar para a realidade de que, na maioria dos casos, a gente **"já não sabia".**

Uma vez que eu sei o resultado de um jogo de futebol, eu passo a me iludir de que já sabia que o placar seria aquele pois previ que quando o técnico colocou certo jogador, o time iria subir de produção ou até mesmo, sabia que seria o atacante que entrou aos 43 do segundo tempo que marcaria o gol da vitória. Tendo conhecimento do placar, torcedores **reconstroem os acontecimentos do passado** de forma com que eles se encaixem em uma narrativa previsível, dando a eles a ilusão de que têm superpoderes de prever o futuro. Descoberto pelo cientista Baruch Fischhoff, da Carnegie Mellon University, este fenômeno tem implicações interessantes em nosso dia a dia. Em um de seus estudos, ao lado da cientista Ruth Beyth, Fischhoff perguntou a um grupo de estudantes da Universidade Hebraica de Jerusalém o que eles **previam** que iria acontecer na visita do então presidente americano Richard Nixon à China e União Soviética em 1972. Duas semanas a seis meses **após a visita**, os cientistas pediam aos participantes para relembrarem suas previsões iniciais e, como você pode imaginar, os participantes mudaram radicalmente suas posições iniciais, afirmando ter indicado **probabilidades maiores aos eventos que aconteceram** e probabilidades **menores** aos eventos que **não aconteceram**.

Uma vez que eu sei o que aconteceu, passo a acreditar que já sabia o que iria acontecer

No início dos anos 1990, Dorothee Dietrich e Matthew Olson da Hamline University pediram aos participantes de um estudo para preverem como seria uma votação no senado americano para a nomeação de Clarence Thomas como membro da Suprema Corte, ou seja, como seria a divisão de votos entre os partidos no senado e se Thomas seria escolhido ou não. Com estas condições imprevisíveis, 58% dos alunos previram que o membro seria nomeado. Um mês após o evento, porém, já cientes dos resultados, os participantes foram solicitados e **relembrar** suas previsões dos votos e não surpreendentemente, 78% deles afirmaram que haviam previsto que Clarence Thomas seria nomeado.

Décadas de estudos científicos demonstram que o ser humano é péssimo em prever acontecimentos futuros, desde os mais mundanos aos mais complexos. No dia em que visitei o influente cientista da Cornell, Tom Gilovich, ele me disse que faz um exercício em sala de aula pedindo aos alunos para preverem como seria a sequência entre caras (CA) e coroas (CO) em 20 arremessos de moedas. Gilovich me disse que geralmente obtém respostas como:

CA, CO, CO, CA, CA, CO, CO, CA, CO, CA, CO, CO,
CA, CA, CA, CO, CO, CA, CO, CA

Porém, resultados de arremessos verdadeiros de moedas obtêm sequências mais parecidas com:

CA, CO, CO, CO, CO, CA, CA, CA, CO, CA, CO,
CA, CA, CA, CA, CO, CO, CO, CA, CA

Gilovich revela que a maioria das pessoas não entende como a aleatoriedade funciona, já que acreditam que os resultados de lançamentos de cara e coroa serão distribuídos muito mais igualmente do que eles realmente são, algo que prejudica suas previsões futuras.

Você deve se recordar do que aconteceu depois da derrota do Brasil para a Croácia nos pênaltis na Copa do Mundo de Futebol de 2022. Grande parte dos comentaristas dizia "já saber" que o jovem Rodrygo perderia o primeiro pênalti, e que essa escolha do técnico Tite foi responsável pela eliminação da seleção. Na previsão desses comentaristas, se o escolhido para bater o primeiro pênalti fosse Neymar, o Brasil teria se classificado. Depois do resultado do jogo, é fácil criar a ilusão de que *"já sabíamos"* o que iria acontecer e que temos superpoderes de enxergar o futuro. Ao esfregar minha bola de cristal, estou certo que se o Rodrygo tivesse convertido o primeiro pênalti e o Neymar coroasse a classificação sendo o último a bater, os comentaristas diriam que a estratégia de colocar o jogador mais experiente para bater a última penalidade estava corretíssima, já que a pressão na última cobrança é muito maior do que na primeira.

Em uma oportunidade, eu estava conversando com alguns amigos empresários sobre uma startup da minha cidade natal, Curitiba, que desenvolveu meios de pagamento que permitiram com que empresas gigantescas do mundo da tecnologia pudessem vender seus produtos e serviços no Brasil. Meus amigos, sem a consciência do Viés do Retrospecto, se diziam surpresos com o fato de que nenhum outro empreendedor enxergou a oportunidade que o fundador dessa startup percebeu. Segundo eles, era "óbvio e claro" que existia uma lacuna no mercado para fazer com que empresas internacionais pudessem oferecer **boletos** como meio de pagamento para os brasileiros, ao invés do cartão de crédito. Analisando a situação em retrospecto, tudo parece óbvio e muitos se arrependem de não terem sido o gênio que teve a ideia de oferecer esse serviço para a Netflix ou Alibaba. Mas a verdade é que essa "sacada" deve ter sido **extremamente difícil** para o empresário quando **ninguém** tinha visto tal oportunidade. Por situações como essa é que vejo como questionável o modo de ensino de algumas pós-graduações em negócios e MBA's, que usam "Estudos de Caso" como base. Estudos de caso mostram a situação de uma empresa **depois dos resultados já terem acontecido**, o que inevitavelmente provoca com que os alunos passem a acreditar ilusoriamente que **já sabiam** que os resultados aconteceriam daquela maneira devido as estratégias que as empresas escolheram, sem ao menos perceber o quão difícil deve ter sido para os executivos da empresa planejar tais estratégias e muito menos, aprender que esses executivos provavelmente estavam inseguros com suas decisões e não tinham ideia de que seus planos trariam bons resultados. Escolas de negócios não deveriam ter como foco fazer os alunos estudarem decisões em retrospecto.

Nem mesmo descobertas científicas estão livres do Viés do Retrospecto. Logo após um veículo de comunicação publicar nas mídias sociais as descobertas de um novo estudo, é comum lermos comentários de leigos afirmando que o resultado era tão óbvio que o **estudo nem precisava ser feito**. No entanto, por mais óbvio que um fenômeno possa parecer, os cientistas não podem tirar conclusões usando a intuição ou o conhecimento popular – para isso são necessários dados e cálculos estatísticos altamente sofisticados. Quem vive da ciência sabe bem que nossa intuição frequentemente nos trai e por isso, nada mais seguro do que estudar um fenômeno com rigor para gerar os conhecimentos corretos para a população. Imagine que em um experimento científico, para fazer uma tarefa simples, um grupo de participantes receberia 10% de comissão, o segundo grupo receberia 1% de comissão e o terceiro não receberia incentivos financeiros. Qual dos grupos teve melhor desempenho em sua opinião? A resposta **óbvia** e suportada pela sabedoria popular é a de que o primeiro grupo, aquele que poderia ganhar 10% de comissão, foi o melhor. Afinal, essa é a estratégia de remuneração que a maioria esmagadora das empresas utiliza para suas equipes de vendas, não é mesmo? Mas esse **não foi o resultado** desse experimento e nem o das dezenas de outros que testaram a mesma hipótese. Nesse estudo, conduzido pelos cientistas Uri Gneezy e Aldo Rustichini, o grupo que **não recebeu** incentivos financeiros foi o que obteve os **melhores resultados** – disparado. Se fossemos confiar na sabedoria popular para entender como incentivos financeiros influenciam a nossa performance, esse experimento "nem precisaria ser feito" e assim, muitas empresas estariam tomando decisões equivocadas. Sabendo que podem ser surpreendidos pelos dados, os cientistas nunca tiram conclusões precipitadas sobre qualquer fenômeno, por mais óbvio que ele possa parecer – e dessa mesma forma nós deveríamos nos comportar.

O Viés do Retrospecto e o analfabetismo científico fizeram grande parte das pessoas se alimentarem de **palpites** de todos os tipos de profissionais sobre os desdobramentos do **coronavírus**, sendo que a única coisa que eles tinham a nos oferecer eram **opiniões, palpites** que **poderiam ou não se confirmar.** É importante lembrar que, em 2020 e 2021, **não sabíamos** se o lockdown era a melhor estratégia, se a curva realmente achataria, quando seria o pico da pandemia, se abrir o comércio era seguro, por que algumas pessoas morriam rapidamente e outras apresentavam quadros assintomáticos, se haveria a possibilidade de imunização de rebanho, em que ano a economia voltaria a crescer ou se as vacinas em teste realmente seriam efetivas. As decisões que as pessoas tomaram durante a pandemia, hoje podem ser classificadas como **altamente geniais ou estúpidas**, mas naquela época, ninguém tinha o poder de previsão que imaginava ter. A única certeza que poderíamos ter durante a pandemia, era a de que muitos políticos, economistas, jornalistas, empresários, artistas e gurus – inclusive aqueles que ficaram em silêncio – levantariam com orgulho seus cartazes dizendo "eu já sabia" caso suas previsões se confirmassem, como se possuíssem poderes incríveis para prever o futuro. Aos **heróis da probabilidade**, hoje confiamos o nosso voto, o nosso patrocínio, o palco do nosso evento e a estratégia da nossa empresa.

Mas quão precisos são esses experts heróis da probabilidade? Nem um pouco! O cientista Philip Tetlock da Universidade da Pennsylvania, acompanhou as previsões de 284 "experts" da mídia, governo, educação e outras instituições, de 1984 a 2003, em áreas como economia, política e relações internacionais, descobrindo que nas mais de 28 mil previsões analisadas esses experts eram **levemente mais precisos do que o lançamento de uma moeda**. É isso mesmo: esses "experts" acertavam pouco mais de 50% de suas previsões, sendo tão precisos quanto o **acaso**, ou seja, as opiniões corretas desses especialistas aconteciam por **pura sorte**. Tetlock ainda descobriu que existia uma **relação inversa entre fama e precisão**, sendo que quanto mais cobertura da mídia o "expert" recebia, piores eram suas previsões. No final das contas, os "experts" aos quais damos a nossa confiança cegamente são muito menos precisos do que qualquer algoritmo simples. Não por acaso, Tetlock afirma que esses profissionais são tão certeiros quanto chimpanzés atirando dardos em um alvo.

Os resultados de um jogo do futebol, de uma estratégia empresarial, de uma pandemia, de uma eleição ou de um experimento científico, fazem com que muitas vezes heróis se tornem vilões, gênios se tornem idiotas e jovens talentos se tornem "moleques." Para termos julgamentos mais precisos em nossas vidas, é importante lembrarmos que antes de qualquer jogo começar, os cartazes com os dizeres "Eu Já Sabia" estão sempre escondidos, em ambos os lados do estádio.

REFERÊNCIAS

Fischhoff, B., & Beyth, R. (1975). I knew it would happen: Remembered probabilities of once—future things. *Organizational Behavior and Human Performance*, 13(1), 1-16.

Dietrich, D., & Olson, M. (1993). A demonstration of hindsight bias using the Thomas confirmation vote. *Psychological reports*, 72(2), 377-378.

Gilovich, T. (2008). *How we know what isn't so*. Simon and Schuster.

Gneezy, U., & Rustichini, A. (2000). Pay enough or don't pay at all. *The Quarterly journal of economics*, 115(3), 791-810.

Tetlock, P. E. (2017). *Expert Political Judgment*: How Good Is It? How Can We Know?-New Edition. Princeton University Press.

Viés dos Incentivos Externos

Muitos "gurus motivacionais" nos dizem que cada pessoa é motivada por fatores diferentes, assim, começamos a ter a perigosa impressão de que somos seres únicos, distintos de todos os demais deste planeta. Não é o que a ciência revela. Uma série de estudos realizados pelo cientista Chip Heath, da Stanford, trouxe uma descoberta importante sobre esse tema. Participantes de um programa de MBA foram solicitados a ranquear, de acordo com suas opiniões pessoais, a ordem de importância de oito itens motivacionais para:

1. Si mesmos.
2. Seus colegas de turma.
3. Gerentes de banco.
4. Atendentes de banco.

Os itens motivacionais eram:

1. Aprender coisas novas.
2. Qualidade dos benefícios.
3. Quantidade de elogios do supervisor.
4. Realizar um trabalho que o faz se sentir bem.
5. Ter estabilidade no trabalho.
6. Alcançar algo que valha a pena.
7. Valor do salário.
8. Desenvolver competências e habilidades.

Como você pode notar, alguns itens são motivadores **internos** (aprender coisas novas, realizar um trabalho que o faz se sentir bem, alcançar algo que valha a pena, desenvolver competências e habilidades), já os demais são motivadores **externos** (qualidade dos benefícios, quantidade de elogios do supervisor, ter segurança no trabalho, valor do salário). Para tornar a atividade mais empolgante, antes de os estudos iniciarem, Heath prometeu um prêmio de USD 10,00 para os alunos que acertassem acima de 30% das previsões de seus colegas de turma, ou seja, para ganhar o prêmio os alunos deveriam tirar 3,00 na prova. Moleza para estudantes da Stanford, não é mesmo? Aqui a beleza do estudo começa a aparecer.

Quando solicitados a ranquear a importância dos oito itens para **si mesmos**, apenas 22% dos participantes incluíram um motivador **externo** no topo da lista, porém previram que 32% dos seus colegas de turma, 54% dos gerentes de banco e 85% dos atendentes de banco colocariam um motivador externo como **o mais importante** da lista. Veja que curioso: ao serem incentivados a prever como os **atendentes de banco** ranqueariam esses itens, os participantes previram que a ordem de importância dos quatro principais motivadores para esses profissionais seria o *salário, a estabilidade, os benefícios e os elogios* – **os quatro fatores motivacionais externos**! Por outro lado, os **próprios atendentes de banco** afirmaram que, para eles, os itens motivadores mais relevantes eram: *o desenvolvimento de competências, alcançar algo que valha a pena, aprender coisas novas e a qualidade dos benefícios*. Dos quatro principais motivadores, apenas **um** era externo. O estudo evidenciou que os alunos do MBA tinham uma perspectiva bastante distorcida sobre o que motivava os **outros**. Assim, apenas 12% dos alunos conseguiram acertar mais que 30% do que motivava os demais.

A pergunta a ser feita é: será que a maioria das pessoas não comete o mesmo erro de avaliação sobre os outros e sobre si mesma? Como você agora sabe, um grande volume de pesquisas revela que essa tendência em acreditar que nos comportamos de forma **diferente** – e melhor – da maioria é algo comum. Esses vieses fizeram os alunos de Chip Heath errarem feio na avaliação, e o mesmo padrão se manteve quando o pesquisador fez análises similares com atendentes de um banco. As pessoas acreditam que são motivadas por fatores internos, mas que as outras, completamente diferentes delas, são motivadas por fatores **externos**. Você já deve ter ouvido alguém dizer que trabalha pelo **prazer**, mas que seus colegas só o fazem por causa do **dinheiro**! Coincidência? Nós julgamos que somos motivados por fatores

nobres, enquanto as demais são mercenárias impiedosas. Ao descobrir que essa tendência estava presente em **todos** os seus quatro estudos, Chip Heath a nomeou como **Viés dos Incentivos Externos**.

Vamos pensar um pouco mais sobre as implicações e consequências do **Viés dos Incentivos Externos** no nosso cotidiano e nos ambientes de trabalho. Se tivermos uma perspectiva **distorcida** sobre o que motiva os outros, poderemos facilmente tomar decisões erradas sobre como lidar com o comportamento dos nossos filhos, cônjuges, funcionários, amigos e familiares. Dentro de uma empresa, a visão equivocada de um gestor sobre o que motiva seus funcionários poderá acarretar estratégias de incentivos financeiros, participação nos lucros, premiações, cerimônias de reconhecimento e outras estratégias capazes de minar os resultados planejados. E como é exatamente isso o que acontece nos ambientes de trabalho, não é surpresa que uma pesquisa do Gallup tenha revelado que apenas 15% das pessoas são altamente engajadas em seus trabalhos.

Por causa desses estudos, e de outros similares, é que uma das maiores contribuições da ciência para nossas vidas é a noção de que o **aparelho localizado entre nossas orelhas** apresenta grandes falhas que podem mudar nosso comportamento e nos levar para o caminho errado. Portanto, na próxima vez que estiver em dúvidas sobre o que motiva as pessoas ao seu redor, pense **naquilo que te motiva** e desenvolva uma estratégia que atenda seus desejos.

REFERÊNCIA

Heath, C. (1999). On the social psychology of agency relationships: Lay theories of motivation overemphasize extrinsic incentives. *Organizational Behavior and Human Decision Processes*, 78(1), 25-62.

Viés do Ator-Observador

Imagine que você está dirigindo seu carro e se depara com a seguinte situação: um motorista à sua frente está andando muito abaixo do limite de velocidade, atrapalhando não apenas o seu deslocamento, mas também o de outros motoristas. Como você julgaria o motorista desse carro? Imagino que "anta" e "barbeiro" seriam duas palavras que você poderia usar para descrever o comportamento do motorista. Agora imagine outro cenário: você está dirigindo seu carro dentro do limite de velocidade quando, do nada, você sente um carro passar por você na pista ao lado em altíssima velocidade, muito acima do limite. E agora, como você classificaria esse motorista? Acredito que "irresponsável" e "inconsequente" seriam duas classificações pertinentes, não é mesmo? Será que seu julgamento mudaria se soubesse que o motorista conduzindo muito abaixo da velocidade estava carregando um bebê recém-nascido no veículo? Assim como, sua descrição do motorista que passou "voando" ao seu lado mudaria se você tivesse consciência de que ele acabou de descobrir que seu filho sofreu um grave acidente e está internado em um hospital?

Diversos cientistas analisam há décadas um fenômeno conhecido como **Viés do Ator-Observador**, que revela a tendência humana em atribuir **seus próprios comportamentos** às **circunstâncias**, mas julgar os comportamentos inadequados **de outras pessoas** como fruto de suas **personalidades**. Isso significa que quando **você** chega atrasado ao trabalho, existem grandes chances de explicar o seu atraso dizendo que havia um **congestionamento incomum** em uma avenida. Porém, se um **colega de trabalho** que mora próximo a sua casa chegar atrasado ao escritório no mesmo dia, a tendência é que você conclua que ele se atrasou por ser uma **pessoa geralmente desorganizada.** Ou seja, mesmo quando você e a outra pessoa estão **exatamente na mesma situação**, as explicações que encontra para justificar seu próprio comportamento são **situacionais**, enquanto as que encontra para o comportamento da outra pessoa são **pessoais**.

Em um experimento clássico, os cientistas Victor Harris e Edward Jones da Duke University pediram para estudantes escutarem ou lerem redações escritas por outros estudantes e posteriormente, dar suas opiniões sobre as posições políticas de seus colegas. Para causar desconforto nos participantes, os cientistas deram a eles redações que **defendiam** a atuação do ditador **Fidel Castro**. A metade dos participantes foi alertada de que o estudante escreveu a redação por **vontade própria**, enquanto a outra metade, foi avisada de que o aluno foi **obrigado** a escrever uma redação favorecendo Castro. Era de se esperar que quando alertados de que o aluno escreveu a redação favorecendo o ditador por **vontade própria**, os participantes julgassem que ele era de esquerda, mas que quando avisados de que o aluno **foi obrigado pelos cientistas** a escrever um texto favorecendo Castro, eles julgassem que o aluno **não tinha esse posicionamento político**. Mas como você pode imaginar, não foi isso o que aconteceu. Mesmo quando avisados de que seu colega foi **obrigado** a escrever a redação defendendo Fidel Castro, os participantes atribuíam como parte da **personalidade do aluno** o posicionamento político de esquerda. O Viés do Ator-Observador faz com que as pessoas, mesmo munidas de informações relevantes sobre o comportamento das outras, atribuam esse comportamento a fatores de personalidade e **ceguem-se para as circunstâncias** que levaram o indivíduo a se comportar de certa maneira, como por exemplo, a autoridade do professor. Alguns anos mais tarde, a cientista Leslie McArthur da Universidade Brandeis realizou um estudo em que participantes deveriam ler frases como "Jorge traduziu a frase incorretamente", "Renato tropeçou no pé de Jane enquanto dançavam" e "Mariana colou um adesivo no seu carro pedindo mais segurança no trânsito." Em seguida, eles foram perguntados sobre os motivos dessas ações terem acontecido. Era algo sobre a pessoa que fez com ela agisse daquela maneira? Ou era algo relacionado com as circunstâncias? Caso os participantes não acreditassem que as pessoas ou circunstâncias eram as culpadas pelos comportamentos, eles poderiam formular qualquer outra explicação. Dado que os participantes tinham informações insuficientes e limitadas sobre Jorge, Renato e Mariana, poderíamos julgar que seria racional para a maioria dos participantes escolher um fator **situacional** para explicar o comportamento dessas pessoas. Infelizmente, isso ocorreu em **apenas 4% das explicações**. Os participantes raramente concluíam que Jorge traduziu errado pois a frase era ambígua, que Renato tropeçou no pé da Jane porque estava escuro, ou que a Mariana simplesmente ganhou o adesivo em um evento em uma concessionária de veículos. Explicações envolvendo a **personalidade** dos personagens foram escolhidas por 44% dos participantes, ou seja, Jorge é o típico cara desatento, Renato é atrapalhado e Mariana é uma ativista.

Um fenômeno intimamente ligado com o Viés do Ator-Observador é conhecido como **Erro Fundamental da Atribuição**, uma das maiores descobertas do século na psicologia, que demonstra que ao julgar o comportamento de alguém, colocamos um peso desproporcional à **personalidade** do indivíduo, não levando em consideração a influência que o **ambiente ou o contexto** exercem sobre o comportamento. Em um dos estudos que contribuíram para a compreensão do poder do contexto sobre nosso comportamento, Daniel Batson e John Darley convidaram **seminaristas** para dar uma curta palestra sobre a **Parábola do Bom Samaritano** para alunos da Universidade de Princeton. Ao chegarem individualmente para receber as instruções sobre o local da palestra, um assistente mostrava-os um mapa com a localização do prédio onde a palestra aconteceria. Para alguns seminaristas, porém, o assistente dizia o seguinte:

> *Nossa, você está atrasado. Eles estavam esperando que você chegasse há alguns minutos. É melhor você sair já. A assistente do Prof. Steiner já deve estar lhe esperando, então melhor se apressar. Você não deve levar mais de um minuto.*

Outros seminaristas recebiam uma mensagem bem diferente:

> *Deve levar alguns minutos até que eles estejam prontos para lhe receber, mas você já pode ir se encaminhando. Se tiver de esperar por lá, eles não devem demorar.*

No caminho para o prédio onde a palestra aconteceria, os participantes avistavam uma pessoa ajoelhada na frente de uma porta, com a cabeça baixa, olhos fechados, imóvel, visivelmente precisando de ajuda. Quando o seminarista passava por perto, o sujeito tossia duas vezes e gemia de dor, mantendo seus olhos fechados. O que os seminaristas não sabiam é que esta pessoa era um ator trabalhando em conjunto com os cientistas. Como você pode imaginar, alguém que escolhe a profissão de padre deve ter como características acentuadas de sua **personalidade** valores como bondade, ajuda e amor ao próximo. Portanto, a nossa intuição é a de que estas características fariam **qualquer seminarista** parar para oferecer ajuda a uma pessoa claramente debilitada. Além do mais, os seminaristas haviam acabado de aceitar dar uma palestra sobre a **Parábola do Bom Samaritano**. Dadas estas condições, você pode imaginar que não existiria possibilidade de alguém ignorar a necessidade de ajuda de uma pessoa enferma. Mas nosso comportamento geralmente surpreende!

Dos seminaristas informados que estavam **atrasados**, apenas **10%** ofereceram ajuda à pessoa em necessidade. Já dos informados que tinham **tempo de sobra** para chegar até o local da palestra, **63%** pararam para ajudar. Será que alguns seminaristas tinham uma personalidade egoísta, ou não eram verdadeiramente comprometidos com a religião? Ou será que a **situação** em que se encontravam (atrasados ou com tempo de sobra) foi o que **causou** comportamentos diferentes para cada grupo? Como estamos tratando de um **experimento** científico, uma das obrigatoriedades desse método de pesquisa é colocar os participantes de forma **aleatória** em cada grupo, ou seja, participantes mais e menos bondosos; tímidos ou extrovertidos; negros, brancos ou asiáticos; acabam tendo as **mesmas chances de estar em cada grupo**. A aleatoriedade cancela os efeitos da personalidade em um experimento, isolando cada intervenção (estar atrasado ou adiantado). Desta forma, os cientistas podem atribuir com grande precisão que a **causa** do comportamento dos seminaristas foi o **contexto** em que se encontravam e não suas personalidades. No apêndice desse livro, você vai encontrar uma explicação completa sobre os tipos diferentes de pesquisas científicas, que não somente farão com que entenda melhor os cuidados que os pesquisadores devem ter ao gerar novos conhecimentos, bem como, transformarão o seu cérebro em uma máquina de racionalidade.

Voltando ao tópico desse capítulo, como ex-executivo da área de vendas, eu sou fascinado por esse assunto e gosto de trazer exemplos da área comercial. Quando tratamos do Erro Fundamental da Atribuição e do Viés do Ator-Observador, percebemos claramente que gerentes e diretores comerciais atribuem a baixa performance dos vendedores usando argumentos como: “esses vendedores não gostam de dinheiro”, “eles estão na zona de conforto”, “o Rogério não tem cabeça de dono” e “a Carla não veste a camisa da empresa." Poucos gestores percebem que a baixa performance é devida a fatores como a **insegurança financeira** causada pela estratégia de pagar um salário fixo baixo ao vendedor e confiar demasiadamente no poder motivacional das comissões. Uma demonstração impactante disso vem do cientista Sendhil Mullainathan da Universidade de Chicago. Em um estudo conduzido com agricultores na Índia, Mullainathan revelou que quando próximos de uma colheita, em um momento em que muitos produtores rurais estão com suas **reservas financeiras esgotadas**, eles apresentam **resultados 25% piores** quando colocados para realizar um teste de inteligência fluída. Curiosamente, estes **mesmos agricultores** apresentam resultados superiores no teste logo após uma colheita, ou seja, quando **acabaram de receber uma grande quantia de dinheiro**. Essa é uma evidência que não pode ser ignorada: **quando em insegurança financeira, as pessoas perdem grande parte de sua capacidade cognitiva**, apresentando resultados inferiores em diversas tarefas. Devido a estudos como este é que em minhas consultorias na área de vendas, a sugestão que dou a todos os meus clientes é a de **eliminar comissões** para vendedores e passar a pagar um **salário fixo alto** para todos eles, gerando uma **situação** em que esses profissionais tenham condições de entregar o seu melhor. No modelo de remuneração usado pela maioria das empresas, dificilmente o vendedor conseguirá excelentes resultados, com raras exceções. Indivíduos que vivem em constante escassez **perdem** a sua inteligência. Em outros estudos publicados neste mesmo artigo, Mullainathan e seus colegas descobriram que apenas fazer uma pessoa de baixa renda **lembrar brevemente** de sua situação financeira, já faz com que elas apresentem piores resultados em diversos tipos de tarefas.

Há alguns anos, tivemos alguns episódios no Brasil e nos Estados Unidos que ilustram perfeitamente o funcionamento do Viés do Ator-Observador. No ponto de vista do **observador**, as pessoas que se envolveram na **depredação da Praça dos Três Poderes** em Brasília são julgadas como **maldosas, violentas, terroristas, malucas e desequilibradas**. Situações como **estar acampado há meses** em frente ao quartel do exército, ativando a Falácia do Custo Irrecuperável; a maior **desinibição e sentimento de anonimato das pessoas quando em grandes multidões**, especialmente quando usando **roupas similares**; a influência do **efeito manada** ao observar várias outras pessoas quebrando vidraças; sem falar do **calor** de Brasília, fator associado com comportamentos violentos; são geralmente ignorados pelo público em geral, especialistas, jornalistas e políticos. É importante ressaltar que a grande maioria das pessoas envolvidas nesse episódio lamentável, assim como aquelas que se envolveram na depredação do Capitólio em Washington, **nunca haviam cometido crimes**, sendo vítimas das **circunstâncias**. Não por isso, elas devem ser inocentadas dos crimes que cometeram, mas talvez, suas penas poderiam ser mais brandas.

Quando estamos do **lado de fora** de uma situação, ou seja, quando não estamos envolvidos nela e somos meros **observadores**, julgamos o comportamento das pessoas atribuindo a elas certas características de **personalidade**. Porém, quando somos **nós** os envolvidos em confusões, ou seja, quando somos os **atores**, julgamos que nossos comportamentos são frutos do **momento ou da situação**. Por essa razão é que os cientistas sugerem **que nos coloquemos no lugar da outra pessoa** quando formos realizar qualquer julgamento sobre ela: quais situações podem ter a influenciado?

Essa é uma maneira inteligente de eliminar da extensa lista de neurobugs pelo menos um dos vieses que servem para proteger a nossa autoestima e manter uma imagem positiva de nós mesmos, as custas de rebaixar a personalidade de outras pessoas.

REFERÊNCIAS

Choi, I., & Nisbett, R. E. (1998). Situational salience and cultural differences in the correspondence bias and actor-observer bias. *Personality and Social Psychology Bulletin*, 24(9), 949-960.

Jones, E. E., & Harris, V. A. (1967). The attribution of attitudes. *Journal of experimental social psychology*, 3(1), 1-24.

McArthur, L. A. (1972). The how and what of why: Some determinants and consequences of causal attribution. *Journal of personality and Social Psychology*, 22(2), 171.

Ross, L. (1977). The intuitive psychologist and his shortcomings: Distortions in the attribution process. *Advances in experimental social psychology*, 10, 173-220.

Darley, J. M., & Batson, C. D. (1973). " From Jerusalem to Jericho": A study of situational and dispositional variables in helping behavior. *Journal of personality and social psychology*, 27(1), 100.

Mani, A., Mullainathan, S., Shafir, E., & Zhao, J. (2013). Poverty impedes cognitive function. *Science*, 341(6149), 976-980.

Viés do Meu Lado

David Perkins, cientista da Harvard, foi um passo além ao analisar o funcionamento do raciocínio das pessoas e como ele nos leva em direções tendenciosas. Em um de seus estudos, Perkins selecionou 40 participantes de cada um dos grupos a seguir:

- Estudantes do primeiro ano do segundo grau
- Estudantes do último ano do segundo grau
- Estudantes do primeiro ano da universidade
- Estudantes do último ano da universidade
- Estudantes do primeiro ano do doutorado
- Estudantes do último ano do doutorado
- Não estudantes com formação no ensino médio
- Não estudantes com formação superior

As tarefas destas 320 pessoas eram **analisar dois problemas sociais** por cinco minutos e **escrever o máximo de argumentos possíveis** para resolvê-los. Em seguida, os participantes deveriam explicar suas conclusões sobre o assunto e as razões para elas. Assim que cada indivíduo dava sua explicação, o cientista os encorajava a falar mais sobre os problemas, para garantir que as pessoas pudessem os explorar de forma mais completa possível. Posteriormente, os participantes respondiam a perguntas e questionários e, finalmente, realizavam um teste de QI. Entre os problemas sociais apresentados, estavam se a **violência na televisão** aumentava a probabilidade de violência na vida real e se **incentivar financeiramente a população para reciclar garrafas e latas** diminuiria a quantidade de lixo nas ruas. Como pode-se notar, os problemas apresentados foram escolhidos por permitirem argumentos **favoráveis e contrários** a informação apresentada.

Surpreendentemente, Perkins descobriu que o sistema educacional não contribuiu muito com o desenvolvimento de raciocínio lógico nos indivíduos. Alunos do Ensino Médio cursando o primeiro ano desenvolveram em média 10 argumentos para cada problema, enquanto alunos do último ano, desenvolveram 14. Esta foi a única mudança estatisticamente significativa na amostra. Na universidade e doutorado, a diferença entre alunos do primeiro e último ano foi de apenas **três argumentos adicionais**. Ambas as diferenças não foram estatisticamente significativas, revelando que os anos de educação não contribuíram com o aumento na capacidade de formular argumentos. Além da quantidade de argumentos, os cientistas também analisaram a **quantidade de linhas** que os participantes escreveram para cada argumento e novamente, a única diferença estatisticamente significativa foi encontrada no grupo de alunos do Ensino Médio, o que mostra que quatro anos em uma universidade ou pós-graduação não causou grandes mudanças na sofisticação do raciocínio dos alunos. Na média, levando em conta todos os grupos, **cada ano de educação** correspondia ao acréscimo de apenas **1/10** de **uma** linha de argumentação.

No entanto, o levantamento mais alarmante deste estudo foi a **quantidade de objeções** que cada aluno conseguiu encontrar para os problemas, ou seja, quantos argumentos analisando o **"outro lado"** eles formularam. Após refletirem e chegarem a uma conclusão **inicial** sobre o problema, alunos do Ensino Médio formularam uma média de **0,6 objeções**, enquanto os da graduação e doutorado chegaram a **1,1 e 1,3**, respectivamente. Perceba que das 10 soluções ao problema propostos pelos alunos do primeiro ano do Ensino Médio, apenas **0,6** delas continham argumentações contrárias as crenças iniciais dos estudantes. Na Universidade, a média de soluções dadas pelos calouros foi de 18, onde apenas 1,1 levavam em consideração uma hipótese do "outro lado". Já no Doutorado, a média de 26 argumentos formulados pelos alunos do primeiro ano foi acompanhada por apenas 1,3 objeções contrárias as suas posições iniciais. Após os quatro anos de estudo, apenas os alunos do doutorado obtiveram uma diferença estatisticamente significativa na quantidade de objeções formuladas, no entanto, este valor subiu de 1,3 objeções em cada 26 argumentações no primeiro ano, para 1,9 objeções em cada 29 argumentos, no quarto ano. Ao computar os resultados dos participantes que não estavam estudando no momento, tanto os com Ensino Médio quanto Graduação completas obtinham resultados não significativos na maioria das variáveis analisadas.

	ENSINO MÉDIO		UNIVERSIDADE		DOUTORADO	
	primeiro ano	Último ano	primeiro ano	Último ano	primeiro ano	Último ano
Frases	10	**14**	18	**21**	26	**29**
Linhas de argumentação	1.8	**2.2**	2.9	**3.0**	3.3	**3.6**
Objeções	0.6	**0.8**	1.1	**1.2**	1.3	**1.9**

Figura 15 – O sistema educacional de hoje não contribui com o desenvolvimento do pensamento crítico dos alunos

Os estudos de Perkins demonstram que, naturalmente, as pessoas não raciocinam sobre problemas analisando **várias possibilidades e abordagens**, o que as leva a encontrar soluções **superficiais** e **condizentes com suas crenças iniciais** para problemas de **grande profundidade**. Esse comportamento ficou conhecido como **Viés do Meu Lado**. Em todos os grupos analisados, os participantes elaboravam uma **quantidade desproporcional** de argumentos que defendiam o "seu lado" em comparação com argumentos que consideravam o "outro lado."

E quanto a análise do QI dos participantes? Quanto o nível de inteligência impactava nas habilidades de raciocínio lógico das pessoas? Nada! Perkins revelou que o QI das pessoas estava relacionado apenas com a **quantidade de argumentos que os participantes desenvolviam para confirmar suas ideias iniciais**. Quanto maior a inteligência das pessoas, maior a quantidade de argumento que elas encontravam para **justificar suas crenças**. Não por acaso, doutorandos formulavam mais argumentos do que alunos da graduação e estes, desenvolviam mais argumentos do que os alunos do Ensino Médio. Os processos seletivos de universidades, por exemplo, levam em consideração o QI dos candidatos, que está ligado com a quantidade de argumentos que eles formulam, **não com a capacidade em raciocinar analisando ambos os lados**. Estamos no caminho certo?

Parece que a educação formal não ensina as pessoas a pensarem como cientistas, formulando hipóteses favoráveis e

> *desfavoráveis às suas crenças para chegar a uma solução mais eficaz para todos os tipos de problemas.*

Estes estudos nos chamam atenção para o quão internalizado em cada um de nós está o **Viés da Confirmação**. Quando **somos provocados** a analisar os dois lados da moeda, como no estudo de Lepper, Ross e Lord, tudo o que fazemos é **descartar** as informações contrárias as nossas crenças e **aceitar facilmente** aquelas que as confirmam. Já nas oportunidades em que **não somos demandados** a encontrar argumentos contrários as nossas opiniões iniciais, como no estudo de Perkins, dificilmente pensamos naturalmente em soluções **contrárias** as que já acreditamos, aquelas que envolvem o "outro lado". Nestes casos, nosso esforço principal está em buscar mais informações para confirmar **quão fantásticas são nossas crenças**.

No artigo, publicado no Journal of Educational Psychology, Perkins conclui suas descobertas da seguinte forma:

> *...uma vez que o pensador desenvolve um modelo mental simples sem falhas aparentes, é improvável que ele ou ela venha a criticar o modelo deliberadamente ou considerar hipóteses alternativas. É como se o processo de raciocínio fosse movido principalmente por um esforço para minimizar a carga cognitiva e a dissonância cognitiva, ao invés de critério epistêmico.*

Aqui está mais uma evidência de que nós preferimos **não pensar para crer**.

A solução que Perkins encontrou foi incluir uma nova fase em seus estudos, em que após a criação dos argumentos iniciais, os participantes recebiam instruções como:

> *Trabalhos anteriores mostraram que as pessoas tendem a ignorar o outro lado do caso. Por favor tente criar argumentos analisando o outro lado.*

> *Trabalhos anteriores mostraram que as pessoas tendem a explorar problemas superficialmente. Por favor tente criar três argumentos para dizer "sim" para a questão. Agora crie três argumentos para dizer "não" para a questão.*

Com esta pequena adição em uma série de experimentos, os participantes que inicialmente haviam criado, em média, apenas 0,7 argumentos analisando o "outro lado", chegaram ao surpreendente número de 4,9 argumentos, um ganho de 700%. Não somente a quantidade de argumentos aumentou, como também a profundidade com que eles foram explorados, neste caso, os ganhos foram de 1.333%.

Tudo indica que quando **inicialmente** somos instruídos a pensar sobre um assunto e, posteriormente, **guiados** a anotar detalhes não somente sobre nossas posições, mas também sobre as possíveis posições **do outro lado**, o equilíbrio entre o "meu lado" e o "outro lado" se torna maior. No entanto, é importante ressaltar que a **iniciativa** de analisar o "outro lado" não vem facilmente.

Henri Tajfel e John Turner desenvolveram a **Teoria da Identidade Social**, que explica que a autoestima do ser humano não se baseia apenas na identidade e conquistas pessoais, mas também no status e conquistas dos **vários grupos aos quais ele faz parte**. Se o meu **grupo** vai bem, isto significa que como **indivíduo**, eu também estou indo bem. O **sucesso do grupo** eleva a autoestima de **todos os seus membros**, tornando-se fundamental para o bem-estar individual, principalmente em momentos difíceis, onde as pessoas enfrentam problemas financeiros, desemprego, ameaças a posição do grupo, discriminação ou exclusão social. Estes inclusive são alguns dos motivos que podem fazer as pessoas juntarem-se a um grupo. Muitos membros do culto religioso Heaven's Gate, por exemplo, haviam sofrido com a solidão, dificuldade em fazer amigos, divórcio, morte de familiares, desemprego, depressão, doenças na família, alcoolismo dos pais e outras condições. Juntos, o sucesso do grupo se traduzia no sucesso de cada **indivíduo**. O renomado cientista da Stanford, Robert Sapolsky, revela algo ainda mais interessante sobre a natureza humana. Como as pessoas fazem parte de **vários grupos**, elas valorizam excessivamente aqueles em que estão **mais bem posicionadas no ranking hierárquico**. No trabalho, um sujeito pode ocupar o cargo de zelador, mas na igreja, esse mesmo sujeito pode ser um dos líderes dos ministros da eucaristia, e no futebol, ele pode ser o capitão do time do bairro. Hoje em dia, até **administradores de grupos de WhatsApp** têm o sentimento de ocupar um cargo alto na hierarquia, valorizando excessivamente as opiniões de sua comunidade. Analisando novamente o Heaven's Gate, ao juntar-se ao movimento, a maioria dos indivíduos deixou grupos em que eram desvalorizados para fazer parte de um grupo onde **todos eram igualmente importantes**.

A identidade de grupo ficou ainda mais clara em um estudo clássico conduzido pelo cientista da Arizona State University, Robert Cialdini. Os cientistas analisaram o comportamento de torcedores de futebol americano em sete universidades diferentes, descobrindo que eles tinham chances maiores de usar a camisa e adereços do time no **dia seguinte a uma vitória**, em relação as oportunidades onde o time perdia. Além disso, esses torcedores tinham uma probabilidade maior em emanar frases como **"nós ganhamos"** em oportunidades de vitórias, assim como **"eles perderam"** quando seu time sofria uma derrota. Brasileiros, aficionados por futebol, conhecem bem este tipo de comportamento comum nas segundas-feiras, mas poucos entendem que **não é apenas por amor ao clube** que o indivíduo veste as cores do time após uma vitória, mas principalmente por **amor-próprio**, em uma tentativa de aumentar a sua autoestima: se **meu time** está bem, **eu** estou bem! Cialdini nomeou este comportamento como **Desfrutar da Glória Refletida.** Curiosamente, um trio de cientistas da Princeton descobriu que torcedores apresentam ativações mais significativas em regiões do cérebro relacionadas com o sentimento de **prazer**, como o estriado, não somente quando seus times **ganham**, mas também quando o **rival perde**. Este estudo ainda encontrou uma correlação forte entre a ativação do estriado e a disposição do torcedor em **agredir** fisicamente seus rivais. Uma das conclusões de Susan Fiske, uma das cientistas do estudo, é a de que o cérebro de fanáticos por esportes busca prazer, ao invés de **empatia**, ao ver um inimigo sofrer. As implicações desta descoberta são gigantescas.

Um estudo dos cientistas xarás Steven Spencer e Steven Fein aponta exatamente para essa busca do prazer ao **diminuirmos o status** de pessoas de outros grupos. Participantes recebiam uma lista de valores pessoais (honestidade, caridade, bondade, etc) e cada um deveria escolher o valor que acreditava ser mais importante, posteriormente escrevendo alguns parágrafos sobre as razões pelas quais aquele valor era significativo para ele. Essa atividade, de acordo com outros estudos, aumenta a **autoestima** das pessoas. Outro grupo de participantes **não realizou esta atividade**. Em seguida, todos os participantes assistiam a um vídeo que mostrava uma pessoa participando de uma entrevista de emprego. Em uma versão do vídeo, ficava claro para todos os participantes de que o candidato ao emprego era **judeu**, enquanto outra versão não continha nenhuma "dica" sobre a origem do candidato. Como você pode prever, os participantes que **não tiveram** sua autoestima elevada na atividade anterior julgavam o candidato de forma **negativa** quando ele era representado como judeu, mas isto não aconteceu com os participantes cuja autoestima acabara de ser **elevada**. Estes dados indicam que quando uma pessoa sofre com baixa autoestima – seu time perdeu a final do campeonato, seu candidato político está em terceiro lugar, sua nota na prova não foi boa, seu chefe acabou de a demitir, a mídia acabou de mostrar que ela votou em alguém corrupto – as chances de ela recuperar o seu senso de valor aumentam se ela agir de forma **discriminatória** com membros de outros grupos.

E esta é apenas **uma** forma de recuperar autoestima. Robert Sapolsky, citado há pouco, passou 30 anos no Leste da África estudando macacos, observando que logo após **perder sua posição de poder**, babuínos machos alfas "violentam" fêmeas que não estão ovulando, mesmo quando a fêmea não se mostra receptiva, luta e grita de dor. Algo similar acontece na política. Em situações de possível perda de poder, conhecidas como **eleições**, "torcedores" de partidos políticos também tendem a agir agressivamente e a **desumanizar** os membros do partido rival, classificando-os como mortadelas, bolsominions, bananinhas, sorvetes de chuchu, amoebas e gados, recuperando dessa forma a sua autoestima e acreditando com cada vez mais força que seu grupo é "especial."

O exemplo do Heaven's Gate ainda deixa saliente o fato de que mesmo que o grupo **não tenha a melhor das intenções**, depois de fazer parte dele, as pessoas irão defendê-lo com unhas e dentes devido a influência das dezenas de vieses que exploramos detalhadamente nesse livro. O **Viés do Meu Lado** ainda destaca a tendência que temos em acreditar que o **nosso grupo é o do "bem"**, que estamos no lado certo, mesmo quando existem provas concretas de que estamos equivocados. Quando percebemos que existem grupos de pessoas que movem mundos para defender **políticos**, acreditando que seu lado é o "do bem", criamos a consciência de quão ingênuo o ser humano pode ser em diversas situações. É importante que entendamos que o **mal puro**

não existe. Nenhum indivíduo ou grupo se comporta de forma maligna por se **classificar como maldoso**. Osama Bin-Laden não julgava a si mesmo como uma pessoa do mal, mas sim uma pessoa do bem lutando **contra** uma força do mal, os Estados Unidos. Da mesma maneira, os membros do Hamas acreditam ser o bem lutando contra o mal: Israel. Hitler, os soldados alemães e grande parte da população que apoiava o regime nazista, não se classificavam como diabólicos e racistas, pois acreditavam que o "lado do mal" era o dos Judeus. Os apoiadores de Trump e Bolsonaro certamente não acreditavam estar em uma missão maligna durante a invasão do Capitólio e da Praça dos Três Poderes e sim, em uma missão de **justiça** que estava lutando contra um sistema satânico que fraudou as eleições. A paixão que temos pelos grupos aos quais fazemos parte invariavelmente nos faz acreditar que estamos sempre do lado certo, enquanto aqueles que pensam diferente de nós, estão do lado do mal. Assim, o Realismo Ingênuo nos prega uma peça novamente.

Outra demonstração avassaladora de que geralmente classificamos o nosso lado como o "do bem" foi obtida pelos cientistas Keith Stanovich, Richard West e Maggie Toplak. Os pesquisadores mostraram a um grupo de participantes **americanos** as seguintes estatísticas:

- *Um carro Alemão tem 8 vezes mais chances de matar passageiros de outro carro e um acidente.*

Já outro grupo de participantes **americanos** recebeu outra informação:

- *Um carro Americano tem 8 vezes mais chances de matar passageiros de um outro carro em um acidente.*

Em seguida, os participantes do primeiro grupo eram solicitados a julgar se o **Governo Americano deveria banir o carro Alemão**, enquanto os participantes do segundo grupo julgavam se o **Governo Alemão deveria banir o carro Americano**. O que você acha que aconteceu?

O Viés do Meu Lado, mais uma vez se demonstrou presente nos julgamentos de cada grupo. Como os participantes eram todos **americanos**, era de se esperar que os membros do primeiro grupo apresentassem uma tendência a julgar que o carro alemão **deveria ser banido** das ruas dos EUA, assim como grande parte dos participantes de segundo grupo julgassem que o carro americano **não deveria ser banido** das ruas da Alemanha. E foi exatamente isso o que os cientistas descobriram: 78,4% dos participantes do primeiro grupo eram favoráveis ao banimento do carro alemão, enquanto apenas 51,4% dos membros do segundo grupo acreditavam que o carro americano deveria ser banido. Aqui está mais uma evidência contundente de que acreditamos falsamente que o nosso grupo sempre faz parte do **lado bom** da história. Possíveis prejuízos causados por automóveis, no entanto, são mais salientes do que danos em outras áreas, como por exemplo, a democracia. Em 2024, o bilionário Sul Africano **Elon Musk** usou sua rede social X para ameaçar a soberania do Brasil ao enfrentar publicamente e divulgar notícias duvidosas sobre o Ministro do STF Alexandre de Moraes, que exigia ajustes na política da empresa para que ela fosse legalmente autorizada a operar dentro da Constituição do Brasil. Ao não cumprir as exigências de Moraes, a rede social foi retirada do ar e uma multa diária foi aplicada à empresa até que as mudanças fossem realizadas. A decisão de Moraes foi aplaudida por alguns e vaiada por outros, dependendo obviamente, do **grupo político** com o qual cada pessoa mais se identificava. Julgamentos do que é certo ou errado, como o leitor já descobriu em capítulos anteriores, são uma questão de **qual grupo o indivíduo faz parte**.

Por esse motivo, lembre-se da lição de David Perkins: toda vez que for pensar em um assunto e tomar uma decisão, formule uma **quantidade similar de argumentos favoráveis e contrários**, e ainda mais importante, não seja tendencioso ao formular argumentos contrários que são **fracos**. Pense adequadamente sobre cada decisão e formule uma questão contrária: se eu fosse **alemão** e um carro americano tivesse oito vezes mais chances de causar a morte de passageiros de outro carro, eu seria favorável ou contrário ao banimento do veículo? Ao invés de formular argumentos para mostrar para si mesmo o quão incríveis suas crenças são, que tal pensar: **e se eu estiver errado?**

REFERÊNCIAS

Perkins, D. N. (1985). Postprimary education has little impact on informal reasoning. *Journal of educational psychology*, 77(5), 562.

Perkins, D. (2019). Learning to reason: The influence of instruction, prompts and scaffolding, metacognitive knowledge, and general intelligence on informal reasoning about everyday social and political issues. *Judgment and Decision Making*, 14(6), 624.

Stanovich, K. E., & West, R. F. (2007). Natural myside bias is independent of cognitive ability. *Thinking & Reasoning*, 13(3), 225-247.

Lord, C. G., Ross, L., & Lepper, M. R. (1979). Biased assimilation and attitude polarization: The effects of prior theories on subsequently considered evidence. *Journal of personality and social psychology*, 37(11), 2098.

Tajfel, H., & Turner, J. C. (2004). The social identity theory of intergroup behavior. In *Political psychology* (pp. 276-293). Psychology Press.

Sapolsky, R. M. (2004). Social status and health in humans and other animals. *Annu. Rev. Anthropol.*, 33(1), 393-418.

Cialdini, R. B., Borden, R. J., Thorne, A., Walker, M. R., Freeman, S., & Sloan, L. R. (1976). Basking in reflected glory: Three (football) field studies. *Journal of personality and social psychology*, 34(3), 366.

Cikara, M., Botvinick, M. M., & Fiske, S. T. (2011). Us versus them: Social identity shapes neural responses to intergroup competition and harm. *Psychological science*, 22(3), 306-313.

Fein, S., & Spencer, S. J. (1997). Prejudice as self-image maintenance: Affirming the self through derogating others. *Journal of personality and Social Psychology*, 73(1), 31.

Sapolsky, R. M. (2017). *Behave*: The biology of humans at our best and worst. Penguin.

Stanovich, K. E., West, R. F., & Toplak, M. E. (2013). Myside bias, rational thinking, and intelligence. *Current Directions in Psychological Science*, 22(4), 259-264.

Ponto Cego do Viés

Se você leu esse livro até aqui, certamente lembrou de oportunidade em que pessoas que conhece foram vítimas destes vieses, mas dificilmente lembrou das vezes onde a vítima foi **você**. Diferentemente de todas as outras pessoas, você não é enviesado, é perfeitamente racional, enxerga o mundo como ele é, digere notícias interpretando-as com neutralidade e é modesto para assumir as limitações de seu conhecimento.

Eu sei que a esta altura, você dificilmente concordará com a frase acima, mas para as pessoas que não tem ideia da quantidade de vieses que distorcem nossos julgamentos, esta é uma tarefa complicada. Cientistas descobriram ainda mais um viés que pode nos atrapalhar enormemente, batizado como o **Ponto Cego do Viés**. Ele nos leva a acreditar que as **outras pessoas** são mais suscetíveis a serem enviesadas do que nós mesmos, e que somos **imunes** a influência dos mais variados de vieses.

A descoberta deste fenômeno foi realizada por um conjunto de cientistas da Princeton e Stanford, composto por Emily Pronin, Daniel Lin e Lee Ross. Em uma série de três estudos, os pesquisadores descobriram que as pessoas julgam ser **menos enviesadas** do que as demais, **mesmo quando a explicação desses vieses é mostrada a elas**. No primeiro estudo, os participantes receberam uma lista explicando oito vieses comportamentais – entre eles a dissonância cognitiva, o erro fundamental da atribuição e o efeito da mídia hostil – e foram solicitados a julgar usando uma escala de 1 (de forma alguma) a 9 (fortemente) o quanto eles mesmos tinham a tendência de ser vítimas destes vieses, bem como, as chances de o "cidadão em geral" ser enviesado. A figura abaixo ilustra as descobertas dos cientistas:

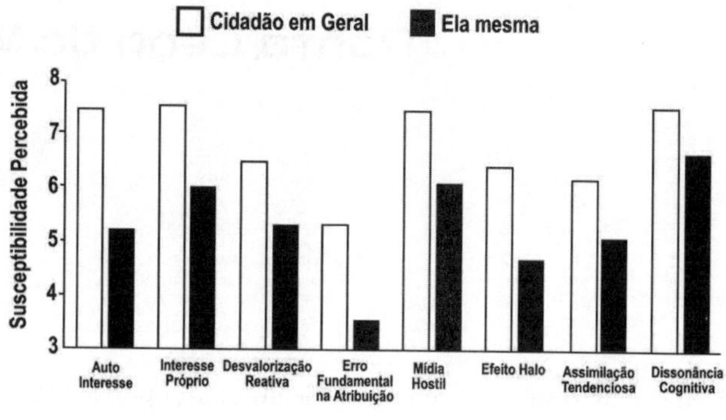

Figura 16 – Participantes acreditavam ser menos enviesados do que os cidadãos em geral

O resultado agregado, levando em consideração os oito vieses, computou que os participantes julgavam estar classificados em 5,31 na escala entre 1 e 9 – levemente acima de 5, o ponto médio da escala – enquanto afirmavam que o "cidadão em geral" estava classificado em 6,75, uma diferença estatisticamente significativa.

Em um procedimento seguinte, os participantes seguiram instruções parecidas com a anterior, com a diferença de que os indivíduos deveriam comparar a si mesmos com os **colegas da universidade**, ou seja, comparar-se com um grupo de pessoas **similares**. Da mesma maneira, os cientistas descobriram que os participantes julgavam a si mesmos como **menos enviesados** do que seus colegas de campus, porém, a diferença desta vez foi bem menor quando comparada com o da fase anterior: 5,05 para si mesmos e 5,85 para os colegas. Nesta oportunidade, os efeitos foram estatisticamente significantes para apenas 4 dos 8 vieses. Estes resultados enfatizam o quanto **protegemos o nosso próprio grupo** – o Viés do Meu Lado – acreditando que somente os nossos são conscientes de nossas próprias falhas e menos suscetíveis a vieses.

No segundo estudo, 91 participantes deveriam completar um questionário onde julgariam seis dimensões de suas personalidades (três positivas: confiabilidade, objetividade e consideração pelos outros; e três negativas: esnobismo, decepção e egoísmo), comparando-as posteriormente com outros estudantes da universidade, novamente usando uma escala entre 1 e 9. Após esta atividade, os participantes liam na próxima página o seguinte texto:

> Estudos demonstraram que no geral, as pessoas apresentam um efeito "acima da média" quando avaliam a si mesmas em comparação com outros membros de seu grupo. Ou seja, 70% a 80% dos indivíduos avaliam a si mesmos como "melhores do que a média" em qualidades que percebem como positivas, e por outro lado, avaliam a si mesmos como tendo quantidades "menores do que a média" de características que acreditam ser negativas.

Os participantes posteriormente eram informados de que "para os objetivos do estudo, seria interessante saber a precisão de seus autojulgamentos na página anterior", tendo que em seguida escolher uma das alternativas abaixo:

1. Medidas objetivas iriam me classificar abaixo do que classifiquei a mim mesmo nas características positivas e acima nas características negativas.

2. Medidas objetivas não iriam me classificar de forma mais positiva ou mais negativa do que eu classifiquei a mim mesmo.

3. Medidas objetivas iriam me classificar acima do que classifiquei a mim mesmo nas características positivas e abaixo nas características negativas.

A alternativa 1, caso marcada pelo participante, indicaria que ele ou ela reconheceu ter sido influenciado pelo "efeito acima da média."

Os resultados confirmaram a hipótese dos cientistas, demonstrando a crença dos participantes em ter mais características positivas (média de 6,44) e menos características negativas (média de 3,64) em relação aos seus colegas de universidade. Setenta e nove dos 91 participantes (87%) demonstraram ser vítimas do "efeito acima da média" e, **mesmo após lerem ao texto que enfatizava o grande percentual de pessoas enviesadas** pelo efeito, apenas 19 destes 79 participantes (24%) indicaram que suas respostas poderiam ser enviesadas. Assim, a maioria dos participantes que afirmavam ter comportamentos "acima da média" **insistiram** na precisão de seus julgamentos. Além disso, 63% deles foram vítimas do Realismo Ingênuo, marcando a alternativa número dois quando questionados sobre a precisão de seus julgamentos, demonstrando acreditar terem sido completamente **objetivos** em suas autoavaliações. Ainda 13% deles afirmavam terem sido **muito modestos** em suas autoavaliações, marcando a terceira alternativa, que indicava que medidas objetivas iriam mostrar que elas tinham **ainda mais** características positivas e **menos** características negativas do que julgaram no teste.

Os dados revelam que mesmo após receberem explicações detalhadas sobre vários vieses **antes** de uma tarefa, as pessoas acabam sendo vítimas desses vieses minutos depois. Ao final da tarefa, quando recebem um novo alerta de que seus julgamentos podem ter sido influenciados por **outro viés**, as pessoas continuam acreditando ser imunes a eles, julgando terem sido precisas em suas decisões. Os cientistas concluíram que os efeitos das intervenções foram insuficientes para que os participantes **confessassem** ter uma suscetibilidade similar a de seus colegas em serem vítimas dessas falhas. O aprendizado que fica é o de que por mais conhecimento que possamos ter sobre todos os tipos de vieses, é difícil que paremos completamente de enganar a nós mesmos de tempos em tempos.

REFERÊNCIA

Pronin, E., Lin, D. Y., & Ross, L. (2002). The bias blind spot: Perceptions of bias in self versus others. *Personality and Social Psychology Bulletin*, 28(3), 369-381.

Efeito Dunning-Kruger

Você tem algum amigo **advogado** que durante a pandemia do Covid 19 virou um expert em **vacinas**? E uma amiga formada em **turismo** que fala com confidência sobre como a urna eletrônica pode ser **hackeada**? Que tal aquele vizinho **administrador de empresas** que parece entender tudo sobre **doenças cardíacas?** Uma prima **engenheira civil** que oferece todas as soluções para **programas de auxílio social**? Um cunhado **publicitário** que lista todas as estratégias erradas que um **técnico de futebol usou durante uma partida**? Uma sogra **pedagoga** que dá todas as explicações sobre os motivos de uma **campanha de marketing** de uma empresa não ter dado certo?

Em 1999, os cientistas David Dunning e Justin Kruger publicaram um dos estudos mais interessantes da história da psicologia. Em quatro análises, os pesquisadores demonstraram que a maioria das pessoas acredita ter **habilidades superiores** as suas habilidades **reais** e que, aquelas com **menos** habilidades, surpreendentemente, **são as mais cegas para a sua própria performance**. Anos depois, este viés passou a ser nomeado como **Efeito Dunning-Kruger**.

Em um dos estudos, Dunning e Kruger pediram para alguns alunos de psicologia responderem vinte problemas de raciocínio lógico. Em seguida, as pessoas deveriam indicar em uma escala entre 0 e 100 (um percentil) onde consideravam que suas **habilidades gerais em raciocínio lógico** estavam em **comparação com seus colegas de sala de aula**. Usando o mesmo percentil, os alunos posteriormente deveriam indicar onde acreditavam que **suas notas no teste de raciocínio** estariam em comparação com estes **mesmos colegas** e, finalmente, deveriam dizer **quantas das vinte questões acreditavam ter respondido corretamente**.

Na média, os participantes acreditavam estar classificados em um percentil de 66 quando comparados com seus colegas nas habilidades gerais em raciocínio, ou seja, **acima da média** de 50. Já sobre sua performance no teste, os estudantes acreditavam estar no percentil 61 em comparação com os outros participantes. Porém, a maior surpresa veio quando as notas dos alunos foram reveladas pelos cientistas. Os pesquisadores descobriram que aqueles com **pior desempenho no teste eram os que mais superestimavam suas próprias performances**, acreditando ter recebido uma nota **62** na prova, enquanto sua nota real era **12**. Não surpreendentemente, os alunos com baixa performance acreditavam ter acertado em média **14,2** respostas, enquanto haviam respondido corretamente apenas **9,6**.

PARTICIPANTES DE BAIXA PERFORMANCE	
NOTA ESTIMADA	62,0
NOTA REAL	12,0
ESTIMATIVA Nº DE QUESTÕES CORRETAS	14,2
REALIDADE Nº DE QUESTÕES CORRETAS	9,6
PARTICIPANTES DE ALTA PERFORMANCE	
NOTA ESTIMADA	68,0
NOTA REAL	86,0
ESTIMATIVA Nº DE QUESTÕES CORRETAS	14,0
REALIDADE Nº DE QUESTÕES CORRETAS	16,9

Figura 17 – Efeito Dunning-Kruger

O efeito Dunning-Kruger demonstra que pessoas de baixa performance julgam seu desempenho de forma similar a que experts julgam a si mesmos. Seria a ignorância uma dádiva?

Como os cientistas imaginavam, os alunos com melhor desempenho **subestimavam** sua própria performance. Mesmo classificados no percentil **86** no resultado do teste, eles acreditavam estar em **68** neste quesito. Para fechar, os alunos com excelentes resultados imaginavam ter acertado em média **14** perguntas do teste, enquanto haviam acertado **16,9**.

Como podemos perceber, o Efeito Dunning-Kruger faz com que pessoas com pouco conhecimento julguem suas habilidades de forma similar a que experts julgam a si mesmos.

Em um terceiro estudo, outro grupo de alunos teve suas habilidades em gramática avaliadas e não soará como surpresa que os resultados apontaram que aqueles com **pior** desempenho, classificados no percentil **10**, acreditavam que sua **habilidade geral** em gramática e **nota no teste** estava em **67 e 61**, respectivamente. Estes participantes também acreditavam ter acertado **12,9** questões de 20, enquanto o resultado verdadeiro destes foi de **9,2**. Já aqueles com resultados **espetaculares**, classificados no percentil **89**, acreditavam que suas **habilidades** e **notas** no teste estavam em **72 e 70**. No entanto, estes participantes não tinham crenças equivocadas sobre suas notas, acreditando terem acertado 16,9 enquanto haviam respondido corretamente 16,4 de 20 questões, uma diferença estatística não significativa.

Mas a parte mais interessante deste estudo ainda estava por vir: quatro a seis semanas após o teste de gramática, os participantes de baixa e alta performance (classificados nos percentis 10,1 e 88,7) foram convidados a voltar ao laboratório para **corrigir** cinco testes realizados por seus colegas. Estes participantes deveriam indicar quantas perguntas acreditavam que seus colegas haviam respondido corretamente. Em seguida, os alunos recebiam seus próprios testes novamente e eram solicitados a **rever** suas habilidades e performance em comparação com seus colegas, assim como a quantidade de questões que haviam acertado. Será que ao ter acesso aos resultados superiores de seus colegas, os participantes com baixa performance adequariam as classificações que haviam dado a si mesmos?

Surpreendentemente, mesmo tendo acesso aos resultados superiores de seus colegas, os alunos de baixa performance **aumentaram** suas próprias classificações, porém, de forma não significativa, acreditando continuar classificados em percentis superiores a 60% tanto em suas habilidades gerais quanto nas notas do teste, lembrando que a classificação atual dos mesmos estava em 10,1%. Isto significa que pessoas com baixa performance geralmente **não ganham insight algum depois de ter acesso a performance superior de outras pessoas, parecendo ser ignorantes de sua própria ignorância.** Já os alunos com alta performance, ao corrigirem as provas de seus colegas, corretamente ajustaram para **cima** suas próprias classificações posteriormente, de forma estatisticamente significativa, mostrando terem **aprendido** algo valiosos após se compararem com seus colegas.

Dunning e Kruger concluíram que as pessoas com baixa capacidade cognitiva sofrem de uma **dupla maldição**: além da ignorância propriamente dita, elas ainda são **cegas a sua própria incapacidade**, mesmo quando têm **todas as ferramentas para enxergá-la**.

Para finalizar o estudo, os pesquisadores vieram com uma nova hipótese: será que **mostrar** para indivíduos de baixa performance suas enormes limitações fariam com que eles mudassem de opinião? Com esta pergunta, os cientistas analisaram o comportamento de 136 alunos em um teste de raciocínio lógico, composto por 10 questões. Assim como nos estudos anteriores, os alunos eram solicitados a indicar em uma escala entre 0 e 100 as suas habilidades gerais, sua classificação em relação aos seus colegas e a quantidade de questões que acreditavam ter respondido corretamente. Em seguida, a hipótese foi testada: 70 participantes **receberam um treinamento sobre raciocínio lógico** enquanto o restante não passou por este procedimento. Posteriormente, todos os participantes realizaram uma tarefa cognitiva no qual revisaram seus próprios testes e indicaram novamente quantas perguntas haviam acertado, comparando-se também aos seus colegas.

Milagre, ou melhor, **ciência acontece**: os indivíduos de baixo desempenho, quanto treinados, perceberam **por si mesmos** quão mal haviam performado no teste, ajustando significativamente suas próprias avaliações. No quesito questões respondidas corretamente, os participantes treinados ajustaram suas estimativas de **5,3 para 1**. Aqueles que não passaram por tal treinamento, continuaram demonstrando o mesmo padrão de comportamento, permanecendo inconscientes de sua própria ignorância. Estes indivíduos, inclusive, mesmo após revisarem seus próprios testes, **aumentaram** a quantidade de questões que acreditavam ter acertado, saindo de **5,8 para 6,3**.

Isto demonstra que o Efeito Dunning-Kruger não entra em ação para proteger nosso ego, pois quando as pessoas percebem sua falta de habilidade, elas geralmente reconhecem suas falhas. O problema aparece quando indivíduos **não descobrem por si mesmos** o quanto necessitam melhorar ou o quão incompetentes são em certas áreas. Seria a ignorância realmente uma dádiva?

É interessante notar que para reconhecer sua inaptidão, uma pessoa de baixa performance deveria ter exatamente a expertise a qual a falta: **o**

conhecimento. Para reconhecer suas falhas gramaticais, por exemplo, um indivíduo deve **conhecê-las a fundo**, para então analisar as oportunidades onde não as utilizou corretamente e corrigi-las futuramente.

Além de ser ignorante, o ignorante não tem a capacidade para saber que é ignorante.

Lembre apenas que é fácil julgar a ignorância do outro, acreditando que estes conceitos não se aplicam a nós mesmos. No artigo, publicado no Journal of Personality and Social Psychology, os cientistas concluem: "Apesar de acreditarmos ter feito um trabalho competente em construir um caso forte para esta análise, estudando-o empiricamente e chegando a implicações relevantes, nossa tese nos deixa com uma preocupação assombrosa que não conseguimos eliminar. Nossa preocupação é que este artigo pode conter falhas lógicas, erros metodológicos ou comunicação pobre. Gostaríamos de garantir aos nossos leitores que apesar deste artigo ser imperfeito, este não é um pecado que cometemos conscientemente."

Obviamente, este é apenas um entre as dezenas de artigos que Dunning, Kruger e outros pesquisadores publicaram, encontrando os mesmos efeitos nos julgamentos das pessoas sobre **inteligência emocional, finanças, armas de fogo** e inúmeros outros assuntos.

Em 2018, o cientista Ian Anson, da Universidade de Maryland descobriu que o Efeito Dunning-Kruger também se aplica a **política**. Indivíduos que obtiveram resultados péssimos em um teste sobre conhecimento político, acreditavam ter alcançado excelentes resultados, assim como, ter alcançado resultados superiores aos de seus colegas. Seguindo o mesmo padrão dos estudos anteriores, indivíduos com alta performance subestimavam seus conhecimentos, acreditando estar classificados de forma inferior a seus verdadeiros resultados.

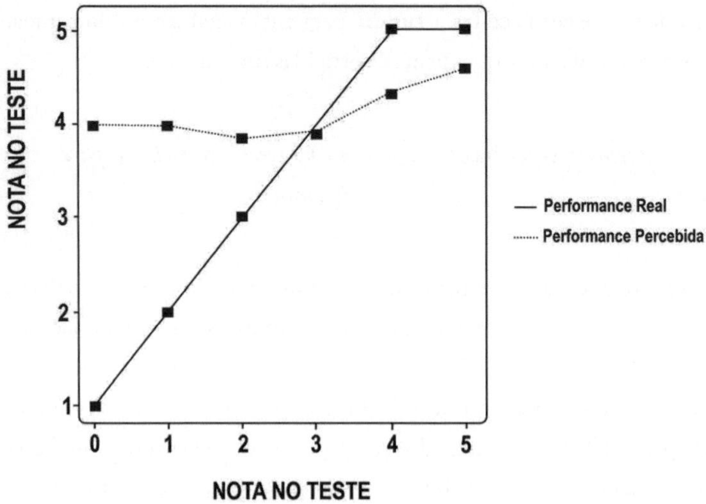

Figura 18 – Participantes de baixa performance superestimando seu desempenho e participantes de alta performance subestimando seu desempenho

Como pode ser verificado no gráfico, mesmo os indivíduos que não acertaram **uma questão sequer** acreditavam ter conhecimentos políticos superiores à média, ranqueando a si mesmos entre aqueles que acertaram 4 das 5 questões. Os resultados gerais do teste, demonstram que apenas 10,6% dos participantes responderam corretamente as cinco questões e 26,9% acertaram três questões. A mediana foi 2,63.

Uma descoberta surpreendente deste estudo é que quando o participante demonstrava ter simpatia a um partido político, **mais forte era o efeito**, fazendo com que aqueles com baixa performance acreditassem estar ranqueados **ainda mais no topo** quando comparados aos seus colegas.

Uma dica valiosa destes estudos é a seguinte: se você quer se tornar inteligente de verdade, o primeiro passo é **deixar de acreditar em políticos**.

Os seres humanos são realmente curiosos, não é mesmo? Pessoas com **baixa capacidade** geralmente acreditam ser **mais inteligentes** do que as demais, enquanto muitas pessoas com **altíssima capacidade** têm a crença de que **sabem menos do que os outros**, de que apresentam pior desempenho em relação a média da população, algo que vem sendo amplamente documentado em estudos como os de Dunning, Krueger e de muitos outros cientistas.

Parece que **quanto mais uma pessoa se aprofunda em certo assunto**, mais ela entende a complexidade dele, chegando à conclusão de que **ainda lhe falta conhecimento**, de que nada no mundo é explicado por um ou dois fatores. Por outro lado, **quanto menos um indivíduo domina certa área**, mais simplista é a sua visão sobre o mundo, portanto, **mais sábio ele acredita ser**. Conhecer como a ciência funciona pode ajudar muitas pessoas a entenderem a complexidade de qualquer assunto e assim, a terem mais consciência sobre sua própria ignorância.

REFERÊNCIAS

Kruger, J., & Dunning, D. (1999). Unskilled and unaware of it: how difficulties in recognizing one's own incompetence lead to inflated self-assessments. *Journal of personality and social psychology*, 77(6), 1121.

Anson, I. G. (2018). Partisanship, political knowledge, and the Dunning-Kruger effect. *Political Psychology*, 39(5), 1173-1192.

Ponto Cego da Baboseira

Outro ponto de atenção no vasto manual de operações do cérebro humano é a fraca habilidade em **detectar baboseiras**. Em um estudo com resultados curiosos, cientistas da Universidade de Waterloo investigaram o poder de detecção de baboseiras de mais de 200 participantes, solicitando com que analisassem a profundidade do conteúdo de 20 frases. Em seguida, os participantes deveriam informar aos cientistas como acreditavam ter se saído na tarefa, indicando uma nota entre 0 e 100. Usando esta mesma escala, os participantes também deveriam indicar como achavam que os **demais participantes** do estudo haviam se saído na tarefa e, finalmente, informar quão confiantes eram em suas habilidades em **detectar informações falsas online ou em conversas com as outras pessoas**, comparados com os outros participantes do estudo.

Os resultados demonstraram que aqueles participantes com **pior desempenho** na detecção de baboseiras eram os com **maior confiança** em suas habilidades, imaginando que acertariam em média 65,37% das respostas, enquanto sua média real de acertos era de apenas 42,12%, ou seja, estes participantes superestimaram seu desempenho em 23,25%. Este grupo de pessoas também acreditava que sua habilidade em detectar baboseiras era superior à dos demais participantes do estudo, em média, eles achavam que teriam performance 9,45% melhor do que a das demais pessoas. Curiosamente, aqueles que eram **excelentes detectores de baboseiras**, tinham **menos confiança** em suas habilidades, além de julgarem que os outros participantes teriam performance superior à deles. No geral, a diferença na estimativa de performance entre os piores e melhores participantes ficavam entre 15,48% e 17,16%, demonstrando que pessoas com **baixa habilidade** em detectar lorotas, fake news e outras baboseiras têm uma **confiança cega** em seu desempenho, enquanto pessoas altamente qualificadas **duvidam** de sua capacidade. Percebe a similaridade com o Efeito Dunning-Kruger?

Esta confiança exagerada que atinge as pessoas com desempenho pobre na detecção de conteúdos duvidosos foi nomeada carinhosamente pelos autores do estudo como **"Ponto Cego da Baboseira."**

Os cientistas Dan Gilbert e Edward Jones, da Harvard e Princeton, realizaram um estudo ainda mais curioso para testar se as pessoas realmente são tão falhas em detectar baboseiras. Nele, um grupo de participantes foi instruído a fazer quatorze perguntas para outros participantes que poderiam ser respondidas de forma politicamente conservadora ou liberal, como por exemplo: "o que você pensa sobre a legalização da maconha?" Os participantes que fariam as perguntas foram nomeados como **"indutores"**, enquanto os que iriam responder eram os **"respondentes"**. Os indutores deveriam fazer as perguntas em um microfone, que supostamente seriam ouvidas pelos respondentes em uma outra cabine de gravação. A mágica do experimento acontecia quando os cientistas afirmavam aos indutores que os respondentes **não dariam sua opinião verdadeira** sobre os assuntos, pois quem iria indicar ao respondente a resposta esperada era o próprio indutor. A cada pergunta, o cientista instruía o indutor a apertar um botão de cor diferente, sendo que toda vez que o botão **verde** fosse acionado o respondente deveria dar uma resposta **liberal** e caso o botão apertado fosse o **vermelho**, o respondente deveria usar uma resposta **conservadora**. Assim que o indutor apertasse o botão, uma luz com a cor correspondente acenderia na cabine do respondente o instruindo sobre o teor político de resposta que deveria dar. Os indutores inclusive receberam uma folha com todas as **perguntas** a serem feitas, bem como quais eram as **respostas** liberais ou conservadoras que seriam dadas pelos respondentes de acordo com cada questão. Em um grupo estudado, 79% das respostas eram conservadoras e em outro, a condição era inversa. Este fato, porém, foi avisado de certa forma aos indutores:

> Para garantir precisão científica e controle em nossas sessões, cada uma contém instruções para incentivar diferentes quantidades de respostas liberais ou conservadoras. Apesar de pouco provável, você pode estar em uma sessão onde todas as respostas serão liberais ou conservadoras. Qualquer que seja

o percentual final, é improvável que a sessão seja exatamente 50% - 50%.

Em seguida, os indutores deveriam opinar sobre a **posição política dos respondentes**. O que você acha que aconteceu? Aqueles que foram instruídos pelos cientistas a induzir respostas majoritariamente **liberais** aos respondentes, julgavam que os respondentes tinham um posicionamento político mais liberal do que conservador. Já os instruídos pelos pesquisadores a induzirem mais respostas conservadoras, acreditavam que os respondentes tinham um posicionamento mais conservador. Um dos fatos mais interessantes deste estudo é que, na verdade, **os respondentes não existiam!** Quando o indutor apertava um dos botões, uma resposta previamente gravada era tocada na cabine. Perceba que mesmo **sabendo que as respostas dadas pelos participantes foram deliberadamente escolhidas pelos cientistas**, os indutores não tiveram a capacidade de fazer um julgamento correto sobre o posicionamento político dos respondentes, que **não tinham escolha alguma sobre a resposta que iriam dar**.

Olhando de fora, podemos até imaginar que os participantes deste estudo eram tolos, mas quando estamos em situação similar, falhamos exatamente desta forma! Ao ler uma notícia escrita por um jornalista, ou um post qualquer tratando sobre política nas mídias sociais, nós automaticamente assumimos a posição política da pessoa em questão sem ao menos conhecê-la. Da mesma forma que os participantes do estudo de Gilbert, nós **criamos as nossas próprias baboseiras** – e acreditamos nelas facilmente.

REFERÊNCIAS

Littrell, S., & Fugelsang, J. A. (2021). *The 'bullshit blind spot'*: The roles of overconfidence and perceived information processing in bullshit detection.

Gilbert, D. T., & Jones, E. E. (1986). Perceiver-induced constraint: Interpretations of self-generated reality. *Journal of Personality and Social Psychology*, 50(2), 269.

Viés da Disponibilidade

Gostaria de pedir para que realize uma atividade simples. Pense em cinco palavras que começam com a letra "c". Conseguiu? Agora, pense em cinco palavras que possuem "c" como a terceira letra. Depois de fazer esse exercício, gostaria de saber a sua opinião sobre o seguinte: existem mais palavras que começam com a letra "c" ou que possuem "c" como a terceira letra? Quando os cientistas da Princeton e Stanford, Daniel Kahneman e Amos Tversky, colocaram participantes para responder a uma questão similar a esta, a maioria deles respondeu que existiam mais palavras **começando** com a letra "c" do que palavras em que "c" era a terceira letra e, como você pode imaginar, eles estavam **errados**. Kahneman e Tversky nomearam este fenômeno como **Viés da Disponibilidade**, demonstrando que aquilo que está **mais saliente em nossas mentes**, ou seja, as informações que são acessadas com **mais facilidade** em nossas cabeças, distorcem nossas decisões sobre a probabilidade de eventos acontecerem. Palavras que começam com a letra "c" estão mais **disponíveis** em nossas mentes do que aquelas em que "c" é a terceira letra, e este fato nos faz acreditar **erroneamente** que palavras que começam com "c" são mais frequentes.

O cientista da Stanford, Shanto Iyengar realizou um experimento que demonstra com precisão esse fenômeno. Participantes foram separados em dois grupos para assistir diversos vídeos: os do primeiro grupo continham **três matérias** que tratavam sobre a dependência dos Estados Unidos em fontes de energia estrangeiras, já os do segundo continham **seis matérias** sobre o assunto. Posteriormente, os participantes eram solicitados a nomear os **três principais problemas** enfrentados pelos EUA em suas opiniões. Em um terceiro grupo de participantes, que não assistiu vídeo algum, apenas 24% nomearam fontes de energia como um problema. Este percentual subiu para 50% no grupo que assistiu a três vídeos e **65% para os participantes que assistiram a seis vídeos.** Isto significa que quanto mais somos expostos a certo assunto, mais facilmente essa informação é acessada por nosso cérebro e assim, maiores se tornam as nossas chances em acreditar que o assunto é um dos principais problemas a serem resolvidos. Infelizmente, a exposição exagerada de certos assuntos nas mídias tradicionais e sociais pode mudar completamente a nossa noção da realidade.

O cientista George Gerbner, da Universidade da Pennsylvania, descobriu que a realidade exposta na TV é completamente diferente da realidade objetiva. Pessoas que assistem TV com frequência acreditam que mulheres têm habilidades **inferiores** as dos homens, que o mundo nunca foi tão violento, além de **superestimarem** a quantidade de médicos e advogados na população, já que trabalhadores fabris e de serviços similares quase nunca são retratados, apesar de representarem grande parte da força de trabalho. Não surpreendentemente, Gerbner e seus colegas descobriram que a quantidade de homens expostos nos programas de televisão é **três vezes maior** do que o de mulheres; minorias, crianças e idosos são pouco expostos; cientistas são retratados como malucos, perigosos, desumanos e fora de controle, como na série **Stranger Things**; e a quantidade de minutos de exposição dedicada a cobertura de crimes pela mídia é substancialmente maior do que a quantidade **real** encarada pela população. Estes estudos demonstram que crimes na televisão são **dez vezes mais prevalentes** do que na vida real. No mundo da telinha, mais da metade dos personagens se envolvem em confrontos violentos com outros, uma estatística infinitamente inflada em relação à realidade.

No mundo empresarial, certos modismos entram e saem de cena, muitas vezes movidos pela indústria literária. Nos últimos anos, tópicos como gestão de projetos, máquina de vendas, marketing digital, ESG, felicidade corporativa, inteligência emocional, inteligência artificial, equity, startups enxutas, negócios escaláveis, crescimento exponencial, copyright, golden circle, propósito, regra das 10 mil horas, liderança que serve, cinco desafios das equipes, cinco forças do planejamento estratégico, negócios ágeis, funil de vendas, canvas, sprint e dezenas de outros assuntos martelaram nossas cabeças incessantemente. Em momentos de modismo, alguns empresários podem ser vítimas do Viés da Disponibilidade e assim, investir em estratégias e iniciativas que nada irão somar ao seu negócio e que, em algumas oportunidades, irão apenas **subtrair**.

O Viés da Disponibilidade tem uma explicação evolucionária. Enquanto exploravam a savana, nossos ancestrais analisavam seus riscos **relembrando** das oportunidades em que foram ameaçados por algum predador, por exemplo. A quantidade de vezes em que um de nossos ancestrais foi atacado – ou presenciou alguém ser atacado – por um crocodilo nas margens de um rio, determinava a ele o risco de ficar perto da água. Se ele nunca havia sido atacado, ou fora atacado em apenas uma das centenas de vezes em que frequentou aquele local, seu cérebro calculava que os riscos de ataque eram baixos e que, portanto, ele poderia se aproximar da beira do rio para beber água, banhar-se ou pescar com muita segurança. Agora, se a quantidade de ataques era grande, esse viés fazia com que ele ficasse extremamente vigilante a ameaças quando estivesse na proximidade de um rio e que, inclusive, evitasse transitar nestas regiões. Perceba que o Viés da Disponibilidade, originalmente, fazia com que as pessoas tomassem decisões que maximizavam suas chances de sobrevivência. Com a chegada das mídias tradicionais e principalmente, das sociais, nossa base de cálculo mudou. Atualmente não somos expostos exclusivamente as nossas próprias experiências com crocodilos, ou às experiências das pessoas da nossa tribo, **todos os dias** ficamos sabendo das histórias de pessoas de **outras tribos ao redor do mundo** que foram "atacadas por crocodilos", aumentando a disponibilidade deste evento em nossas cabeças e fazendo com que passemos a acreditar que "ataques de crocodilos" são mais comuns do que imaginamos. A mídia gera alguns problemas na sociedade e, como sou um professor que estuda com frequência estes vieses, também estou à par dos diversos artigos científicos que revelam que a mídia cobre eventos negativos com muito mais frequência do que os positivos, dando a impressão de que o mundo é mais perigoso do que a realidade. Ao contrário do que você pode imaginar, **a mídia não é uma instituição maligna**. Os jornalistas são simplesmente **humanos**, mais atentos aos fatos negativos do que aos positivos.

Durante a minha infância, nos anos 1980, a minha noção da realidade vinha da rua. Ao andar pelos bairros de Curitiba, eu tinha uma boa ideia de como a minha casa se comparava com as demais, como os carros que meus pais tinham eram parecidos com os de algumas outras famílias, como o meu físico era similar ao dos outros garotos e inclusive, como a minha aparência se classificava no mundo masculino. Transitando pela cidade nas mais variadas vizinhanças, eu sabia que havia menos mansões do que casas de classe média, uma quantidade muito inferior de carros importados em relação aos nacionais, poucos meninos que tinham "barriga tanquinho" e mais gente usando Kichute do que Nike. Atualmente, depois da chegada das mídias sociais, crianças e adolescentes são expostos diariamente a influenciadores de **todos os bairros do mundo**, que têm inúmeros carros importados, usam apenas roupas de grife, moram em mansões dignas de Beverly Hills, ganhão milhões semanalmente, têm corpos extremamente sarados e amantes exuberantes, fazem tratamentos estéticos caríssimos e palestram em eventos para milhares de pessoas. Dessa maneira, estão mais disponíveis nas cabeças das novas gerações as informações de que todo mundo é rico, tem carro importado, usa joias de milhões e é influenciador digital, algo que prejudica a saúde mental dos jovens, já que nessa fase da vida a comparação social é inevitável. E se o Viés da Disponibilidade entrega ao jovem a "realidade" de que todo mundo é rico e ele não é, a sua satisfação com a vida diminui. Não à toa, o cientista David Blanchflower da Dartmouth College descobriu em um estudo publicado em 2025 que a **nova geração de jovens é a mais triste da história.**

Além desse fato, outro potencial prejuízo gerado pelas mídias sociais (e prateleiras de livrarias) é a quantidade de exposição que temos a pessoas que saíram da miséria para construir negócios multimilionários. Com essa exposição exacerbada, podemos passar a acreditar falsamente que pessoas pobres que viram milionárias são mais comuns do que imaginamos, levando-nos a crenças perigosas como a de que, hoje em dia, só é **pobre quem quer**. Assim, podemos ser vítimas do **Viés do Sobrevivente**, uma tendência associada ao Viés da Disponibilidade, que faz com que a lembrança de casos de pessoas pobres que se tornaram ricas fique mais acessível em nosso cérebro. Para todos nós, é mais fácil lembrar de um indivíduo que era pobre e tornou-se milionário – o sobrevivente – do que lembrar de indivíduos que nasceram e morreram na pobreza – os defuntos. Mas qual das duas situações é mais frequente? Infelizmente, a ciência revela que a regra para uma pessoa que nasce na pobreza **é continuar lá**, mas existem exceções. No entanto, pobres que viraram ricos saem nos jornais e revistas, lançam livros e ministram palestras pelo país afora – os **sobreviventes chamam a nossa atenção**. Os que seguem a regra e continuam na pobreza – os defuntos – não saem no jornal, não dão palestras e nem publicam livros, portanto, não chamam a nossa atenção e ficam sem espaço em nossas mentes, mesmo que a situação deles seja **mais frequente** do que a dos sobreviventes.

O Viés da Disponibilidade ainda nos aplica outras peripécias. Frequentemente, ouvimos pessoas afirmando que casais com baixa fertilidade têm **mais chances de conceber um filho após adotarem uma criança**

– uma constatação falsa. Novamente, devemos analisar um grupo maior de casais para obter uma opinião mais concreta.

1. Casais com baixa fertilidade que concebem após a adoção de uma criança

2. Casais com baixa fertilidade que não concebem após a adoção de uma criança

3. Casais com fertilidade normal que concebem após a adoção de uma criança

4. Casais com fertilidade normal que não concebem após a adoção de uma criança

Em casos como este, além de entendermos que quanto mais ouvimos afirmações infundadas como essa, mais disponíveis elas ficam em nossas mentes, devemos nos atentar também ao fato de que certos acontecimentos **prendem a nossa atenção**, ficando mais disponíveis em nosso cérebro. Casais que tinham dificuldades em conceber e obtém sucesso após a adoção de um filho **chamam mais a nossa atenção** do que os que continuaram sem conceber depois de adotar de uma criança, **mesmo que este último caso seja mais frequente do que o primeiro**. No mesmo sentido, apesar de não haver relação estatística alguma da fase da lua com a quantidade de nascimentos em maternidades, qualquer pai e mãe já ouviu essa afirmação e assim, ela é mais facilmente acessada por nossa memória. E quem de nós nunca passou por uma situação em que logo depois de pensar em alguém que não vemos há tempos, acabamos encontrando aquela pessoa? Novamente, situações como essa são **mais memoráveis** do que as oportunidades em que pensamos em uma pessoa e **não a encontramos**. E qual das duas situações é mais frequente em sua opinião? Todos estes fatos são mais **marcantes** do que os acontecimentos ordinários do nosso dia a dia, portanto, eles vêm a nossa mente com **mais facilidade** e servem para **confirmar crenças falsas** que podemos ter.

Outra área em que o Viés da Disponibilidade causa danos, é a de investimentos. Inúmeras análises de cientistas indicam que o investimento em ações é mais lucrativo do que o em fundos, no entanto, as flutuações de ações geralmente são maiores do que as de fundos. Em uma análise profunda, os cientistas Shlomo Benartzi da Universidade da Califórnia em

Los Angeles, juntamente com o ganhador do Prêmio Nobel, Richard Thaler da Universidade de Chicago, descobriram que investidores que acompanham **diariamente** o mercado de ações tendem a tomar piores decisões com seus investimentos, já que é comum em um intervalo de **um mês** as ações terem mais **dias de perdas** do que dias de ganho. Apesar dos ganhos sempre superarem as perdas no longo prazo, aqueles que acompanham diariamente o mercado tendem a vender ações que poderiam trazer grande lucratividade em alguns anos. Por quê? O Viés da Disponibilidade faz com que após sucessivos dias de perdas, essa informação seja **lembrada com mais facilidade** pelos investidores, aumentando as chances de eles se desfazerem dessas ações. Os cientistas nomearam esse viés como **Aversão Miópica à Perda.** Curiosamente, os investidores que acompanham a bolsa com menos frequência são aqueles que tomam melhores decisões, deixando de ser vítimas da disponibilidade.

Para livrar-se dos malefícios desse viés, é importante que você cuide das informações que consome, procure fontes variadas, **peça mais tempo para tomar certas decisões**, aprenda a pensar como um cientista e use o ceticismo como seu aliado, e atente-se as estatísticas. Quais informações não me foram apresentadas? Quais são todas as possibilidades associadas a essas variáveis? O meu convívio social me permite ter uma visão precisa do "mundo como ele é?" Essa tendência no mercado é realmente uma tendência, ou somente um modismo? Estou seguindo pessoas nas mídias sociais que me fazem ter uma visão balanceada do mundo? Existem mais pessoas que eram pobres e ficaram ricas, ou mais pessoas que eram pobres e continuaram pobres? Com uma boa dose de esforço cognitivo, podemos deixar o Viés da Disponibilidade menos disponível.

REFERÊNCIAS

Tversky, A., & Kahneman, D. (1973). Availability: A heuristic for judging frequency and probability. *Cognitive psychology*, 5(2), 207-232.

Iyengar, S., & Kinder, D. R. (2010). *News that matters:* Television and American opinion. University of Chicago Press.

Gerbner, G., Gross, L., Morgan, M., & Signorielli, N. (1984). Political correlates of television viewing. *Public Opinion Quarterly*, 48(1B), 283-300.

Evans, W. (1996). Science and reason in film and television. *Skeptical Inquirer*, 20, 45-45.

Gerbner, G. (1987). Science on television: How it affects public conceptions. *Issues in Science and Technology*, 3(3), 109-115.

Gerbner, G., Gross, L., Morgan, M., & Signorielli, N. (1994). *Growing up with television*: The cultivation perspective.

Haney, C., & Manzolati, J. (1980). *Television criminology*: Network illusions of criminal justice realities. Reading about the social animal. San Francisco, Freeman.

Blanchflower, D. G. (2025). Declining Youth Well-being in 167 UN Countries. Does Survey Mode, or Question Matter? (No. w33415). National Bureau of Economic Research.

Chang, X. (2024). *Vining in the Blind*: The Perils of Survivorship Bias. Advances in Economics, Management and Political Sciences, 72, 47-51.

Lamb, E. J., & Leurgans, S. (1979). Does adoption affect subsequent fertility?. *American Journal of Obstetrics and Gynecology*, 134(2), 138-144.

Abell, G. O., & Greenspan, B. (1979). *Human births and the phase of the moon*. New England Journal of Medicine, 300(2), 96.

Abell, G. O., & Greenspan, B. (2023). *The moon and the maternity ward*. Paranormal Borderlands of Science: Best of Skeptical Inquirer, 263.

Abell, G. O. (2023). The alleged lunar effect. Science Confronts the Paranormal: Best of Skeptical Inquirer, 228.

Alvarez, L. W. (1965). A pseudo experience in parapsychology. *Science*, 148(3677), 1541-1541.

Benartzi, S., & Thaler, R. H. (1995). Myopic loss aversion and the equity premium puzzle. *The quarterly journal of Economics*, 110(1), 73-92.

Efeito de Posse

Ganhar um Prêmio Nobel não exige apenas décadas de pesquisas científicas de grande relevância, mas principalmente, criatividade para desenhar experimentos com a mais sofisticada **simplicidade**, para explicar fenômenos altamente **complexos**. E foi exatamente isso que o laureado em economia de 2017, Richard Thaler, conseguiu.

Antes de apresentar o experimento de Thaler, gostaria de lhe fazer algumas perguntas: você tem algum amigo ou parente que, ao decidir o preço de venda de seu carro usado, acredita que seu veículo **vale mais** do que a tabela do mercado? Ou que sua casa ou apartamento **vale mais** do que imóveis similares? E que tal um empresário que acredita que seu produto deve ser vendido por um **valor maior do que o da concorrência**, apesar de eles terem qualidades similares? Você acredita que esses comportamentos são racionais?

Apesar de nossa experiência pessoal indicar que as pessoas acreditam que **seus bens** valem mais do que o **valor de mercado** e até, mais do que os mesmos bens **de outras pessoas**, devemos ser prudentes em afirmar que esse viés existe, até porque a hipótese da economia tradicional rege que em situações de oferta e demanda, as **forças do mercado** farão com que pelos menos **50% das transações aconteçam** e que, portanto, **a posse de um produto** não afetará o valor de venda pedido pelo proprietário. Assim, as curvas de oferta de demanda serão idênticas, ou seja, o preço médio ofertado pelos vendedores será o mesmo que o ofertado pelos compradores. Mas será que a hipótese da economia tradicional se sustenta quando testada em um experimento?

Se não bastasse um ganhador do Prêmio Nobel para testar essa hipótese, o artigo que apresentarei em seguida foi publicado por **dois ganhadores** do prêmio máximo da ciência: Richard Thaler e Daniel Kahneman. O ano era 1990: doze anos antes de Kahneman receber seu prêmio e vinte e sete anos antes da vez de Thaler. Esses cientistas, que reescreveram a história da economia e da psicologia, não acreditavam na hipótese da economia tradicional de que o ser humano sempre toma decisões racionais e livres de vieses, portanto, começaram a desenhar experimentos para testar as crenças mais enraizadas na área econômica. **Quarenta e quatro** estudantes de direito e economia da Universidade Cornell foram selecionados para um experimento em que recebiam instruções para **vinte e duas negociações.** As seis primeiras negociações envolviam **fichas** (similares as de um cassino), as oito seguintes envolviam **canecas de café** e as últimas oito eram realizadas com **canetas.** Dessa maneira, os cientistas poderiam analisar se uma vez que um indivíduo tem o sentimento de que **é dono de uma caneca ou de uma caneta**, em comparação com **fichas**, ele passa a acreditar que seus bens **valem mais do que o valor do mercado**. Após informarem por quanto venderiam ou comprariam as fichas, canecas ou canetas, os cientistas calculavam os preços médios de venda e de compra, informavam aos participantes e posteriormente estes decidiam se venderiam ou comprariam. A metade dos participantes eram **vendedores**, ou seja, eles **ganhavam** fichas, canecas e canetas. Os demais participantes eram compradores, tendo a chance de **adquirir** fichas, canecas ou canetas. Para dar ao experimento um toque de realidade, algumas **transações verdadeiras eram feitas** de forma aleatória, portanto, **sem saber** quais de suas negociações seriam efetivadas, os vendedores e compradores tinham que se esforçar ao máximo para **determinar valores atrativos** ao mercado, a fim de se beneficiarem financeiramente.

Será que as forças de mercado fariam com que vendedores e compradores determinassem valores justos como prega a economia tradicional? No mercado de **fichas**, foi exatamente isso o que aconteceu: das vinte e duas negociações, onze foram efetivadas na média, refletindo com precisão os 50% de fechamento previstos pela economia tradicional. Os preços de **venda e compra** das fichas, incrivelmente, foram idênticos em todas as rodadas, ou seja, o preço que os vendedores estavam dispostos a vender suas fichas era igual ao preço que os compradores estavam dispostos a pagar por elas. Mas será que o mesmo padrão se repetiu nos mercados de canecas e canetas, nos quais um grupo de pessoas passou a ser **dono** desses bens? Nesses casos, como você pode imaginar, os resultados foram bem diferentes. Para as canecas, das **onze negociações** esperadas, **apenas 2,25 foram efetivadas** em média, ou seja, ao invés de alcançar os 50% esperados pela economia tradicional, apenas 10,23% das negociações foram concluídas. Já para as canetas, a média foi de **4,50 negociações** concluídas, totalizando 20,45% de negociações bem-sucedidas. Mas essa não foi a diferença mais impactante: a grande surpresa foi a **disparidade entre os preços de venda e compra** determinados pelos participantes. Para as canecas, os vendedores queriam em média 5,25, enquanto os compradores ofereciam entre 2,25 e 2,75 pelo item. Em média, os **vendedores queriam 121,05% a mais** por suas canecas do que os compradores estavam dispostos a pagar, ou seja, **2,21 vezes** mais! E todas essas negociações foram feitas somente depois dos participantes conhecerem o preço médio de mercado da caneca: 4,44. Padrão similar foi encontrado para as canetas, enquanto os vendedores queriam em média 2,06 pelo item, os compradores estavam dispostos a pagar apenas 0,75, uma **diferença de 174,66%**, equivalente a **2,75 vezes mais**. Nesse caso, o valor de mercado informado para as canetas era de 1,25.

Perceba que apesar de os vendedores terem conhecimento do valor de mercado de seus bens, os proprietários de canecas acreditavam que seus itens valiam **18,24%** a mais, e os proprietários de caneta imaginavam que seus bens valiam **64,8%** a mais.

As estatísticas desse experimento deixam evidente o fato de que uma vez que **tomamos posse** de algum bem material, mesmo que por minutos, acreditamos que ele vale mais do que o preço de mercado: essa é a marca registrada do fenômeno que estamos analisando, o **Efeito de Posse**. Esse viés poderia ser simpaticamente nomeado como **Efeito Gollum**, aquele pobre personagem da saga do Senhor do Anéis, que adora tanto o anel de poder que o chama de "Meu Precioso." Tudo indica que o autor da história, J.R.R Tolkien, já conhecia esse viés antes mesmo de ele ser estudado pela ciência.

Devemos nos alertar de que esse fenômeno entra em ação quando vamos vender, por exemplo, nosso smartphone usado. Apesar de nosso aparelho ter sido cuidado com capricho, dentro de uma capinha ultra protetiva, nunca tenha sofrido quedas, não possua um risco sequer na tela e sua limpeza realizada exclusivamente com uma malha de algodão egípcio embebida em uma solução de álcool e manteiga de karité, esses fatores pouco importam para o comprador, que **quer pagar o valor de mercado** para smartphones em estado de conservação parecidos com o seu. Do mesmo jeito, no momento da compra, os clientes não levam em consideração se você nunca ralou a roda do seu carro no meio fio, se os bancos de couro foram hidratados com um produto que possui caviar de salmão selvagem ou se o seu veículo nunca dormiu no sereno. Sua casa não foge da regra, pouco importa para o comprador se você eliminou algumas paredes e deixou o ambiente do imóvel mais aberto, se você acabou de trocar o piso ou se o curador do Museu do Louvre já frequentou a sala de jantar: ela não vale mais por causa dessas características.

Ao atribuirmos valores acima do mercado para bens materiais da nossa propriedade, além de **protegermos a autoestima**, ainda utilizamos um mecanismo motivacional conhecido como **Aversão à Perda**. Kahneman e Thaler, além de Amos Tversky, são alguns dos cientistas que descobriram que o **ser humano é mais motivado por não perder do que por ganhar**, fenômeno conhecido no mundo da ciência como **Teoria do Prospecto**. Vamos testar essa teoria rapidamente?

Qual das duas situações te faria mais feliz?

1. Você está andando na rua e acha uma nota de R$ 20,00

2. Você está andando na rua e acha uma nota de R$ 10,00. No dia seguinte, andando em uma rua diferente, você acha outra nota de R$ 10,00.

Qual das duas situações te faria menos triste?

1. Você está andando na rua e perde uma nota de R$ 20,00

2. Você está andando na rua e perde uma nota de R$ 10,00. No dia seguinte, andando em uma rua diferente, você perde outra nota de R$ 10,00.

Se você respondeu "2" na primeira pergunta e "1" na segunda, parabéns, você é um ser humano altamente avesso à perda. Perceba que nosso desejo é que **coisas boas aconteçam aos poucos** conosco, como encontrar uma nota de R$ 10,00 por dois dias seguidos. No entanto, queremos ser atingidos por **situações desagradáveis de uma vez só**, rapidamente. Os cálculos de Kahneman e Tversky indicam que perdas têm o **dobro de peso** emocional em relação a ganhos.

Quando possuímos algo e precisamos vender, um **sentimento de perda é ativado** e, como detestamos perder, atribuímos um valor de venda **maior do que seria razoável** na visão do mercado. Já quando vamos comprar um item, o sentimento é de ganho, resultando em uma motivação menor do que nas oportunidades em que podemos perder um bem material.

Para você se livrar da influência desses vieses, existem dois caminhos. O cientista da Universidade de Chicago, John List, descobriu em um estudo que envolvia colecionadores de itens raros, que aqueles profissionais que tinham **grande experiência de mercado** não se tornavam vítimas do Efeito de Posse, ou seja, eles não atribuíam valores acima do mercado aos produtos que gostariam de vender. Portanto, tornar-se um expert em seu mercado ou fazer uma extensa pesquisa em mercados que você não conhece, pode fazer com que evite o acúmulo de teias de aranha no produto que deseja vender.

O segundo caminho é ainda mais interessante. Digamos que você comprou uma garrafa de vinho argentino há cinco anos por R$ 100,00 e recentemente descobriu que esse rótulo foi eleito como o melhor de sua categoria em um concurso de prestígio, o que fez com que o preço da garrafa valorizasse absurdamente para R$ 1.500,00.

Se um amigo seu, amante de vinhos, oferecer R$ 1.300,00 pela garrafa, você deve ou não a vender?

Apesar de você ser automaticamente influenciado pelo Efeito da Posse e Aversão à Perda, a pergunta que deve fazer para determinar se venderá ou não a garrafa é a seguinte: **pelo preço de R$ 1.300,00, eu escolheria comprar essa garrafa de vinho hoje?** Se você estivesse disposto a investir todo esse dinheiro **hoje** para comprar esse rótulo, **não venda a garrafa** e, se possível, aprecie o vinho! Mas se a resposta é não, indicando que você não compraria o vinho atualmente se ele custasse R$ 1.300,00, **faça uma contraproposta** ao seu amigo por R$ 1.450,00 e venda a garrafa. Sua racionalidade, e seu bolso, agradecerão!

REFERÊNCIAS

Kahneman, D., Knetsch, J. L., & Thaler, R. H. (1990). Experimental tests of the endowment effect and the Coase theorem. *Journal of political Economy*, 98(6), 1325-1348.

Thaler, R. (1980). Toward a positive theory of consumer choice. *Journal of economic behavior & organization*, 1(1), 39-60.

Kahneman, D., & Tversky, A. (1984). Choices, values, and frames. *American psychologist*, 39(4), 341.

Tversky, A., & Kahneman, D. (1992). Advances in prospect theory: Cumulative representation of uncertainty. *Journal of Risk and uncertainty*, 5, 297-323.

List, J. A. (2000). *The Effect of Market Experience on the WTA/WTP Disparity*: Evidence from a Field Experiment with Sports Memorabilia.

Aversão ao Algoritmo

"Posso seguir o GPS, ou você tem alguma preferência de caminho?", é uma pergunta frequentemente realizada por motoristas de aplicativo, assim que o cliente embarca em seu carro. E qual dessas opções você geralmente escolhe? Nos casos em que já estamos acostumados com um certo caminho, mas o GPS nos sugere outro que parece mais complicado, geralmente tendemos a ignorar a máquina e seguir o caminho que é mais familiar. Eu certamente já fiz isso muitas vezes. Será que essa é uma boa decisão? Quais são os fatores que fazem com que sigamos a nossa intuição ao invés do GPS, mesmo quando sabemos que o algoritmo tem um **poder de previsão infinitamente mais preciso** do que o humano, por possuir uma **visão em tempo real** de todos os acidentes, bloqueios e ruas congestionadas que podem fazer que cheguemos atrasados em nossos compromissos? Será que quando usamos nossa intuição, seguimos o caminho de nossa preferência e percebemos que o **GPS errou** em sua previsão, já que o trajeto que o algoritmo indicou como congestionado estava livre, passamos a **resistir às dicas da máquina?** E nos casos em que o próprio motorista do aplicativo não usa o GPS, indica um caminho de sua preferência e nos coloca em uma furada, passamos a **não confiar mais nos julgamentos de outros humanos?** E por último, nas situações em que **nós mesmos estamos dirigindo** e o GPS indica que nosso caminho usual está completamente congestionado, decidimos não confiar no algoritmo e seguimos pelo caminho de preferência, apenas para descobrir que nos demos mal e que o GPS tinha a razão, **passamos a deixar nossa intuição de lado e confiar mais no algoritmo?** Um grupo de cientistas decidiu testar hipóteses similares a essas e obteve descobertas nada menos do que relevadoras.

Cade Massey e seus colegas da Universidade da Pennsylvania fizeram os participantes de um estudo analisarem os currículos de candidatos a um programa de MBA e preverem o sucesso futuro desses possíveis alunos, como suas notas, prestígio da empresa em que trabalhariam depois da formatura e o sucesso no trabalho dois anos após a conclusão do curso. Esses alunos eram informados também que o setor de admissões da universidade havia desenvolvido um **modelo estatístico sofisticado – um algoritmo** – que previa o desempenho dos candidatos, baseado no desempenho de centenas de alunos que haviam passado pelo programa. Os participantes recebiam então descrições detalhadas de oito variáveis de desempenho dos alunos, como a média de notas, qualidade da entrevista, habilidades em redação, salário médio, nível de educação dos pais, entre outros.

Posteriormente, os participantes eram aleatoriamente distribuídos a quatro grupos diferentes. O primeiro grupo recebeu informações de 15 alunos que já haviam concluído o MBA e foram informados de que fariam suas previsões, receberiam um feedback sobre os resultados de suas previsões, viriam o algoritmo fazer uma previsão e finalmente, descobririam o desempenho verdadeiro do aluno. O segundo grupo recebeu as mesmas informações sobre os 15 ex-alunos, foram informados de que fariam suas previsões, receberiam um feedback sobre os resultados de suas previsões e descobririam o desempenho verdadeiro do aluno, ou seja, esse grupo de participantes não viria o algoritmo funcionar e consequentemente não teria ideia da precisão do mesmo em prever o desempenho dos alunos. O terceiro grupo somente via o algoritmo fazer uma previsão e depois recebia informações sobre o real desempenho do aluno. O quarto grupo, na condição de controle, não recebia feedback de suas previsões e nem via o algoritmo trabalhar. Resumindo, os grupos eram compostos da seguinte maneira:

- Grupo 1: Condição Humana e do Algoritmo
- Grupo 2: Condição Humana
- Grupo 3: Condição do Algoritmo
- Grupo 4: Controle (Sem intervenção)

Em seguida, os participantes fizeram as 15 previsões e receberam o feedback em cada uma delas. É a partir daqui que o estudo fica mais interessante: no segundo estágio do estudo, os cientistas informavam aos participantes que eles iriam fazer mais dez previsões com a possibilidade de ganhar USD 1,00 para cada acerto da performance real do aluno, com uma margem de até 5% de erro. Para analisar o impacto que conhecer a precisão de seus julgamentos em comparação com a precisão do algoritmo teve nas decisões futuras dos participantes, os cientistas deram a eles a possibilidade de escolher entre **o algoritmo ou suas intuições** nas próximas dez previsões. Após as previsões, os participantes responderam um questionário que avaliava sua confiança no algoritmo e em si mesmos, recebiam seus bônus (caso tivessem algo a receber) e respondiam outras perguntas demográficas.

Da mesma forma que previsões algorítmicas superam as previsões humanas no dia a dia, nesse experimento os cientistas calibraram o modelo estatístico para ter uma precisão de 53%, ou seja, as pessoas presenciavam o algoritmo errar em 47% das oportunidades. No entanto, nas previsões feitas pelos participantes, a taxa de acertos foi de apenas 16%. Isso significa que no decorrer do experimento, alguns participantes puderam perceber que apesar de errar quase a metade das previsões, o algoritmo ainda acertava exponencialmente mais do que eles, sendo **3,31 vezes** mais preciso. No entanto, em **todas as cinco variações do estudo** realizadas pelos cientistas, os participantes **preferiam confiar em si mesmos ao invés de deixar as previsões serem feitas pelo algoritmo**, o que os levou a um ganho financeiro significativamente **menor**. Incrivelmente, os participantes do Grupo 1, que presenciaram o algoritmo acertar 83% das previsões nos cinco estudos e posteriormente receberam feedback das falhas nas previsões humanas – sendo, portanto, os que deveriam confiar mais fortemente no algoritmo – eram os que tinham a **menor tendência em escolher o algoritmo** quando suas previsões valiam dinheiro.

E caso o algoritmo tivesse um **percentual superior aos meros 53% de acertos**, será que essa tendência mudaria? Surpreendentemente a resposta é não! Em uma das variações do estudo, os participantes assistiam o algoritmo alcançar uma **precisão de 92%** em seus julgamentos, mas, mesmo assim, eles preferiam confiar em si mesmos para fazer previsões futuras. Detalhe: nesse estudo, **os participantes cometiam entre 90% e 97% mais erros do que o algoritmo**, mas nem isso foi suficiente para que eles confiassem mais no modelo estatístico. Um fato curioso desse estudo foi que em uma das condições, ao invés de realizarem suas próprias previsões, os participantes presenciavam **outras pessoas** fazendo previsões, assim como observavam o algoritmo fazendo o mesmo. Tanto os humanos quanto o algoritmo erravam em algumas previsões, mas como no restante do estudo, os algoritmos sempre superavam os humanos. Mesmo assim, na etapa do experimento em que podiam ganhar dinheiro escolhendo usar o **algoritmo** ou as previsões de **outras pessoas**, os participantes **preferiam confiar em um terceiro** e não algoritmo. Isso significa que **observar o algoritmo errar diminui as chances de as pessoas confiarem no modelo estatístico** em oportunidades futuras, mas presenciar seus próprios erros ou os erros de um outro ser humano, **não diminui a confiança das pessoas em si mesmas ou em terceiros**. Essa tendência foi batizada pelos cientistas como **Aversão ao Algoritmo**. Por razão desse viés é que em algumas ocasiões nós preferimos usar o nosso caminho favorito ou confiar na intuição do motorista de aplicativo do que apostar em uma indicação de trajeto menos familiar vinda do GPS. Uma das conclusões dos cientistas foi a de que as pessoas são mais rápidas a abandonar um algoritmo após o presenciar cometendo um erro do que abandonar um humano quando ele comete um erro similar, **mesmo quando os erros humanos são maiores**.

Em 1954, décadas antes de algoritmos serem populares, o cientista Paul Meehl da Universidade de Minnesota chocou a comunidade científica com uma revisão de vinte estudos que comparou as previsões de uma fórmula estatística contra as previsões de experts em diversas áreas, revelando que **até os algoritmos mais simples superam de longe os julgamentos humanos**. Em um de seus estudos, Meehl comparou um **algoritmo** com as **previsões feitas por quatorze experts do setor da educação** sobre as notas futuras de diversos calouros. Os experts entrevistavam cada aluno por 45 minutos, tinham acesso as suas notas no segundo grau e aos resultados de diversos testes de aptidão. O algoritmo tinha acesso a uma quantidade bem mais limitada de dados: apenas as **notas do segundo grau** e os resultados de **um teste de aptidão** dos alunos. Mesmo assim, o algoritmo superou 11 dos 14 experts. Esse estudo relata outras falhas na cognição humana: a de que mais informações significa melhores decisões e a de que a intuição humana é mais precisa do que os dados – algo contrário ao que as evidências nos mostram. Recentemente, pesquisadores descobriram que algoritmos superam humanos em previsões como o tempo de permanência de pacientes em hospital, diagnóstico de doença cardíaca, longevidade de pacientes com câncer, compatibilidade de pais adotivos, avaliação de risco de crédito de clientes bancários, chances de sucesso de novos negócios e até no preço futuro de safras especiais de vinhos franceses.

Pouco mais de uma década depois de Meehl, os cientistas Paul Slovic, Paul Hoffman e Leonard Rorer da Universidade de Oregon deixaram a comunidade médica de cabelos em pé ao realizarem um estudo em que nove radiologistas deveriam analisar os exames de raio-x de 96 pacientes para detectar úlceras benignas ou malignas, usando uma escala que variava de "definitivamente maligna" até "definitivamente benigna." Sem o conhecimento dos médicos, os cientistas **duplicaram os exames de cada paciente** e os misturaram em uma única pilha a ser observada, sendo assim, os médicos deveriam diagnosticar a mesma úlcera **duas vezes**. Os resultados foram, no mínimo, preocupantes, já que os nove médicos **diagnosticavam as mesmas úlceras de forma completamente diferente**. Mas o pior ainda estava por vir, os cientistas descobriram que os médicos não concordavam nem consigo mesmos, já que ao analisar a mesma úlcera pela segunda vez, **todos eles** deram um diagnóstico diferente do primeiro. Um modelo estatístico desenvolvido pelos cientistas, que pesava de forma igual sete variáveis para analisar a gravidade da úlcera, superou não somente o grupo de médicos, mas também o **melhor entre esses profissionais**.

O lendário cientista Daniel Kahneman da Universidade de Princeton, nomeia como **Ruído** essa tendência de grupos de pessoas julgarem de maneiras diferentes o mesmo problema. Para entendermos com mais clareza a diferença entre Ruído e Viés, Kahneman pede para que imaginemos um alvo. Caso todos os dardos estejam **concentrados** em uma única região, longe do meio do círculo, o que nós temos é um **viés**. Já no caso de os dardos estarem **espalhados** por todo o alvo, majoritariamente distantes do meio do círculo, o que temos é um **ruído**.

Figura 19 – A diferença entre viés e ruído

Como você pode perceber ao longo dos capítulos, os julgamentos humanos são fortemente influenciados por vieses, algo que reforça a superioridade dos algoritmos, já que eles não sofrem esse tipo de influência. Além disso, as decisões humanas são suscetíveis a uma gama de emoções. O cientista Joseph Forgas, da University of New South Wales, por exemplo, descobriu que pessoas em **estado de felicidade** aceitam mais facilmente suas primeiras impressões de outros indivíduos sem as questionar, sendo mais vulneráveis a serem enganadas. Forgas também revelou que pessoas felizes se tornam vítimas de estereótipos mais facilmente, julgando mais positivamente uma redação atribuída a **um homem** do que a **mesma redação quando ela é atribuída a uma mulher**. Pessoas felizes deixam vieses afetarem seus pensamentos com mais frequência. Já o cientista Gordon Pennycook, da Cornell University, descobriu que, quando de bom humor, participantes de um estudo julgam frases sem sentido como "altamente reflexivas", revelando que pessoas felizes são menos aptas a detectar baboseiras e identificar informações falsas. Dois cientistas da Northeastern University trazem descobertas ainda mais preocupantes. Quando participantes precisam decidir o que fazer no "problema do bonde" – uma tarefa que ilustra que um bonde descontrolado irá matar cinco pessoas em uma estação, mas se uma pessoa mais pesada for empurrada na frente do veículo, ele mudará de direção e poupará cinco vidas – aquelas colocadas de bom humor antes da decisão têm chances **três vezes maiores** de dizer que empurrariam o homem pesado na frente do bonde: uma estatística contrária a maioria dos estudos envolvendo esse problema, em que as pessoas demonstram aversão em usar suas mãos para matar alguém.

Em um estudo com resultados perturbadores, cientistas da Universidade Ben-Gurion em Israel, e da Universidade Columbia nos Estados Unidos, analisaram 1.112 decisões de liberdade condicional realizadas por oito juízes durante 50 dias, em um período de 10 meses. Os pesquisadores queriam descobrir se o **horário do dia** influenciava as decisões dos juízes em negar ou aprovar a liberdade condicional dos prisioneiros, e foi aqui que os dados revelaram uma enorme surpresa. No geral, 64,2% dos pedidos de liberdade condicional eram **negados**, no entanto, logo depois dos intervalos do lanche da manhã e do almoço, a lógica se invertia e **aproximadamente 65% dos pedidos eram aprovados**.

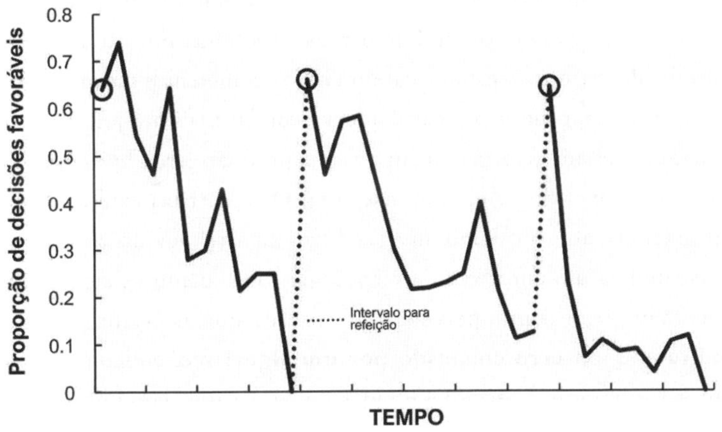

Figura 20 – Logo depois das refeições, os juízes concediam liberdade condicional com mais frequência para prisioneiros

Isso significa que o nível de glicose no sangue dos juízes influenciava suas decisões. Esse percentual se mantinha constante independentemente do **tempo de prisão que o detento já havia cumprido,** de seu gênero, raça e – assustadoramente – do tipo de crime que havia cometido: **peculato, assassinato, estupro, roubo ou agressão.**

O fato de especialistas altamente treinados e experientes cometerem erros causados por fatores que fogem de seu controle não é novidade nesse livro. Você deve se recordar dos estudos de Philip Tetlock da Universidade da Pennsylvania, apresentados no capítulo sobre o Viés do Retrospecto, em que o cientista acompanhou as previsões de quase 300 "experts" por 19 anos, em áreas como economia, política e relações internacionais, e descobriu que nas mais de 28 mil previsões analisadas, os "experts" acertavam em torno de 50% delas, o que significa que os acertos desses especialistas aconteciam por **pura sorte.**

Algoritmos, diferentemente de seres humanos, não ficam tristes ou felizes, não apresentam alterações em seu índice glicêmico, não ficam desmotivados quando seus times perdem, não ficam ofendidos com xingamentos, não caem em fake news, não se importam com a pigmentação da pele ou gênero das pessoas, não sofrem com insônia e muito menos são influenciados por manipuladores do mundo da política.

Voltando ao estudo de Cade Massey e seus colegas, os resultados revelaram que as pessoas preferem previsões feitas por humanos ao invés de algoritmos, mesmo quando ambos cometem o **mesmo erro**. Isso acontece porque as pessoas tendem a confiar mais nos julgamentos humanos e assim, são mais propensas a perdoar erros humanos do que erros cometidos por uma máquina. Os cientistas explicam que a resistência ao algoritmo muitas vezes ocorre devido à falta de transparência das empresas de tecnologia sobre como os algoritmos funcionam, bem como, pela maior facilidade que as pessoas têm em **lembrar de um erro cometido por um algoritmo**, em comparação com as lembranças de decisões erradas cometidas por seres humanos. É importante lembrar que o **desejo de manter uma imagem positiva de nós mesmos** também colabora com a Aversão ao Algoritmo.

Em sua próxima corrida de aplicativo, lembre-se: o algoritmo tem um nível de precisão muito acima do humano, superando até mesmo as pessoas com ampla experiência no trajeto que irão percorrer. Em um futuro muito próximo, você precisará confiar mais na IA não apenas no trânsito, mas também em suas decisões nas áreas de saúde, finanças, educação, marketing, recrutamento e seleção, detecção de fake news, análise de desempenho de funcionários, economia, vendas e investimentos. Com a evolução da IA e Machine Learning, será que em alguns anos os algoritmos irão conversar entre si para caçoar das decisões humanas? Teremos a chegada da **Aversão ao Humano?**

REFERÊNCIAS

Dietvorst, B. J., Simmons, J. P., & Massey, C. (2015). Algorithm aversion: people erroneously avoid algorithms after seeing them err. *Journal of experimental psychology: General*, 144(1), 114.

Meehl, P. E. (1954). *Clinical versus statistical prediction*: A theoretical analysis and a review of the evidence.

Kahneman, D. (2011). *Thinking, fast and slow.* Macmillan.

Hoffman, P. J., Slovic, P., & Rorer, L. G. (1968). An analysis-of-variance model for the assessment of configural cue utilization in clinical judgment. *Psychological bulletin*, 69(5), 338.

Kahneman, D., Sibony, O., & Sunstein, C. R. (2021). *Noise*: A flaw in human judgment. Hachette UK.

Forgas, J. P., & Bower, G. H. (1987). Mood effects on person-perception judgments. *Journal of personality and social psychology*, 53(1), 53.

Forgas, J. P. (2011). She just doesn't look like a philosopher...? Affective influences on the halo effect in impression formation. *European Journal of Social Psychology*, 41(7), 812-817.

Pennycook, G., Cheyne, J. A., Barr, N., Koehler, D. J., & Fugelsang, J. A. (2015). On the reception and detection of pseudo-profound bullshit. *Judgment and Decision making*, 10(6), 549-563.

Valdesolo, P., & DeSteno, D. (2006). Manipulations of emotional context shape moral judgment. *Psychological science*, 17(6), 476-477.

Danziger, S., Levav, J., & Avnaim-Pesso, L. (2011). Extraneous factors in judicial decisions. *Proceedings of the National Academy of Sciences*, 108(17), 6889-6892.

Tetlock, P. E. (2017). *Expert Political Judgment:* How Good Is It? How Can We Know?-New Edition. Princeton University Press.

Ilusão da Singularidade

Evidências científicas nem sempre apresentam resultados agradáveis a todos os públicos, e isso resulta em pessoas **criando justificativas** para manter suas crenças vivas, ao invés de **incorporando** novos conhecimentos que poderiam melhorar suas vidas. O curioso é que essa dificuldade em aceitar os resultados de estudos científicos, ou as opiniões de terceiros para tomar uma decisão, não acontece somente quando uma crença é desafiada, mas também, quando as pessoas sentem que a imagem que têm de si mesmas como **seres únicos e diferentes dos demais** é ameaçada.

Será que nossas decisões futuras devem levar a sério as experiências que **outras pessoas tiveram** nas mais variadas situações do dia a dia, como por exemplo, o que fez elas felizes, o que as motivou, o que as deixou tristes, os tipos de comidas que elas adoraram e até, as impressões que elas tiveram ao conhecer outra pessoa? Ou será que devemos esquecer o que as outras pessoas sentiram e seguir nossa intuição, já que somos diferentes delas? Os cientistas Dan Gilbert da Harvard, Tim Wilson da Universidade da Virginia e demais colegas, decidiram testar qual das abordagens nos traz informações mais confiáveis para tomarmos uma decisão futura. Em um primeiro experimento, mulheres deveriam **prever o quanto iriam gostar de um encontro relâmpago** de cinco minutos com um homem. No começo de cada sessão, o homem era levado até a sala onde o encontro relâmpago iria acontecer, mas, antes de encontrar com a mulher, ele preenchia uma ficha descrevendo suas características pessoais, como nome, idade, cidade de nascimento e peso, bem como seus filmes, livros, esportes, comidas, músicas e locais favoritos. Os cientistas também tiravam uma foto do homem e a anexavam à sua ficha. Em seguida, uma mulher era levada até a sala do encontro relâmpago, onde ela conversava sozinha com o homem durante cinco minutos. Passado o encontro, a mulher era direcionada para outra sala onde ela deveria marcar em uma linha de 100mm, como a ilustrada abaixo, o quanto ela tinha gostado do encontro com o rapaz.

NEM UM POUCO MUITO

Figura 21 – Linha para as participantes indicarem o quanto haviam gostado do encontro com o rapaz

O local na linha em que a participante marcava o quanto havia gostado do encontro foi nomeado como seu **relatório afetivo**. No próximo passo do experimento, um grupo de mulheres recebia o **relatório afetivo** da primeira mulher, enquanto outras recebiam a **ficha de características pessoais** que o homem havia preenchido, ou seja, o primeiro grupo de mulheres recebia informações sobre como **uma outra mulher havia se sentido** no encontro com o homem, e o segundo recebia apenas as **informações descritivas do homem**. Com esses dados, as mulheres tinham como tarefa **prever** o quanto acreditavam que iriam gostar do encontro relâmpago com o homem, marcando um traço na linha de 100mm. Essa previsão foi nomeada pelos pesquisadores como **previsão afetiva**. Logo após fazer essa previsão, as mulheres recebiam a outra informação que lhes faltava, ou seja, as mulheres que haviam recebido apenas as informações da **ficha de características pessoais** do homem, recebiam o **relatório afetivo** da outra mulher, e vice-versa. Finalmente, as mulheres eram encaminhadas a uma sala para fazer o encontro relâmpago com o homem, e depois marcavam na linha o quando haviam gostado do encontro. Essa marcação foi nomeada como o **relatório afetivo da segunda mulher**. Esse grupo de mulheres também deveria informar aos cientistas qual informação elas acreditavam que havia sido mais útil para a sua previsão, a **ficha de características pessoais do homem** ou o **relatório afetivo** de outra mulher.

Ao calcular a diferença entre a **previsão afetiva** e o **relatório afetivo** das mulheres, ou seja, como elas **acreditavam que se sentiriam** no encontro subtraído de como elas **efetivamente se sentiram** após o encontro, os cientistas descobriram que as mulheres foram mais precisas sobre a sua satisfação quando usavam as informações do **relatório afetivo da primeira mulher,** sendo que a diferença entre as marcações das linhas foi de apenas 8,70mm (Previsão - Realidade). Aquelas que previram sua satisfação futura usando a ficha de características pessoais do homem, obtiveram uma diferença de 10,79mm em suas marcações na linha, o que significa que o erro entre **previsão** e **realidade** foi significativamente maior. Usar a informação dos **sentimentos de outra mulher** para prever **seus próprios sentimentos** reduziu o erro de previsão em 49%, um ganho extremamente considerável. No entanto, o que chocou os cientistas foi o fato de que **75% das mulheres** acreditavam que a **ficha de características pessoais** do homem foi **mais útil** para a sua decisão e **84% delas** reportaram que a ficha as ajudaria a tomar melhores decisões sobre futuros encontros com outros homens.

As descobertas desse experimento demonstram que as simulações que fazemos em nossas cabeças sobre como nos sentiremos em encontros com potenciais parceiros amorosos ou em outras situações do dia a dia são muito menos precisas do que as opiniões de outras pessoas que já passaram pelas mesmas situações.

Em uma conversa por e-mail que tive com Dan Gilbert, um dos cientistas envolvidos nesse estudo, ele me informou que os pesquisadores não deram um nome oficial para esse viés, mas acredita que **Ilusão da Singularidade** seja uma boa opção. Gilbert e seus colegas avaliam que as pessoas têm resistência em usar as **experiências passadas** de outros indivíduos para prever o que acontecerá com elas em **experiências futuras** pela necessidade de se enxergarem como seres únicos – **singulares** – com necessidades, motivações, preferências e sentimentos diferentes dos demais. Essa necessidade já foi explorada em um capítulo anterior, quando apresentei o **Viés dos Incentivos Externos**, em que o cientista Chip Heath da Stanford descobriu que as pessoas acreditam ser motivadas por princípios diferentes (e mais nobres) do que as demais. Realmente, as pessoas são singulares em algumas características, mas como Gilbert ilustrou na conversa que tivemos, a maioria das pessoas prefere chocolate ao invés de aveia, assim como passar um final de semana em Paris do que fazer uma cirurgia na bexiga e, portanto, também são **similares** em outras características.

Gilbert, Wilson e os demais cientistas acreditam que existem pelo menos duas razões pelas quais as reações emocionais das pessoas em situações corriqueiras não são tão diferentes quanto elas imaginam.

Primeiramente, porque essas reações são produzidas por **mecanismos fisiológicos evolucionários**, fazendo com que as pessoas tenham **reações muito similares** a uma vasta quantidade de estímulos, apesar de terem diferentes opiniões, crenças e culturas. A maioria das pessoas prefere a paz a guerra, calor ao frio, ganhar a perder e assim por diante. Em segundo lugar, um grande corpo de evidências científicas revela que as pessoas tendem a ser amigas, casar-se, trabalhar e morar perto de **indivíduos com preferências similares**, dessa forma, as experiências passadas daqueles que vivem nos **mesmos círculos sociais** têm uma probabilidade maior de provocar os **mesmos sentimentos** na maioria dos indivíduos, sendo um ótimo preditor de como nos sentiremos futuramente ao passar pelas mesmas situações.

Em sala de aula, frequentemente meus alunos afirmam que se comportariam de forma diferente das pessoas de um experimento científico, principalmente quando o estudo apresenta resultados contrários as suas crenças. No entanto, muitos experimentos científicos são conduzidos justamente com **alunos de graduação e pós-graduação**, servindo perfeitamente como exemplos de como eles deveriam se comportar no presente e no futuro para obter os resultados que necessitam. A necessidade de se sentir singular faz com que muitos dos meus alunos **deixem de absorver novos aprendizados** e assim, comportem-se de maneira contrária aos seus melhores interesses. Uma das disciplinas mais polêmicas que eu ministro em universidades, por mais contraditório que possa soar, chama-se "A Ciência da Felicidade," em que eu conduzo os alunos por décadas de estudos científicos que revelam as ações que podemos tomar para sermos mais felizes, assim como as estratégias que as empresas podem utilizar para construir ambientes de trabalho que geram bem-estar aos colaboradores. Na disciplina, eu demonstro evidências, por exemplo, do cientista Mike Norton da Harvard, que descobriu que nós **ficamos mais felizes quando gastamos dinheiro com outras pessoas**, em comparação com as oportunidades em que gastamos dinheiro com nós mesmos. Muitos alunos custam a acreditar que os participantes desses experimentos ficaram mais felizes comprando presentes para outras pessoas do que comprando para si mesmos, da mesma forma que as participantes do experimento de Gilbert e Wilson não acreditavam que os sentimentos que uma outra mulher teve após um encontro relâmpago com um homem poderiam prever como elas mesmas se sentiriam ao flertar com o **mesmo rapaz**. Ao dar de ombros para como participantes de um estudo se sentiram ao realizar ações como doar dinheiro para a caridade, expressar sua gratidão, ajudar aos outros e puxar conversa com desconhecidos, alguns dos meus alunos perdem uma grande oportunidade de viver uma vida mais satisfatória apenas para sentirem que são **singulares**. Outra desculpa que as pessoas usam para desconsiderar o comportamento de participantes de um estudo científico, é afirmar que como o estudo foi feito nos Estados Unidos (ou outro país) ele não é válido em nosso país pois as culturas são diferentes. No entanto, a metodologia científica mede essas diferenças culturais em muitos dos experimentos e tem como principal trunfo o fato de que as pessoas de cada grupo são escolhidas **aleatoriamente**, o que cancela estatisticamente as diferenças de gênero, idade, cultura, nacionalidade, religião, entre outras variáveis.

Gilbert finalizou nossa conversa parafraseando Winston Churchill, que disse em certa oportunidade: "A democracia é a pior forma de governo, exceto por todas as outras." Na visão de Gilbert, as experiências passadas de outras pessoas são a pior forma de prever como nos sentiremos futuramente, **exceto por todas as outras.**

REFERÊNCIAS

Gilbert, D. T., Killingsworth, M. A., Eyre, R. N., & Wilson, T. D. (2009). The surprising power of neighborly advice. *Science*, 323(5921), 1617-1619.

Heath, C. (1999). On the social psychology of agency relationships: Lay theories of motivation overemphasize extrinsic incentives. *Organizational Behavior and Human Decision Processes*, 78(1), 25-62.

Dunn, E. W., Aknin, L. B., & Norton, M. I. (2008). Spending money on others promotes happiness. *Science*, 319(5870), 1687-1688.

Dunn, E. W., Aknin, L. B., & Norton, M. I. (2014). Prosocial spending and happiness: Using money to benefit others pays off. *Current directions in psychological science*, 23(1), 41-47.

Teoria da Autopercepção

Muitas pessoas acreditam que são as nossas **crenças** que comandam nossos **comportamentos**, mas uma variedade de estudos demonstra também o contrário: nossas **ações** determinam nossas crenças! O influente cientista da Stanford, Daryl Bem, demonstra que **acreditamos naquilo que fazemos**. Em um experimento, Bem selecionou participantes que na primeira etapa do estudo deveriam **julgar se algumas revistas em quadrinhos eram engraçadas, neutras ou sem graça.** Na segunda etapa, o cientista afirmava a cada participante que ele ou ela iria ajudar a equipe de pesquisa a **preparar o material** de estímulo para um experimento científico que iria acontecer nos próximos dias, para isso, eles deveriam **gravar suas vozes** em uma fita cassete que seria usada no experimento. Em seguida o cientista mostrava ao participante uma revista em quadrinhos a qual o ele previamente havia julgado como "neutra" e pedia para ele falar em voz alta para o gravador: **"esses quadrinhos são muito engraçados."** A última parte do experimento consistia na **reavaliação** dos quadrinhos por parte dos participantes. Como você pode imaginar, **após** gravarem suas vozes afirmando que a revista era muito engraçada, os participantes avaliavam a revista mais positivamente na **segunda oportunidade**.

Nossas ações têm o poder de mudar nossas crenças.

Em um estudo publicado cinco anos mais tarde do que o das revistas em quadrinhos, estudantes da Universidade Carnegie Mellon foram recrutados por Daryl Bem para opinar na seguinte questão: **Quanto de controle os estudantes deveriam ter sobre os tipos de disciplinas ofertadas pela universidade?** Para expressar sua opinião, os alunos deveriam fazer uma marcação em uma linha similar à ilustrada abaixo.

SEM CONTROLE — CONTROLE COMPLETO

Figura 22 – Linha para os participantes indicarem o quanto de controle os estudantes deveriam ter sobre os tipos de disciplina ofertados pela universidade

Nessas condições, 90% dos alunos realizaram uma marcação mais à direita da linha, indicando uma tendência a desejar mais controle sobre as disciplinas ofertadas pela universidade. O próximo passo do estudo consistia em separar os estudantes em dois grupos com condições diferentes. A metade dos participantes do primeiro grupo recebeu as seguintes instruções:

Na folha de papel anexa, você deve escrever uma redação de uma página que argumenta de forma mais convincente possível que "os alunos deveriam ter **muito pouco controle** sobre os tipos de disciplinas ofertadas pela universidade."

Já os demais estudantes do primeiro grupo, recebiam as instruções com uma pequena mudança:

> Na folha de papel anexa, você deve escrever uma redação de uma página que argumenta de forma mais convincente possível que "os alunos deveriam ter **nenhum controle** sobre os tipos de disciplinas ofertadas pela universidade."

Notou a diferença? Esse primeiro grupo foi nomeado pelos cientistas como **Grupo Sem Escolha.**

Para os participantes do segundo grupo, as condições foram muito menos forçadas do que as do primeiro. As instruções foram as seguintes:

Na folha de papel anexa, você deve escrever uma redação argumentando que os alunos deveriam ter controle completo sobre os tipos de disciplinas ofertadas pela universidade **OU** uma redação argumentando que os alunos deveriam ter muito pouco ou nenhum controle completo sobre os tipos de disciplinas ofertadas pela universidade. A escolha é sua.

Esse grupo foi nomeado como **"Grupo Com Escolha."** No entanto, os cientistas reservaram um truque para esses participantes, tirando um pouco o seu sentimento de escolha. Entre a folha de instruções e a folha em branco em que deveriam escrever a redação, uma página adicional foi inserida com as seguintes informações:

Nesse momento, descobrimos que temos argumentos "pró-controle" suficientes e temos a necessidade de ter também argumentos "anti-controle." Portanto nessa sessão nós agradeceríamos se o máximo de alunos pudesse escrever redações de uma página que argumentassem pelo ponto de vista de que "os alunos deveriam ter muito pouco ou nenhum controle sobre os tipos de disciplinas ofertadas pela universidade." Muito obrigado.

Após terminarem as redações, a **metade** dos alunos de ambos os grupos eram instruídos a dar uma **opinião final** sobre o assunto do controle das disciplinas ofertadas, marcando novamente suas posições em uma linha. **Será que as novas marcações seriam diferentes das primeiras?**

Já a outra metade era instruída a **lembrar** em que parte da linha havia feito a marcação, fazendo uma nova marcação da linha. Será que os alunos lembrariam com boa precisão onde haviam feito suas primeiras marcações? Ou será que as segundas marcações seriam distintas das primeiras?

Esses alunos também eram instruídos a dar sua **opinião final** sobre o assunto, bem como, indicar o quão livres sentiram-se para escolher a posição em que iriam argumentar a favor em suas redações. Finalmente, todos os participantes indicavam se tinham ou não percebido alguma mudança em suas atitudes sobre o assunto discutido.

Os resultados indicaram que as **posições iniciais** de ambos os grupos sobre o assunto eram muito parecidas. A linha em que os participantes faziam suas marcações continha 61 pontos – similares a uma régua – e, nesse caso, os dois grupos marcavam entre os pontos 36 e 37, ou seja, acima da média. No entanto, ao fazer uma nova marcação na linha para dar suas **opiniões finais** sobre o assunto no encerramento do experimento, o grupo **sem escolha** teve uma mudança de opinião correspondente a 2,8 pontos **a menos** do que suas posições iniciais. A grande surpresa foi a de que o **grupo com escolha** teve uma mudança de opinião de massivos **9,3 pontos a menos** na escala. Isso significa que ao acreditar "ter uma escolha", mas ser instruído a escrever uma redação sugerindo que os alunos deveriam ter **menos controle**, fez com que as opiniões finais dos participantes mudassem radicalmente **na direção do que haviam escrito.** Esse fato releva que **após** escreverem que os alunos deveriam ter menos controle, os participantes passaram a **acreditar** que suas redações foram escritas por vontade própria, que ninguém os forçou a mudar de posição e assim, eles se tornaram **mais favoráveis** ao que escreveram.

Interessante também é a descoberta de que ao tentar **lembrar de suas posições iniciais,** fazendo uma segunda marcação na linha, os participantes do **grupo com escolha marcavam** na escala uma posição que correspondia a **9,7 pontos a menos** em comparação com sua marcação inicial. O erro do **grupo sem escolha** foi menor, correspondente a 3,2 pontos a menos. Surpreendentemente, os participantes que foram levados a crer que tinham escolha, ou seja, que **foram manipulados a acreditar que tudo o que escreveram era sua vontade própria**, passaram a se iludir de que suas posições iniciais sobre o assunto **já eram menos favoráveis** a dar liberdade aos alunos na escolha das disciplinas da universidade. Resumindo: os participantes mudaram significativamente de opinião, mas **acreditavam não ter mudado**.

Depois de diversos estudos similares a este, Bem nomeou sua descoberta como **Teoria da Autopercepção**, demonstrando que formamos crenças sobre nós mesmos **após** nossos atos. **Depois** de escrever uma redação argumentando que alunos deveriam ter pouco controle sobre os tipos de disciplina ofertadas por uma universidade, os participantes do estudo começam a pensar: "se eu escrevi que os alunos não devem ter controle sobre as disciplinas na universidade, isso significa que eu sou mais favorável a universidade fazer essa escolha para os alunos." **Depois** de doar dinheiro para igreja, você começa a refletir: "uau, se eu doei dinheiro para a igreja isto significa que sou bondoso!" **Após** ajudar um colega no trabalho, você imagina: "nossa, se eu ajudei aquele colega isto quer dizer que eu gosto de colaborar com os outros." Quando você **vota** em um candidato conservador, você pensa: "se eu votei neste político isto significa que me importo com os valores da família."

Fazer é acreditar. Escrever é acreditar. Votar é acreditar.

Ao conhecer os experimentos ilustrados até aqui, você pode estar inclinado em classificar esse viés como algo negativo, mas não se precipite: a **Teoria da Autopercepção** pode trazer mudanças muito boas. O cientista Tim Wilson da Universidade da Virgínia, explica que a imagem que as pessoas criam de si mesmas **após** certos comportamentos, pode ter consequências positivas e duradouras. Quando adolescentes com alto risco de gravidez foram colocadas para fazer serviços à comunidade, como por exemplo, ajudar idosos em uma casa de repouso, o risco de gravidez caiu 50% em comparação com as meninas que não participaram de tais serviços. **Após** ajudar os idosos, as adolescentes passaram a **gerar** uma imagem de si mesmas como bondosas, disciplinadas, úteis e peças valiosas de suas comunidades. Isso fez com que a narrativa que as adolescentes criavam de si mesmas promovesse um ciclo virtuoso de mudanças boas e duradouras, afinal, cada vez que elas realizavam um serviço comunitário, havia um reforço positivo em sua imagem, gerando mais engajamento e uma mudança significativa de longo prazo. Wilson nomeia esse fenômeno como Princípio do "faça o bem, seja o bem."

Aristóteles sugeriu que as pessoas adquirem virtudes **depois** de terem as colocado em ação. "Nos tornamos justos por praticar atos de justiça, autocontrolados por exercitar o autocontrole, e corajosos por performar atos de coragem.

Para **ser** alguém melhor, você primeiramente deve **fazer** algo que o traga esse sentimento. Lembre-se: **suas atitudes moldam suas crenças.**

REFERÊNCIAS

Bem, D. J. (1965). An experimental analysis of self-persuasion. *Journal of Experimental Social Psychology*.

Bem, D. J., & McConnell, H. K. (1970). Testing the self-perception explanation of dissonance phenomena: on the salience of premanipulation attitudes. *Journal of personality and social psychology*, 14(1), 23.

Bem, D. J. (1972). Self-perception theory. In *Advances in experimental social psychology* (Vol. 6, pp. 1-62). Academic Press.

Wilson, T. (2011). *Redirect*: The surprising new science of psychological change. Penguin UK.

Licenciamento Moral

Imagine a seguinte situação: uma pessoa acabou de te dar uma fechada no trânsito e você, carregado de raiva, buzina longamente e xinga o outro motorista em voz alta por vinte segundos. Curiosamente, alguns minutos **antes** você ajudou uma senhora de idade a atravessar uma rua movimentada. Se antes de fazer algo ruim, você fez algo bom, existe alguma falha na Teoria da Autopercepção ou no Princípio do Faça o Bem, Seja o Bem?

No início dos anos 2000, Benoît Monin e Dale Miller da Universidade de Princeton resolveram investigar esse fenômeno e, para isso, recrutaram 202 alunos da universidade para um experimento. Os participantes, homens e mulheres, eram inicialmente solicitados a preencher uma pesquisa em que deveriam indicar se certas afirmações eram **certas ou erradas**.

O primeiro grupo de participantes analisava as seguintes afirmações:

Algumas mulheres são mais úteis em casa cuidando das crianças.
Homens são mais emocionalmente adequados para a política dos que algumas mulheres.
O melhor trabalho para algumas mulheres é algo como cozinheira, enfermeira ou professora.
Algumas mulheres precisam de um homem para a proteger.
Algumas mulheres não são muito espertas.

Já o segundo grupo recebia as afirmações com uma pequena mudança:

A maioria das mulheres são mais úteis em casa cuidando das crianças.

Homens são mais emocionalmente adequados para a política dos que a maioria mulheres.
O melhor trabalho para a maioria das mulheres é algo como cozinheira, enfermeira ou professora.
A maioria das mulheres precisam de um homem para a proteger.
A maioria das mulheres não são muito espertas.

Conseguiu perceber a sutil diferença? A hipótese dos cientistas era a de que os participantes classificariam mais frequentemente como **erradas** as frases que continham a expressão "a maioria", criando assim uma imagem de si mesmos como **não sexistas**. Essa hipótese foi confirmada em um teste subsequente.

Finalizada essa tarefa, o próximo passo do experimento era fazer os participantes avaliarem o seguinte caso:

> Imagine que você é o gerente de uma pequena empresa fabricante de cimento (45 pessoas) em New Jersey. O ano passado foi particularmente bom, e depois de investir no aumento da capacidade produtiva da sua fábrica, você decidiu que seria vantajoso procurar clientes em outros estados para aumentar seus negócios. Pela razão de não poder passar muito tempo fora da fábrica, você decidiu nomear alguém para visitar potenciais clientes e negociar contratos. Esse mercado é altamente especializado e o trabalho vai majoritariamente consistir no deslocamento de uma construção para outra, estabelecendo contatos com empreiteiros e construtoras. O mercado também é altamente competitivo, portanto, negociar será difícil em alguns períodos. Finalmente, o mercado é altamente técnico e um representante que não transmita confiança em suas habilidades técnicas não será levado a sério por potenciais clientes. Descobrindo o quão útil esse profissional seria para a sua empresa, você decide dar a esse funcionário um dos cinco maiores salários da companhia.

Você acha que esse trabalho é mais adequado para um gênero ao invés de outro?

Como você pode perceber, o texto ilustra um cenário de trabalho tipicamente masculino e os cientistas, intencionalmente, colocaram termos como "empreiteiro" para fazer com que os participantes acreditassem que o trabalho era mais adequado para um homem.

A pergunta que não quer calar é a seguinte: será que os homens que classificaram a maioria das afirmações iniciais como **erradas**, e assim criaram uma imagem de si mesmos como **não sexistas**, teriam maior probabilidade de indicar um homem ou uma mulher para o trabalho na empresa de cimento? Como você pode observar no gráfico abaixo, os participantes homens que foram levados a sentir que não eram sexistas tinham uma probabilidade significativamente maior de indicar um **homem** para o emprego quando comparados com os participantes homens que não foram levados sentir-se não sexistas ou com as participantes mulheres.

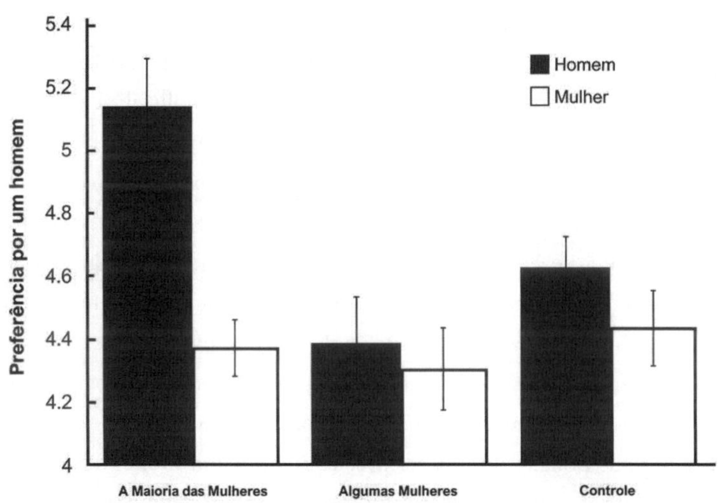

Figura 23 – Depois de sentirem que não eram sexistas, homens tinham uma probabilidade maior de indicar outro homem para uma vage de emprego

Benoît e Miller nomearam esse fenômeno como **Licenciamento Moral**, revelando que um comportamento inicial socialmente adequado credencia as pessoas a se comportarem de forma socialmente **inadequada** posteriormente. Parece que os participantes do estudo, ao sentirem que **não eram preconceituosos** com mulheres, ganharam **créditos morais** que os habilitaram a se comportar de forma machista alguns minutos mais tarde.

Quinze anos depois de Benoît e Miller, os cientistas Jessica Cascio e E. Ashby Plant da Florida State University descobriram que não necessariamente precisamos **agir** de forma socialmente aceita para nos credenciarmos moralmente a um comportamento inadequado no futuro, já que apenas **pensar** em uma ação positiva já causa esse efeito. Os participantes desse estudo eram perguntados logo na entrada do laboratório se gostariam de participar de um programa voluntário de arrecadação para a Cruz Vermelha. Os cientistas explicavam para os participantes que o programa consistia nos voluntários **deixarem de fazer uma ou duas refeições durante o evento**, sendo que o valor das refeições e dos alimentos não utilizados pelos participantes seriam doados para a Cruz Vermelha. Aqueles que concordavam em participar da campanha, informavam seus **endereços de e-mail** para os cientistas para contato futuro. Logo em seguida, os participantes que concordavam com o pedido deveriam realizar uma atividade similar a do experimento de Monin e Miller, simulando ser chefes de polícia em uma cidade pequena com a tarefa de contratar um novo policial. A descrição da atividade enfatizava aos participantes que a população da cidade era majoritariamente branca e preconceituosa, assim, o departamento de polícia poderia ser um ambiente de trabalho hostil para agentes negros. Dessa forma, os participantes deveriam indicar se o novo policial deveria ser **branco ou negro**, usando uma escala de 1 (muito melhor que seja um negro) a 7 (muito melhor que seja um branco). Confirmando a hipótese dos cientistas, os participantes que se demonstraram interessados em participar de uma campanha social no futuro tinham uma probabilidade maior de afirmar que a vaga de policial deveria ser preenchida por um indivíduo **branco,** em comparação com os participantes que não foram perguntados sobre a participação de um programa de voluntariado. Isso significa que a simples **projeção futura** de um comportamento social positivo **credencia as pessoas moralmente** a agirem de forma discriminatória logo em seguida.

Em um experimento novo, os cientistas perguntaram a alguns participantes se eles topariam participar de uma campanha de doação de sangue e em seguida, as pessoas deveriam completar um questionário que media o nível de preconceito deles com negros. Repetindo os resultados dos estudos anteriores, as pessoas que concordaram em participar de uma campanha futura de doação de sangue tinham maior probabilidade de **concordar** com frases como "Geralmente, negros não são tão espertos como os brancos," e de **discordar** de afirmações como "Se um negro fosse colocado como meu superior no trabalho, eu não me importaria em ser aconselhado e direcionado por ele." O gráfico abaixo ilustra com clareza a diferença no nível de racismo dos participantes que se comprometeram em participar de uma campanha social no futuro em comparação com os participantes que não foram levados a se sentir bondosos.

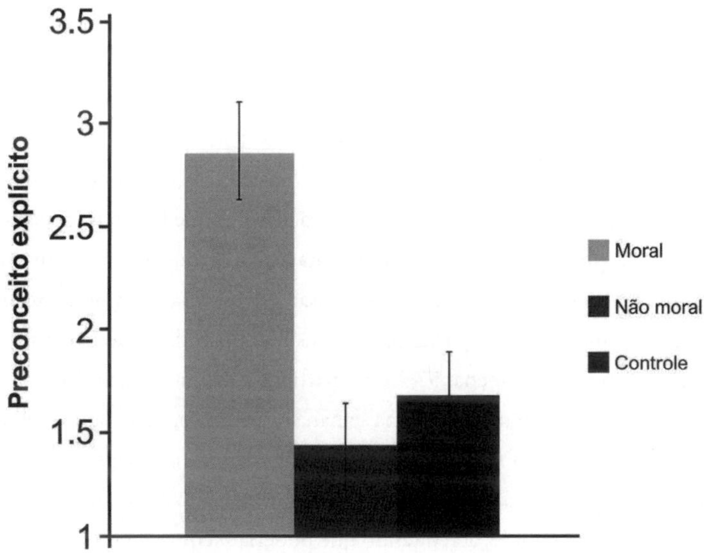

Figura 24 – Após o sentimento de que não são prenconceituosas, as pessoas ganham créditos morais para fazer escolhas discriminiatórias

Seria o Licenciamento Moral o Princípio do Faça (ou Pense) o Bem, Faça o Mal?

Outras evidências ainda apontam que o Licenciamento Moral não ocorre apenas em situações de sexismo e racismo, mas também em outras esferas de nossas vidas. Uzma Khan e Ravi Dhar, cientistas da Yale, descobriram que participantes incentivados a imaginar que haviam ministrado aulas para crianças em um abrigo para moradores de rua tinham mais chances de afirmar logo em seguida que comprariam uma calça jeans de luxo ao invés de um aspirador de pó. Logo após terem um sentimento nobre, 57,4% dos participantes escolhiam o item de luxo (calça jeans designer) ao invés de um item que atende uma necessidade básica (aspirador de pó), quando os dois itens custam o **mesmo preço**. Nesse estudo, apenas 27,7% dos participantes que não foram incentivados a imaginar si mesmos realizando um ato de caridade escolhiam a calça. Em um novo estudo, Khan e Dhar revelaram que voluntários para uma pesquisa científica que duraria duas semanas tinham uma probabilidade maior de escolher como prêmio para o final de semana o empréstimo de um filme "pastelão" ao invés de um filme de alto nível, quando comparados com participantes que foram informados de que a pesquisa duraria apenas **uma semana**. Os dados demonstram que quando cientes de que poderiam compensar sua escolha ruim no próximo final de semana, 80% dos participantes escolheram o filme de baixo nível imediatamente, contra apenas 57,7% dos participantes que foram informados que a pesquisa iria durar apenas uma semana e, portanto, poderiam escolher apenas um filme. No mesmo sentido, 83,3% dos voluntários para uma pesquisa com duração de suas semanas preferiam escolher inicialmente como prêmio um **cookie**, acreditando que poderiam compensar na próxima semana escolhendo um **iogurte desnatado**. Ou seja, logo depois de saber que poderiam escolher uma guloseima **saudável para o futuro**, os participantes tinham uma probabilidade maior de escolher uma guloseima repleta de **açúcar** no **presente**. Sim – você não é a única pessoa que acredita que pedir um **suco de uva** vai compensar o dano causado por um hamburger lotado de bacon e uma batata frita enxarcada em óleo de um restaurante de fast food.

Lembre-se: existe uma tendência humana em acreditar que no futuro podemos compensar nossas péssimas escolhas do presente. No entanto, **o futuro logo se torna o presente** e, no presente, novamente tomamos uma decisão péssima acreditando que iremos a compensar futuramente. Essa tendência foi nomeada como **Viés do Presente**. Uma forma melhor de encarar a vida é imaginar que nossas escolhas presentes não podem ser compensadas no futuro? Você não neutraliza os efeitos de um cigarro imaginando que irá correr no parque no final de semana e muito menos, compensa os danos de um sundae duplo de chocolate projetando que irá para a academia no dia seguinte. Cuidado!

REFERÊNCIAS

Monin, B., & Miller, D. T. (2001). Moral credentials and the expression of prejudice. *Journal of personality and social psychology*, 81(1), 33.

Cascio, J., & Plant, E. A. (2015). Prospective moral licensing: Does anticipating doing good later allow you to be bad now?. *Journal of Experimental Social Psychology*, 56, 110-116.

Khan, U., & Dhar, R. (2006). Licensing effect in consumer choice. *Journal of marketing research*, 43(2), 259-266.

Khan, U., & Dhar, R. (2007). Where there is a way, is there a will? The effect of future choices on self-control. *Journal of Experimental Psychology: General*, 136(2), 277.

O'Donoghue, T., & Rabin, M. (2015). Present bias: Lessons learned and to be learned. *American Economic Review*, 105(5), 273-279.

Viés do Autointeresse

É possível que exista um único viés que **englobe quase todos os apresentados** até aqui? Como sabemos, uma das maiores motivações para o ser humano é **manter uma imagem positiva de si mesmo**. Todos nós queremos acreditar que somos **honestos, gentis, inteligentes, habilidosos, racionais, bondosos, ponderados, precisos, competentes, atraentes e bons decisores**. Além disso, décadas de pesquisas apontam que acreditamos ser **melhores do que as outras pessoas** nas mais diversas áreas. Conjuntamente, esses fenômenos deram origem ao **Viés do Auto Interesse** ou **Viés do Egocentrismo**, a tendência do nosso cérebro em fazer acrobacias para que continuemos com uma imagem superior de nós mesmos.

Em um estudo pioneiro, o cientista Mark Alicke e seus colegas pediram para um grupo de pessoas indicarem usando uma escala entre 0 e 8, como quarenta características de sua personalidade (vinte positivas e vinte negativas) eram **comparadas com as das outras pessoas**, em média. Como acreditavam ser os participantes em características como **cooperação, lealdade e disciplina** quando comparados com a média da população? E como seriam estas comparações quando o que estava sendo avaliado era a **falsidade, desonestidade e irresponsabilidade**?

Incrivelmente, as pessoas acreditavam ter características superiores em nada menos do que **38 das 40** características, demonstrando que o ser humano tem a falsa impressão de se **comportar melhor do que a maioria da população**, o que Alicke nomeou como **Efeito Melhor Que a Média** – um dos vieses englobados no Viés do Autointeresse. Em outro estudo, Alicke e seus colegas pediram para os participantes analisarem as chances de 24 eventos negativos acontecerem com elas em comparação com outras pessoas, entre elas, as chances de ter problemas de **alcoolismo**, tentar **suicídio**, ter um **ataque cardíaco** antes dos 40 anos de idade e pegar uma **doença sexualmente transmissível**. Os cientistas descobriram que em 19 dos 24 eventos, os participantes acreditavam ter **menos chances** do que a média de vir a sofrer com fatos negativos na vida.

Nos anos 1980, Alicke realizou um estudo extremamente influente, onde estudantes da Universidade da Carolina do Norte deveriam indicar como 154 traços de personalidade definiam a **eles mesmos**, bem como seus **colegas da universidade**, usando uma escala entre 1 e 7, tendo 1 como resposta "Nada característico comigo" e 7 "Muito característico comigo." Como nos estudos apresentados anteriormente, alguns traços de personalidade eram altamente **desejáveis**, como por exemplo **cooperativo, responsável e confiável**, enquanto outros eram altamente **indesejáveis**, como **preguiçoso, mentiroso e incompetente**. Seguindo um padrão não surpreendente a esta altura, quanto mais **desejáveis** eram os traços de personalidade, maiores as notas que os participantes davam **a eles mesmos** em comparação com as que davam a seus colegas da universidade. No entanto, quanto mais **indesejáveis** as características, **menores** as notas que os participantes davam a si mesmos e **maiores** as notas que atribuíam aos **outros estudantes**.

Resultados similares foram encontrados em outros estudos. O cientista Ola Svenson, da Universidade de Estocolmo, por exemplo, descobriu que participantes americanos e suecos julgavam **dirigir melhor** e de forma **mais segura** do que os demais participantes do estudo. Da amostra americana, 93% diziam ser mais habilidosos do que a maioria, enquanto 69% dos motoristas suecos afirmavam o mesmo. Quando o assunto era direção segura, 88% dos americanos e 77% dos suecos acreditavam dirigir de forma mais cuidadosa do que os demais. No geral, 67% dos participantes ranqueavam a si mesmos entre os **30% de motoristas mais cuidadosos**. Resultados ainda mais intrigantes do que deste estudo, porém, foram obtidos pelos cientistas Caroline Preston e Stanley Harris, da Universidade de Washington. Ao analisar como motoristas que haviam sido **hospitalizados por terem causado acidentes de trânsito** avaliavam suas habilidades na direção e compará-las com as avaliações de pessoas sem histórico acidentes, os cientistas ficaram surpresos ao descobrir que aqueles que tinham sido internados avaliavam a si mesmos mais próximos a motoristas "experts" do que de "ruins."

Da mesma forma, 87% dos estudantes de MBA da Stanford julgavam ter melhor performance acadêmica do que a média, CEO's julgavam ser mais éticos do que a média, estudantes de administração e presidentes de empresas acreditavam ter habilidades gerenciais melhores do que os demais, casais acreditam que suas chances de divórcio são inferiores a de outros casais e, claro, esposas e maridos acreditavam ter maior participação do que seus parceiros nas tarefas domésticas. Em uma pesquisa que analisou as estimativas de quase um milhão de estudantes, descobriu-se que 70% deles afirmavam ter habilidades de liderança acima da média e **apenas 2% desta amostra afirmou ter habilidades menores do que a média**. Em outra análise, estudantes universitários julgavam ter mais chances do que a média de viver acima dos 80 anos de idade e menos chances de vir a sofrer com alcoolismo ou ataques cardíacos. Motociclistas não fogem deste padrão, acreditando ter menos chances de causar um acidente do que os demais. Empreendedores acreditam que suas empresas têm mais chances de ter sucesso do que as demais companhias do setor, pessoas deixam de se vacinar por acreditarem ter menos chances de contrair gripe do que as demais e 94% dos professores universitários acreditam ter habilidades de ensino superiores as de outros acadêmicos.

Não é fácil perceber, mas existe um problema estatístico neste julgamento que as pessoas fazem sobre si mesmas em qualquer área da vida:

É estatisticamente impossível que a maioria das pessoas seja melhor do que a própria maioria!

As avaliações que realizamos de nós mesmos **violam as regras da estatística.** Como você pode perceber, "melhor do que a média" é uma **subcategoria** de "média", sendo assim, uma **subcategoria nunca pode ser maior do que a categoria como um todo.** Alicke, que faleceu em 2020, deixou um imenso legado, ajudando a comunidade científica a refinar esses estudos. O **Viés do Autointeresse** explica de certa forma os resultados de muitos dos estudos que vimos nessa obra.

O ser humano tem uma necessidade tão grande de autoestima que, inclusive, nas oportunidades onde devemos avaliar **outras pessoas**, o fazemos de forma a nos sentirmos bem. Quais são as características mais importantes que devemos levar em consideração para avaliar o desempenho de outras pessoas? Bem, isto depende de quais características **você** valoriza mais! Se você **valoriza** e, principalmente, **possui** excelentes habilidades atléticas, matemáticas, emocionais ou de liderança, você irá **avaliar se outros indivíduos** são adequados ou inadequados levando em conta as habilidades atléticas, matemáticas, emocionais e de liderança deles. Ao julgar outras pessoas, você é quem determina **o que conta e o que não conta**, selecionando meticulosamente como forma de avaliação as características nas quais possui grandes habilidades e, assim mantendo sua autoestima elevada. Curiosamente, Tom Gilovich e Elanor Williams, dois cientistas que investigaram este fenômeno, o nomearam como **Efeito Melhor Que a Minha Média.** Nos anos 1980, a banda Ultraje a Rigor lançou o hit "Eu me amo", sem saber que anos de pesquisas científicas suportam cada verso da letra: eu e você não podemos mais viver sem nós mesmos!

Quando refletimos sobre a necessidade de termos vieses como esses guiando nossos pensamentos diariamente, os cientistas nos explicam que caso tivéssemos uma perspectiva mais realista da vida – de que nossas habilidades são similares ou inferiores as das outras pessoas, de que dificilmente conseguiremos vencer a luta contra a balança, de que nosso futuro cônjuge não será parecido com o Brad Pitt ou com a Angelina Jolie ou de que é extremamente difícil que estejamos entre os 5% melhores na universidade – não encontraríamos razões para continuar perseverando dia após dia e para superar momentos de imensa dificuldade. **Sem uma visão constante de que somos especiais e um cérebro que consegue expelir nossos desconfortos, não teríamos motivação nem para tirar nossos pijamas**. No entanto, otimismo e autoconfiança exagerados podem ser mal adaptáveis, gerando planejamentos superficiais, uma necessidade constante do nosso cérebro em racionalizar nossos erros e assim, diminuir nossas chances de aprender lições importantes que verdadeiramente nos fariam ser melhores. Por essas razões é que devemos conduzir nossas vidas com a constante certeza de que nossos níveis atuais de conhecimento podem continuar nos colocando em enrascadas, e a única saída que temos para tomar menos decisões ruins é **buscar aprender cada dia mais**. O maior interesse que você deve perseguir é a consciência de que tem habilidades acima da média para detectar que nunca pode parar de aprender.

REFERÊNCIAS

Miller, D. T., & Ross, M. (1975). Self-serving biases in the attribution of causality: Fact or fiction?. *Psychological bulletin*, 82(2), 213.

Weiner, B. (1985). An attributional theory of achievement motivation and emotion. *Psychological review*, 92(4), 548.

Ross, M., & Sicoly, F. (1979). Egocentric biases in availability and attribution. *Journal of personality and social psychology*, 37(3), 322.

Alicke, M. D., & Govorun, O. (2013). The better-than-average effect. In *The self in social judgment* (pp. 85-106). Psychology Press.

Alicke, M. D., Klotz, M. L., Breitenbecher, D. L., Yurak, T. J., & Vredenburg, D. S. (1995). Personal contact, individuation, and the better-than-average effect. *Journal of personality and social psychology*, 68(5), 804.

Alicke, M. D. (1985). Global self-evaluation as determined by the desirability and controllability of trait adjectives. *Journal of personality and social psychology*, 49(6), 1621.

Svenson, O. (1981). Are we all less risky and more skillful than our fellow drivers?. *Acta psychologica*, 47(2), 143-148.

Preston, C. E., & Harris, S. (1965). Psychology of drivers in traffic accidents. *Journal of Applied Psychology*, 49(4), 284.

"It's Academic." 2000. *Stanford GSB Reporter*, April 24, pp.14-S.

Baumhart, R. (1968). *Ethics in business*.

Baumhart, S. J. RC (1961)" How ethical are businessmen?". *Harvard Business Review* July-August.

Larwood, L., & Whittaker, W. (1977). Managerial myopia: Self-serving biases in organizational planning. *Journal of applied psychology*, 62(2), 194.

Schriber, J. B., Larwood, L., & Peterson, J. L. (1985). Bias in the attribution of marital conflict. *Journal of Marriage and the Family*, 717-721.

Ross, M., & Sicoly, F. (1979). Egocentric biases in availability and attribution. *Journal of personality and social psychology*, 37(3), 322.

College Board. (1976–1977). *Student descriptive questionnaire*. Princeton, NJ: Educational Testing Service.

Weinstein, N. D. (1980). Unrealistic optimism about future life events. *Journal of personality and social psychology*, 39(5), 806.

Rutter, D. R., Quine, L., & Albery, I. P. (1998). Perceptions of risk in motorcyclists: Unrealistic optimism, relative realism and predictions of behaviour. *British Journal of Psychology*, 89(4), 681-696.

Cooper, A. C., Woo, C. Y., & Dunkelberg, W. C. (1988). Entrepreneurs' perceived chances for success. *Journal of business venturing*, 3(2), 97-108.

Larwood, L. (1978). Swine flu: A field study of self-serving biases. *Journal of Applied Social Psychology,* 8(3), 283-289.

Cross, K. P. (1977). Not can, but will college teaching be improved?. *New Directions for Higher Education*, 1977(17), 1-15.

Williams, E. F., & Gilovich, T. (2012). The better-than-my-average effect: The relative impact of peak and average performances in assessments of the self and others. *Journal of Experimental Social Psychology*, 48(2), 556-561.

Williams, E. F., Gilovich, T., & Dunning, D. (2012). Being all that you can be: The weighting of potential in assessments of self and others. *Personality and Social Psychology Bulletin*, 38(2), 143-154.

Autossabotagem

A necessidade humana de pintar uma imagem endeusada de si mesmo em situações sociais pode ter consequências ainda piores do que as ilustradas até aqui. Em muitas ocasiões, as pessoas **deixam de ter bons comportamentos** para manter ou construir uma imagem superior de si mesmas frente a outros indivíduos, ou ainda, para evitar situações constrangedoras.

Uma pessoa obesa pode se sentir envergonhada ao expor seu corpo em uma academia e portanto, **evitar fazer exercícios físicos**. Jovens podem se sentir desconfortáveis ao comprar preservativos em uma farmácia e assim, **praticar sexo sem proteção**. Indivíduos com depressão podem **evitar de buscar tratamento** por medo de serem julgados negativamente por sua rede de relacionamentos. Um adolescente prevendo uma nota baixa em uma prova na escola pode **deixar de estudar** apenas para ter como **justificar seu fracasso** para os colegas: "se eu tivesse estudado, com certeza tiraria 10 nessa prova." Esse comportamento é conhecido no mundo acadêmico como **Autossabotagem**.

Algo similar ao último exemplo foi o que aconteceu em um experimento realizado por Steven Berglas e Edward Jones, da Harvard e Princeton, respectivamente. Ao chegarem no laboratório, os participantes eram recebidos por um cientista que os explicava que o intuito do estudo era analisar se dois medicamentos usados para problemas metabólicos poderiam ter um efeito no desempenho intelectual das pessoas, dessa forma, cada participante teria que realizar dois testes difíceis – o primeiro sem o uso do medicamento e o segundo, após a ingestão da droga. O cientista deixava claro para os participantes que era esperado que **um dos remédios tivesse o efeito de melhorar o desempenho intelectual** deles, enquanto o outro tivesse o efeito contrário. Alguns participantes realizavam um teste contendo 20 questões em que a maioria dos problemas era praticamente impossível de resolver, já o outro grupo resolvia problemas fáceis na sua grande maioria.

Propositalmente, todos os participantes do grupo com problemas impossíveis recebiam um feedback de que **haviam acertado 16 das 20 questões**. Já os do grupo com problemas fáceis, recebiam seus resultados reais e, independentemente de sua performance, o cientista sempre dizia a eles no final do teste: **"Sua nota foi uma das melhores que já tivemos até então."** Essas condições foram planejadas para que ambos os grupos tivessem um desempenho alto no primeiro teste. Além dos testes, os participantes de todos os grupos ainda respondiam algumas questões em que deveriam indicar se acreditavam que seu desempenho no teste havia sido obtido por sorte ou por habilidade, e quão difícil o teste tinha sido. Depois de criarem uma imagem positiva de si mesmos ao realizar esses testes, **qual tipo de medicamento você acredita que os participantes escolheriam para realizar o segundo teste?** Aquele que melhoraria ou o que pioraria seu desempenho? Como você pode observar na tabela abaixo, **70% dos homens** que realizaram o teste com questões impossíveis optaram por tomar o medicamento que **pioraria o seu desempenho** (Pandocrin), sendo que apenas 13% dos homens que passaram pelo teste fácil escolheram esse medicamento. Já as mulheres tiveram resultados um pouco diferentes: 40% daquelas que realizaram o teste impossível optaram por ingerir o medicamento que pioraria o seu desempenho futuro, contra 26% das participantes que realizaram o teste fácil. Sem o conhecimento dos participantes, ambos os remédios eram falsos, inofensivos e não tinham qualquer efeito, mas, no geral os resultados indicam uma relação estatisticamente significante entre a performance no primeiro teste e a escolha do medicamento, revelando que as pessoas utilizam estratégias de **Autossabotagem** para manter uma boa imagem de si mesmas frente às demais.

	QUÃO DIFÍCIL FOI O TESTE? (1 = MUITO FÁCIL; 15 = MUITO DIFÍCIL)			SORTE OU HABILIDADE? (1 = SOMENTE SORTE; 15 = SOMENTE HABILIDADE)			HOMENS		MULHERES		MÉDIA	
	HOMENS	MULHERES	MÉDIA	HOMENS	MULHERES	MÉDIA	DOSAGEM (1 = MAIS ALTA DE ACTAVIL; 9 = MAIS ALTA DE PANDOCRIN)	% PANDOCRIN	DOSAGEM (1 = MAIS ALTA DE ACTAVIL; 9 = MAIS ALTA DE PANDOCRIN)	% PANDOCRIN	DOSAGEM (1 = MAIS ALTA DE ACTAVIL; 9 = MAIS ALTA DE PANDOCRIN)	% PANDOCRIN
PROBLEMAS FÁCEIS	10,0	9,52	9,76	11,07	10,06	10,56	2,25	13,0	3,9	26,0	3,07	19,5
PROBLEMAS DIFÍCEIS	11,7	11,35	11,52	8,36	7,04	7,7	6,2	70,0	4,9	40,0	5,55	55,0

Figura 25 – Uma ilustração clara de como as pessoas utilizam estratégias de autosabotagem para manter sua autoestima elevada

Os dados da tabela acima, porém, demonstram que as **mulheres tiveram chances significativamente menores** de usar estratégias de autossabotagem em comparação com os homens. Esse comportamento se deu pelo motivo das mulheres atribuírem com mais frequência que seus excelentes resultados no teste impossível foram devidos à **sorte**, enquanto os homens atribuíam que seus resultados eram devidos às suas **habilidades**. Como as **mulheres tiveram uma visão mais precisa da realidade**, a necessidade de esconder sua falta de habilidade com o uso do medicamento que pioraria o desempenho foi **reduzida**, no entanto, o fato de que 40% delas optaram pelo inibidor de desempenho não pode ser desconsiderado. Nesse sentido, uma manipulação interessante do experimento revela algo ainda mais curioso. No momento de escolher qual remédio tomar, os participantes poderiam optar por **doses mais ou menos fortes** do medicamento e, como pode ser observado na tabela, os homens que realizaram o teste impossível preferiam **doses mais altas do medicamento inibidor** de performance enquanto os homens que realizaram o teste fácil preferiam **doses mais altas do remédio estimulador**.

Os efeitos da Autossabotagem podem ser sentidos nas mais diversas situações do dia a dia. Percebendo que será demitido da empresa em que trabalha se não melhorar suas vendas, um funcionário pode começar a chegar atrasado com frequência, não preencher seus relatórios, falar bobagens em reuniões e largar completamente seus clientes no limbo, assim, pode justificar sua futura demissão aos colegas afirmando que estava fazendo de tudo para ser demitido. Melhor seria se esse vendedor passasse a se empenhar mais em seu trabalho, visitando mais clientes e demonstrando interesse em recuperar clientes que deixaram de comprar. Esse comportamento não iria apenas recuperar a sua autoestima, mas também, mantê-lo empregado. Discutindo pela décima vez com sua esposa em um mês e prevendo o divórcio, o marido recém-casado decide retrucar sua esposa com frequência, falar cada vez mais alto, juntar-se todas as noites com os amigos em um bar e ficar até tarde da noite, piorando o seu relacionamento para posteriormente poder justificar aos amigos e família que se separou pois "largou mão" do casamento, ao invés de admitir a todos que escolheu a pessoa errada para se casar. Após ser alertada pelos amigos que está sendo vítima de lavagem cerebral e começando a fazer parte de um culto, uma pessoa pode se distanciar de seus relacionamentos, evitar conversar com pessoas de fora do culto, não consumir materiais que não tenham sido escritos por seus líderes espirituais, mudar-se para uma comunidade exclusiva para membros do culto e doar todo o seu dinheiro para o movimento para manter uma imagem de si mesmo como esperto e racional. Ao perceber que um livro iria questionar suas crenças e colocá-lo em situações cognitivas desconfortáveis, um indivíduo pode decidir abandonar a leitura logo nas primeiras páginas, justificando que o primeiro capítulo não lhe ensinou nada de novo. Afinal, ao antecipar que sofreria uma mudança profunda em sua forma de pensar e passaria a ser questionado pelas pessoas dos grupos que faz parte, julgou que continuar sendo o mesmo indivíduo com visões equivocadas e uma vida repleta de estresse era a melhor opção. E você, qual dos medicamentos vai escolher?

REFERÊNCIAS

Berglas, S., & Jones, E. E. (1978). Drug choice as a self-handicapping strategy in response to noncontingent success. *Journal of personality and social psychology*, 36(4), 405.

Viés do Status-Quo

Imagine que você é um Dinamarquês e vive em um dos países mais desenvolvidos do mundo. Com uma posição importante em uma empresa, sua vida é ótima. O país oferece uma excelente qualidade de vida, os níveis de desigualdade social são baixíssimos, os crimes são praticamente nulos, o sistema de transporte é eficiente, a educação é excepcional, a comida é maravilhosa e a segurança pública é invejável. No entanto, nos últimos meses você está convivendo com um inchaço incomum em suas pernas. Seria o frio? A sua idade? O estresse no trabalho? Preocupado, você decide investigar e, depois de uma série de exames médicos, o diagnóstico chega: **doença renal crônica**. Isso significa que você precisa de um **transplante de rim**. Para piorar a situação, nenhum de seus poucos familiares saudáveis tem compatibilidade para doação, portanto, você precisa entrar na fila do sistema público de saúde para receber o órgão de outra pessoa. Quais são suas chances de encontrar um doador? Apesar de todos os encantos da Dinamarca, apenas 4,25% dos cidadãos são doadores de órgãos, o que resulta em suas chances de salvação serem mínimas. Curiosamente, um cidadão Português nas mesmas condições teria chances de transplante exponencialmente maiores, já que 99,64% da população desse país é doadora de órgãos. O que faz com que a diferença entre os dois países seja tão grande? Religião? Cultura? Nível de educação? Clima? Estudos científicos que investigaram as razões dessa diferença chegaram em uma conclusão curiosa e inesperada. O principal motivo dos níveis de doação serem tão distintos é o de que, na Dinamarca, para que um cidadão seja doador de órgãos ele deve **indicar sua preferência** para o governo e preencher uma série de documentos, ou seja, para ser doador é preciso **se cadastrar**. Já em Portugal, todo cidadão é **automaticamente cadastrado** como doador de órgãos – caso o indivíduo não queira doar seus órgãos, ele deve sinalizar ao governo e preencher uma série de documentos para se **descadastrar**. Em outras palavras, ser doador de órgãos **é o padrão** em Portugal, enquanto na Dinamarca **o padrão é não ser** um doador de órgãos.

Acredito que você já deva ter ouvido algo a respeito do "princípio do mínimo esforço," que sugere que o ser humano sempre prefere tomar decisões que exijam pouco trabalho. E é exatamente essa a força que dita o comportamento dos cidadãos de Portugal e Dinamarca, no entanto, no mundo científico ela é conhecida como **Viés do Status-Quo**. Esse viés revela a nossa tendência em deixar as coisas como elas estão, em preferir a **inércia ao invés da ação** em uma série de situações do dia a dia. A diferença exponencial entre o percentual de doadores de órgãos em países em que o cidadão é automaticamente cadastrado – acima de 97% -- e os países em que o cidadão precisa se cadastrar para ser doador – aproximadamente 15% -- expõe claramente a nossa tendência em manter o status-quo. Perceba que nenhum desses países **obriga** seus cidadãos a serem doadores, portanto, o que faz toda a diferença nesses casos são as **estratégias de políticas públicas**. Inclusive, uma das discussões mais acaloradas entre alguns cientistas é se o estado deve ou não ser **paternalista**, usando nossos vieses para ajudar os cidadãos a tomarem decisões que favoreçam a sociedade como um todo.

Em um experimento, os cientistas Eric Johnson e Daniel Goldstein da Universidade Columbia, testaram a validade de políticas públicas paternalistas, colocando os participantes em uma situação hipotética em que eles iriam se **mudar de estado** e deveriam tomar uma decisão sobre a doação de seus órgãos, nas seguintes condições:

- **Grupo 1:** Eram informados de que o padrão do estado era o cidadão **não ser um doador de órgãos**

- **Grupo 2:** Eram informados de que o padrão do estado era o cidadão **ser um doador de órgãos**

- **Grupo 3:** Nenhum padrão foi informado

Conhecendo o Viés do Status-Quo, estou certo de que você já sabe os resultados do experimento.

- **Grupo 1:** Um total de 42% dos participantes escolheu doar seus órgãos

- **Grupo 2:** Um total de 82% dos participantes escolheu doar seus órgãos

- **Grupo 3:** Um total de 79% dos participantes escolheu doar seus órgãos

Os resultados deixam claro a preferência das pessoas em **deixar as coisas como estão**, em seguir o padrão já sugerido pelo governo. No estudo acima, publicado pela renomada revista científica *Science*, um percentual **quase dobrado** de pessoas revelou estar disposto a doar seus órgãos quando esse era o padrão escolhido pelo estado, quando comparadas com aquelas em que o padrão escolhido pelo estado era o de não ser um doador. Essa é mais uma evidência de que o ser humano nem sempre age de modo racional e faz a melhor escolha para a sociedade, por isso, políticas paternalistas podem trazer enormes ganhos. O gráfico abaixo, ilustrado no artigo de Johnson e Goldstein, demonstra a diferença brutal no percentual de doadores em países no qual o cidadão é automaticamente cadastrado como não doador, comparados com os países em que as pessoas são automaticamente designadas como doadoras.

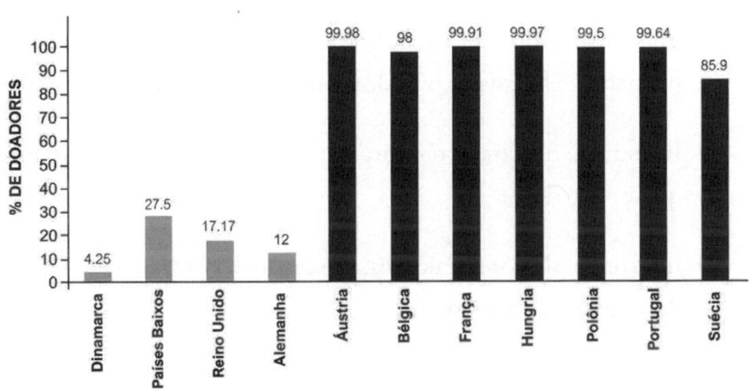

Figura 26 – Países com estratégia de OPT-IN para doação de órgãos têm percentuais mínimos de doares; já países com a estratégia de OPT-OUT, apresentam percentuais enormes

Mas será que o Viés do Status-Quo também influencia nossas decisões em situações menos polêmicas do que a doação de órgãos? Em um dos estudos mais fabulosos sobre esse assunto, os cientistas William Samuelson da Boston University e Richard Zeckhauser, da Harvard, fizeram participantes tomarem decisões sobre programas de prevenção de acidentes de trânsito, investimentos, negociações, oportunidades de emprego, sistema prisional, abastecimento de água em uma cidade, mudança do local de um escritório, frota de uma empresa de aviação e, inclusive, sobre a cor que escolheriam para um automóvel. Um grupo de participantes era informado em algumas questões sobre o padrão de comportamento do governo, de outras pessoas, ou do mercado. Outro grupo de participantes não era informado sobre qualquer tipo de padrão e assim, tomavam decisões neutras. Para que o estudo fique mais claro, analise a diferença das questões abaixo:

Você é um leitor dedicado às páginas de finanças, mas até recentemente teve poucos fundos para investir. Foi então que você herdou uma grande quantia de dinheiro do seu tio avô. Você está considerando diferentes portfólios. Suas escolhas são:

- Investir na empresa A, de risco moderado. Em um ano, as ações têm uma chance de 50% de valorizar 30%, 20% de chance de permanecerem iguais e 30% de chance de desvalorizarem em 20%.

- Investir na empresa B, de alto risco. Em um ano, as ações têm uma chance de 40% de dobrarem de valor, 30% de chance de permanecerem iguais e 30% de chance de desvalorizarem em 40%.

- Investir em fundos do tesouro. Em um ano, eles trarão um retorno quase certo de 9%

- Investir em títulos municipais. Em um ano, elas trarão um retorno de 6% livre de impostos

Você é um leitor dedicado às páginas de finanças, mas até recentemente teve poucos fundos para investir. Foi então que você herdou um portfólio de títulos e investimentos do seu tio avô. Uma parte significativa desse portfólio está investida na empresa A, de risco moderado. Você está decidindo se deixa o portfólio intacto ou se muda, investindo em outros títulos. Suas escolhas são:

- Manter o investimento na empresa A, de risco moderado. Em um ano, as ações têm uma chance de 50% de valorizar 30%, 20% de chance de permanecerem iguais e 30% de chance de desvalorizarem em 20%.

- Investir na empresa B, de alto risco. Em um ano, as ações têm uma chance de 40% de dobrarem de valor, 30% de chance de permanecerem iguais e 30% de chance de desvalorizarem em 40%.
- Investir em fundos do tesouro. Em um ano, eles trarão um retorno quase certo de 9%
- Investir em títulos municipais. Em um ano, elas trarão um retorno de 6% livre de impostos

Os cientistas fizeram todas as variações possíveis na ordem das alternativas, no design das alternativas (se elas apareciam uma abaixo da outra, como no exemplo acima, ou em duas colunas), na quantidade de alternativas e na ordem das questões. Algumas questões eram apresentadas com a sugestão do status-quo para alguns participantes, mas não para outros, o status-quo também mudava de questionário para questionário, o que significa que no exemplo acima, alguns participantes recebiam a informação de que o tio avô havia deixado uma parte significativa dos investimentos na empresa B, outros em fundos do tesouro, e outros, ainda, em títulos municipais. Em suma, os cientistas tomaram todos os cuidados possíveis para isolar e controlar o efeito do status-quo, analisando o comportamento dos participantes mesmo que essa decisão não fosse a melhor. Não surpreendentemente, em qualquer modelo de questionário, os participantes tinham uma chance significativamente maior de escolher a opção que **mantinha as coisas como elas estavam**.

No modelo de questionário com quatro alternativas por pergunta, das possíveis 24 escolhas dos participantes, nada menos do que **17 seguiram o status-quo**, ou seja, o padrão foi escolhido em 70,83% dos casos. Para que você tenha uma ideia da irracionalidade dos participantes, em uma pergunta envolvendo a cor de um carro, os participantes escolhiam a cor padrão **bege** mesmo quando poderiam escolher a cor **prata**! Brincadeiras à parte, perceba que na **versão neutra** da pergunta sobre a herança, a melhor decisão depende do perfil de quem está respondendo. Pessoas com um perfil mais conservador irão preferir certos investimentos, já aquelas mais empolgadas com a possibilidade de retornos futuros irão buscar por investimentos mais arriscados. E é aqui que o poder da ciência se revela: como os participantes são direcionados para os grupos experimentais de forma **aleatória**, as chances de pessoas conservadoras ou arrojadas estarem em qualquer dos grupos **são as mesmas**. Isso faz com que os cientistas tenham a certeza de que, independentemente do perfil de investimento dos participantes, eles têm uma **tendência maior em seguir o status-quo**. Samuelson e Zeckhauser ainda revelaram nesse estudo que **quanto mais alternativas de respostas** existiam em cada questão, maior era a tendência dos participantes em escolherem deixar as coisas como estavam.

Essa descoberta deixa mais claro os motivos pelos quais apesar de termos diversas opções de navegadores de internet, geralmente usamos aquele que já vem instalado em nossos computadores; mesmo tendo diversas opções de toque em nossos smartphones, deixamos o toque padrão do fabricante ativado; embora exista um número crescente de marcas de sabão em pó, preferimos comprar o de sempre e, inclusive; a despeito da revolução no mundo de serviços financeiros, continuamos com a nossa conta bancária naquela instituição tradicional e cara. As pesquisas de Daniel Kahneman e Amos Tversky enfatizam que em muitas ocasiões as pessoas encaram **mudanças como perdas**, por isso, preferem deixar as coisas como estão. Como bem sabemos, **perdas tem um efeito mais motivador do que ganhos** de acordo com a Teoria do Prospecto.

Cientes do Viés do Status-Quo, algumas empresas **facilitam imensamente nossa "entrada" e dificultam a nossa "saída."** Para fazer parte da lista de *newsletter* de um veículo de comunicação, empresa ou profissional, tudo o que é necessário é preencher o seu e-mail em um campo e clicar no botão "inscrever-se." Mas para deixar de receber os e-mails, você precisa clicar em um link, explicar o motivo pelo qual você quer sair da lista, recusar ofertas para receber um volume menor de e-mails, digitar em um campo obrigatório uma nova justificativa para sua saída e, finalmente, clicar no botão "descadastrar" — que frequentemente não funciona e lhe obriga a refazer o processo do início. Para se cadastrar em uma plataforma de streaming o esforço é mínimo, pois essas empresas sabem que uma vez "dentro" a inércia vai fazer com que você continue pagando mesmo sem assistir. O mesmo mecanismo é seguido pelas grandes redes de academias por assinatura. Além disso, os caminhos que devemos seguir para cancelar os serviços dentro dos aplicativos e sites dessas empresas geralmente são tortuosos, ou seja, a informação para comprar os serviços está brilhando na página inicial, já os passos para cancelar estão em uma página escondida que demanda diversos cliques, criados com a intenção de fazer você desistir do cancelamento. Uma das iscas mais utilizadas por empresas é a oferta do serviço gratuito por três meses, o famoso "período de *trial*." Tudo o que é necessário para começar a usar o serviço é criar um usuário e cadastrar seu cartão de crédito. Assim essas empresas sabem que nossa tendência a deixar as coisas como estão fará com que você comece a pagar mensalmente por um software que não usa. Por isso, sempre suspeite de empresas que pedem as informações do seu cartão de crédito logo no início. Da mesma forma, suspeite de empresas de telefonia e outros serviços que querem lhe oferecer serviços adicionais com custos irrisórios usando o débito automático.

No mundo da tecnologia, esses mecanismos são conhecidos como ***opt out*** e ***opt in***. Muitos empreendedores descobriram que ao **facilitar a entrada** de clientes em suas plataformas, exigindo apenas um nome de usuário e o cadastro de um cartão de crédito para usar o serviço gratuitamente por três meses, as chances de ele fazer um ***opt out*** – cancelar o serviço – é mínima. Uma vez dentro, sempre dentro! Agora, se essas empresas deixassem o cliente utilizar seus serviços gratuitamente por três meses e somente **depois desse período** exigissem o cadastro do cartão de crédito – uma estratégia de ***opt in*** – a maioria deles não continuaria usando os serviços e, fatalmente, essas companhias perderiam parte valiosa de seus faturamentos. Quer cliente mais fácil de lidar do que aqueles que pagam, mas não usam?

A grande sacada é fazer com que a ativação ou renovação do serviço não exija esforço do cliente.

Como você pode perceber nos capítulos dessa obra, o seu cérebro também parece funcionar usando as ferramentas de ***opt in*** e ***opt out***. Uma vez que uma crença entra em sua cabeça, fazer o ***opt out*** é extremamente difícil – o mais cômodo é deixar a crença intacta.

Muitas crenças entram de maneira fácil em nossa cabeça, mas são extremamente resistentes para sair.

Em um dos estudos mais impactantes da história da psicologia, Kahneman e Tversky – que nessa altura do livro dispensam apresentação – analisaram a sensibilidade das pessoas a ganhos e perdas. A descoberta principal desse estudo foi a de que **perdas têm um peso de 2 a 2,25 maior do que ganhos** do mesmo valor, ou seja, **perder R$ 100,00** gera uma **dor psicológica dobrada** em relação ao prazer de **ganhar R$ 100,00.** Isso significa que nas ocasiões em que existe uma potencial chance de perda, as pessoas precisam ver **um ganho dobrado** para se livrar do status-quo. Um ganho de 20% no faturamento de uma empresa certamente seria ótimo, mas muitos empresários mudam suas estratégias somente quando percebem que terão um ganho de 200%, o que na maioria dos casos resulta em inércia. Muitos desses empresários inclusive, classificam a si mesmos como disruptivos e inovadores, enquanto usam **as mesmas estratégias** das demais empresas. Da mesma maneira, muitas pessoas falam de boca cheia que são **flexíveis a mudar de opinião**, mas quando escutam uma verdade dolorida que aponta que suas opiniões estão equivocadas, mobilizam um enorme arsenal cognitivo para proteger suas crenças.

Você provavelmente já foi a um restaurante, explorou todo o cardápio, mas preferiu escolher o prato marcado como o "preferido da casa" ou a "indicação do Chef," certo? Todos nós já fizemos isso! Estou certo também de que, no final da refeição, você se arrependeu por não ter escolhido outro prato. Esse exemplo é válido para muitas outras escolhas na sua vida. Toda vez que for tomar uma decisão, **analise com cuidado todas as opções**, invista tempo pensando em cada uma delas, assim, existe uma probabilidade maior de você não se deixar levar pela escolha padrão.

No que diz respeito às suas crenças, toda vez que tiver uma evidência de que elas podem estar equivocadas, não tenha medo de deixar para trás todo o "investimento cognitivo" que já fez nela. Não tenha vergonha em "zerar suas crenças" e começar uma vida nova, já que mesmo um ganho pequeno, já é um **ganho**. Não espere vantagens 225% maiores para pensar em mudar, uma vida **livre de fantasias perigosas** tem um valor imensamente maior do que isso.

REFERÊNCIAS

Johnson, E. J., & Goldstein, D. (2003). Do defaults save lives?. *Science*, 302(5649), 1338-1339.

Samuelson, W., & Zeckhauser, R. (1988). Status quo bias in decision making. *Journal of risk and uncertainty*, 1, 7-59.

Tversky, A., & Kahneman, D. (1981). The framing of decisions and the psychology of choice. *Science*, 211(4481), 453-458.

Davidai, S., Gilovich, T., & Ross, L. D. (2012). The meaning of default options for potential organ donors. *Proceedings of the National Academy of Sciences*, 109(38), 15201-15205.

Tversky, A., & Kahneman, D. (1992). *Advances in prospect theory*: Cumulative representation of uncertainty. Journal of Risk and uncertainty, 5, 297-323.

Perseverança de Crenças

Uma quantidade massiva de vieses cognitivos e comportamentais revelam que empenhamos grande esforço cognitivo para manter uma imagem superior de nós mesmos, principalmente quando nos apresentam evidências irrefutáveis de que estamos tomando decisões erradas, que estamos arriscando nossas vidas por uma crença sem fundamentos, ou perdendo dinheiro, amizades e tempo devido a nossa falta de conhecimento. Muitos acreditam que a **aquisição de conhecimento** sobre nossas limitações pode nos libertar de crenças perigosas e equivocadas, no entanto, nem sempre é isso o que acontece. Será que a consciência sobre a nossa ignorância é suficiente para deixarmos de ter uma imagem inflada de nós mesmos? É possível que a leitura de um livro como esse faça com que você passe a se classificar como **menos esperto do que imaginava?**

As respostas para essas perguntas foram descobertas pelos cientistas Mark Lepper e Lee Ross – os lendários cientistas da Stanford que fizeram pesquisas sobre o Raciocínio Motivado, Polarização de Atitudes, Realismo Ingênuo, Fenômeno da Mídia Hostil e outros assuntos – dessa vez em companhia de Michael Hubbard. Em um experimento de extrema elegância, os cientistas informaram aos participantes que eles iriam participar de um estudo para analisar as **respostas fisiológicas** durante a tomada de decisões. Para isso, os cientistas acoplavam eletrodos no pulso dos participantes e explicavam a eles como funcionava o método de resposta galvânica, que mede a condutividade elétrica da pele, analisando as mudanças emocionais das pessoas. Sem o conhecimento dos participantes, os **eletrodos não funcionavam**, já que os cientistas não estavam interessados nas respostas fisiológicas dos participantes e sim, nas **consequências cognitivas** da tarefa.

A tarefa consistia na leitura de 25 cartas, sendo que cada carta continha um **texto real** de suicídio escrito por uma pessoa, assim como um **texto fictício** de suicídio. Os participantes eram informados que seu trabalho era analisar as cartas e reportar para o cientista qual dos dois textos havia sido escrito por uma vítima real de suicídio. Após cada resposta, o cientista avisava imediatamente ao participante se ele havia errado ou acertado a questão. Os cientistas também passavam aos participantes uma ideia do desempenho das pessoas que haviam participado anteriormente dessa tarefa, afirmando que elas haviam acertado em média **16 das 25** questões. Nesse momento o experimento começava, mas ao invés de informar aos participantes o seu verdadeiro desempenho no teste, os cientistas informavam resultados **manipulados**. Para um grupo aleatório de participantes, os cientistas diziam que eles haviam acertado 24 questões, para outro, que haviam acertado 17 e, para um terceiro, que 10 respostas estavam corretas. Resumindo, **o primeiro grupo de participantes acreditava que havia obtido um resultado muito acima da média, o segundo um resultado mediano, e o terceiro um resultado péssimo.** Ao fim da tarefa, os participantes eram solicitados a esperar até 30 minutos sozinhos na sala para que os cientistas obtivessem novos "dados fisiológicos." A partir desse momento é que o experimento começava a ficar mais interessante. Quando o cientista retornava à sala onde estava o participante, ele o informava de que o real intuito do estudo era apenas analisar os efeitos do sucesso e do fracasso nos marcadores fisiológicos, afirmando que o **desempenho deles no teste havia sido manipulado e que, portanto, poderia ser desconsiderado**. Já imaginou o tamanho do choque dos participantes do primeiro grupo ao descobrirem que seus 24 acertos eram falsos? A decepção ao receberem a informação de que não eram tão inteligentes quanto imaginavam? Para piorar a situação, o cientista ainda mostrava a cada participante uma lista contendo o nome de cada pessoa e a quantidade de respostas certas que deveriam ser informadas a ela, enfatizando novamente que os **resultados que lhe haviam sido apresentados não tinham relação alguma com o seu verdadeiro desempenho**. Logo em seguida, o **cientista pedia desculpas por ter enganado o participante**, deixando-o ciente de que a manipulação no número de acertos era necessária para atingir os objetivos verdadeiros do estudo. Como garantia extra, os cientistas pediam que os participantes **verbalizassem que haviam entendido o motivo de terem sido enganados** e somente então, eles poderiam seguir para a próxima fase do estudo. Na fase seguinte, os participantes eram informados de que seu desempenho poderia ter afetado as "medidas fisiológicas" e então, eles deveriam responder a um questionário estimando:

- Quantas questões acreditavam ter acertado
- Quantas questões acreditavam que outros participantes haviam acertado em média
- Quantas questões acreditavam que iriam acertar em um segundo teste, com outras 25 questões de dificuldade similar ao primeiro

O que você acha que aconteceu? Será que depois de receberem um feedback exaustivo de que seus excelentes resultados eram falsos, os participantes respondiam ao questionário sem se deixar influenciar pelos resultados preliminares que lhe foram apresentados? Como você pode imaginar, quanto maior o sucesso aparente do participante no teste falso, **mais questões eles estimavam ter realmente acertado e mais questões eles previam que acertariam em um segundo teste**. O contrário também foi verdadeiro, já que os participantes que receberam o feedback de que haviam acertado apenas 10 respostas estimavam que haviam acertado poucas questões verdadeiramente e que teriam um desempenho similar em um segundo teste. Ross, Lepper e Hubbard nomearam esse viés como **Perseverança de Crenças**, deixando claro que uma vez que as pessoas recebem um feedback positivo em uma tarefa e logo em seguida são informadas de que os resultados são falsos, as crenças iniciais fazem as pessoas continuarem a avaliar seu desempenho passado e futuro **como se os resultados falsos fossem válidos**, ou seja, a nova informação parece não surtir efeito na atualização das crenças das pessoas sobre suas habilidades.

PERCEPÇÕES DOS PARTICIPANTES APÓS O FEEDBACK SOBRE DESEMPENHO E HABILIDADE

Item	Sucesso	Fracasso
Estimativa do número inicial de acertos	17,05	12,75
Estimativa para o aluno médio	15,50	14,20
Previsão do número futuro de acertos	16,67	13,48
Habilidade avaliada na tarefa	5,28	3,90
Habilidades avaliadas em tarefas relacionadas	4,78	4,20

Figura 27 – Percepções futuras de sucesso e fracasso se matnêm mesmo quando as pessoas descobrem que os resultados de seus testes estavam errados

O significado dessa descoberta é a de que mesmo que você tenha se sentido ignorante ao conhecer as dezenas de vieses que influenciam suas decisões, ainda assim você pode descartar esse sentimento e continuar acreditando que suas decisões e crenças são excelentes, caso possua uma imagem endeusada de si mesmo por receber **constantes feedbacks positivos das pessoas ao seu redor**. Foi exatamente isso o que aconteceu com os participantes do estudo acima, apenas 3 dos 20 membros do primeiro grupo (que recebeu o feedback de ter acertado 24 das 25 respostas) estimaram que seu desempenho verdadeiro foi abaixo da média. E esse não foi o resultado final do estudo, já que junto com o questionário, os cientistas também inseriram perguntas sobre o quanto os participantes acreditavam ser habilidosos em detectar textos suicidas falsos, bem como em detectar falsidades em geral, entender os sentimentos dos outros e realizar testes sob pressão. Aqueles que receberam feedbacks falsos indicando excelente performance na tarefa **julgavam que tinham habilidades superiores também nessas outras variáveis**, demonstrando que o efeito da Perseverança de Crenças se extrapola para outras áreas, mesmo quando as pessoas recebem um sinal claro de que não possuem tais habilidades.

Para analisar se existia uma maneira de **desfazer** a Perseverança de Crenças, os cientistas realizaram um segundo experimento com novos participantes sendo que, para um dos grupos, eles informavam não somente que o feedback era falso, mas também **explicavam com detalhes os mecanismos da Perseverança de Crenças** e quais eram as consequências destrutivas de manter uma imagem decente de si mesmo baseada em crenças falsas. Somente após esse procedimento é que os participantes respondiam ao questionário em que indicavam suas estimativas sobre quantas questões haviam verdadeiramente acertado, sobre o seu desempenho futuro e suas habilidades. Como você pode perceber nos gráficos abaixo, **esse procedimento gerou resultados altamente significativos, desfazendo os efeitos da Perseverança de Crenças.**

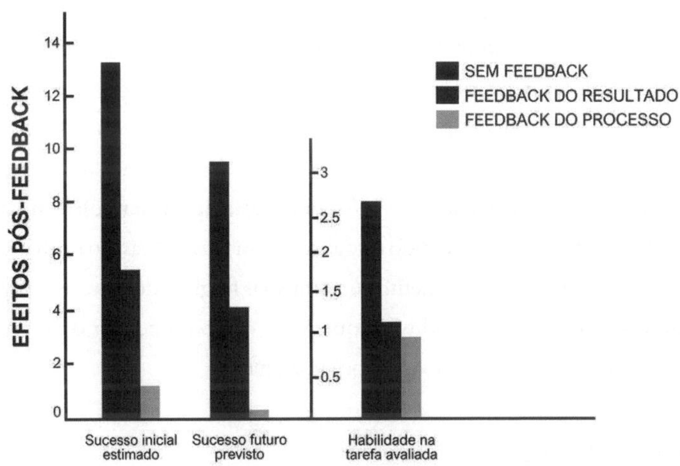

Figura 28 – Após conhecerem o viés da perseverança de crenças, participantes construíram uma imagem uma imagem mais realista de si mesmos

Espero que ao conhecer esse fenômeno, você também conquiste uma imagem mais precisa de quem realmente é, deixando de lado o seu ego e assumindo humildemente que sempre lhe faltará conhecimento em qualquer área, até mesmo naquela em que você é um especialista. Essa é, inclusive, uma das maiores graças da vida: a possibilidade de aprender cada dia mais. Já imaginou que tediosa seria a vida se nós soubéssemos de tudo? Se nunca tivéssemos a oportunidade de aprender uma nova habilidade, de desenvolver uma habilidade que já temos ou de adquirir novos conhecimentos? Certamente, essa seria uma das piores maldições para o ser humano, já que as pesquisas dos mais renomados cientistas da área de motivação do mundo, Richard Ryan e Edward Deci da Universidade de Rochester, indicam que o **sentimento de competência** é um dos pilares da nossa motivação. Sem o sentimento de que estamos constantemente nos desenvolvendo, tornando-nos cada dia mais competentes, não existe motivação. Isso significa que uma vida sem a possibilidade de aprender é uma vida em que o indivíduo não tem um motivo para acordar no dia seguinte, é uma vida sem sentido.

Nosso cérebro prefere o conforto à verdade, mesmo quando nos apresentam evidências irrefutáveis de que temos muito a evoluir. Uma vez que uma crença é formada, é extremamente difícil a desmanchar. Atente-se ao fato de que apesar de agora você conhecer profundamente diversos vieses e ter a consciência de que lhe falta conhecimento em várias áreas, ainda assim, **você vai continuar recebendo feedbacks positivos** dos membros dos grupos que faz parte, de sua família, de seus amigos e colegas de trabalho, principalmente se você ocupa uma posição elevada na hierarquia. Esse fato pode fazer com que você seja mais uma vítima da Perseverança de Crenças, acarretando o sentimento de que você **não precisa aprender coisas novas**, já que todos continuam afirmando que as suas posições e ideias são brilhantes. Ter grande cautela nesses momentos e expor suas fragilidades para as pessoas ao seu redor, por mais contraditório que possa parecer, pode ser o caminho para elas te admirarem mais do que você imagina.

REFERÊNCIAS

Ross, L., Lepper, M. R., & Hubbard, M. (1975). Perseverance in self-perception and social perception: biased attributional processes in the debriefing paradigm. *Journal of personality and social psychology*, 32(5), 880.

Deci, E. L., & Ryan, R. M. (2012). Self-determination theory. *Handbook of theories of social psychology*, 1(20), 416-436.

O Efeito da Linda Bagunça

Confessar nossos erros para outras pessoas, assim como expor nossas inseguranças e dúvidas, mostrando que somos **vulneráveis**, são comportamentos **evitados** por grande parte de nós. Acreditamos que exibir nosso lado humano para aqueles que nos cercam, revelando que mudamos de opinião sobre certos assuntos e que atualizamos nossas crenças, fará com que eles nos **julguem negativamente**, como pessoas fracas e imaturas. Por esses motivos, muitos preferem se manter firmes em suas posições, mesmo que percebam que suas crenças e comportamentos estão equivocados, e tenham o desejo de se abrir com alguém sobre esses assuntos. Muitas vezes, a busca pela consistência com seus comportamentos passados, o desespero em manter de uma boa imagem de si mesmo perante os outros, e o medo em mostrar fragilidades, dificultam com que um indivíduo promova mudanças positivas para o seu bem-estar. **Mas será que essa fobia a vulnerabilidade faz sentido?**

Para responder essa pergunta, nada melhor do que conhecermos as descobertas que a cientista Anna Bruk da Universidade de Mannheim realizou ao lado de seus colegas Sabine Scholl e Herbert Bless. Em uma série de sete estudos, Bruk e seus colegas analisaram como **avaliamos a nós mesmos** quando passamos por uma situação em que decidimos expor nossa vulnerabilidade, bem como, a maneira como **avaliamos outras pessoas** quando elas expõe suas vulnerabilidades em determinadas situações. Será que avaliamos a nós mesmos de uma maneira diferente daquela que julgamos os outros?

No primeiro estudo, os cientistas pediram para os participantes lerem um texto em que deveriam imaginar que se apaixonavam por sua melhor amiga ou amigo e estavam pensando em **declarar seus sentimentos**. O texto era extremamente detalhado e vívido, ilustrando as emoções decorrentes de estar apaixonado e os sentimentos positivos esperados caso o amor seja correspondido, bem como, as dúvidas sobre os riscos de estragar a amizade com a declaração de amor e a situação de estranheza no momento caso a paixão não seja correspondida. No final, o texto afirmava que depois de muita consideração e hesitação, **você decidiu confessar seu amor** e estava esperando pela reação da outra pessoa. Em seguida, os participantes deveriam indicar em uma escala de 1 a 7 se concordavam que dizer "eu te amo" era um ato que mostrava vulnerabilidade, bem como, indicar na mesma escala o quanto concordavam com outras oito frases, como por exemplo: "ao revelar minha vulnerabilidade, eu estou mostrando fraqueza" e "ao revelar minha vulnerabilidade, eu estou mostrando coragem." Mas essas eram apenas as condições do **primeiro grupo**, já que o segundo grupo de participantes era exposto a uma intervenção **diferente**.

Nesse caso, os participantes liam um texto em que deveriam imaginar uma **outra pessoa** que havia se apaixonado por seu melhor amigo ou amiga e estava pensando em se declarar. Os membros do segundo grupo também indicavam em uma escala o quanto concordavam com as oito frases, no entanto, elas eram escritas de forma **distinta** em comparação com o primeiro grupo, como por exemplo: "ao revelar sua vulnerabilidade, João está mostrando fraqueza" e "ao revelar sua vulnerabilidade, João está mostrando coragem." Em suma, alguns indivíduos avaliavam **suas próprias** demonstrações de vulnerabilidade, enquanto outros indivíduos avaliavam as demonstrações de vulnerabilidade de **outras pessoas**. A hipótese de Bruk e colegas era a de que os participantes iriam avaliar as suas próprias demonstrações de vulnerabilidade de forma **negativa**, mas avaliar as demonstrações de vulnerabilidade de outras pessoas de maneira **positiva** – e foi exatamente isso o que aconteceu! Os participantes do estudo tinham mais chances em concordar plenamente com frases que diziam que o João demonstrava coragem ao se colocar em uma situação de vulnerabilidade, do que concordar fortemente com frases que afirmavam que **eles mesmos** demonstravam coragem a ter a mesma atitude.

Perceba que resistimos a nos colocar em situações de vulnerabilidade frente a outras pessoas pois acreditamos que elas irão nos avaliar de forma negativa, enquanto na verdade, as pessoas nos avaliam de forma mais positiva quando temos a coragem de nos colocarmos em posições de fragilidade.

Os cientistas nomearam esse viés como **Efeito da Linda Bagunça**, inspirando-se no fato de que quando mostramos aos outros que nossos pensamentos estão bagunçados, que estamos abertos a mudança, que podemos estar errados, que somos inseguros e, portanto, vulneráveis, **elas nos avaliam de forma positiva**. Esse é mais um **erro de cálculo** que o nosso cérebro comete: nós projetamos que seremos mal avaliados pelos outros ao revelarmos nosso lado humano, mas quando o fazemos, as pessoas nos avaliam de forma **extremamente positiva**.

Não satisfeitos com esses resultados, os cientistas decidiram testar o **Efeito da Linda Bagunça** em outros cenários. Os participantes deveriam avaliar de forma **positiva ou negativa** as demonstrações de vulnerabilidade feitas por **si mesmos** ou por **outras pessoas** em situações como **mostrar as imperfeições do corpo** decidindo ir para a piscina com um grupo de amigos, incluindo uma pessoa pela qual estava apaixonada; **ser o primeiro a pedir desculpas** após uma discussão com seu parceiro amoroso; **pedir ajuda para o chefe** após sentir uma dor nas costas durante uma viagem; **confessar aos colegas ter cometido um erro no trabalho** mesmo que a empresa não tenha a possibilidade de rastrear quem cometeu o equívoco e, finalmente; **declarar seu amor** ao seu melhor amigo ou amiga. Repetindo os resultados do primeiro estudo, os participantes **julgavam as demonstrações de vulnerabilidade de outras pessoas de forma mais positiva do que julgavam suas próprias demonstrações**, como pode ser observado no gráfico a seguir.

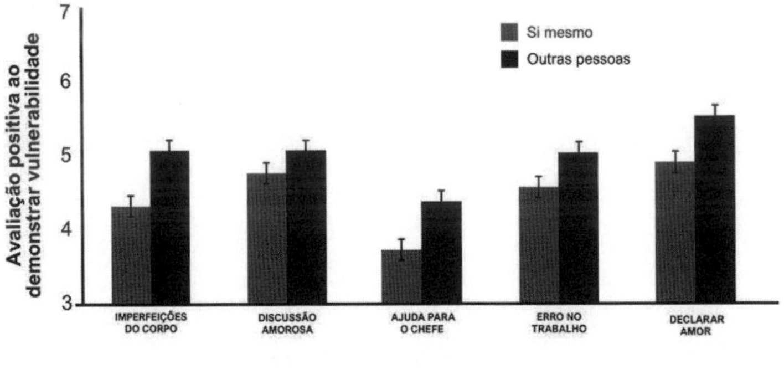

Figura 29 – O erro de cálculo que cometemos quando avaliamos como outras pessoas irão julgar nossas demonstrações de vulnerabilidade

Quando você passa a ter mais conhecimento sobre o funcionamento do cérebro, nossas limitações cognitivas, os vieses que influenciam negativamente nossas decisões e os benefícios de ter uma mente livre, inevitavelmente **mudanças irão ocorrer na sua forma de pensar**. Abrir-se com as outras pessoas sobre o seu "novo eu" é uma parte importante do processo e, como os estudos apresentados apontam, as pessoas serão **mais receptivas do que você imagina**. Essa pode ser, inclusive, uma oportunidade de resgatar amizades, caso alguma crença ou circunstância tenha o afastado de pessoas valiosas em seu círculo. Não apenas compartilhe intenções de mudança com a sua rede social, mas expresse em alto e bom tom que está se sentindo inseguro no momento e por isso resolveu conversar. Na pior das situações, a bagunça em sua mente fará as pessoas gostarem ainda mais de você.

REFERÊNCIA

Bruk, A., Scholl, S. G., & Bless, H. (2018). Beautiful mess effect: Self–other differences in evaluation of showing vulnerability. Journal of personality and social psychology, 115(2), 192.

Humildade Intelectual

Você certamente já andou muitas vezes de carro, ônibus ou moto, não é mesmo? Caso essas informações sejam afirmativas, podemos concluir que você tem **experiência** com esses meios de transporte. Mas, apesar de sua experiência, você sabe dizer como um veículo funciona? Como o combustível se movimenta do tanque para o motor? Uma vez no motor, o que acontece com o combustível? Quando você vira a chave na ignição, como o motor liga? Quais peças do motor se comunicam com o eixo dianteiro do veículo e fazem as rodas se movimentarem? O que acontece no motor quando você pisa mais fundo no acelerador e o carro aumenta de velocidade? Com quais peças o volante está ligado? Como uma direção elétrica é diferente de uma direção hidráulica? Se você for parecido comigo, saberá um total de **zero** respostas a essas perguntas. No entanto, não saber as respostas para essas perguntas não nos torna menos inteligentes – bem pelo contrário. Descobrir que nos falta conhecimento em várias áreas pode nos fazer mais inteligentes, de acordo com a ciência.

A habilidade em reconhecer que existem lacunas não preenchidas em nosso conhecimento e que nossas crenças podem estar erradas foi cunhada pelos cientistas como **Humildade Intelectual**. De acordo com as evidências, a Humildade Intelectual pode reduzir o extremismo, polarização política, pessimismo, e as chances de as pessoas em serem vítimas de teorias da conspiração; assim como melhorar o bem-estar, a aprendizagem e a tomada de decisões. Indivíduos com alta Humildade Intelectual também têm mais chances de demonstrar tolerância a diferentes pontos de vista religiosos e políticos, são menos hostis com membros de grupos diferentes, além de resistirem com mais força para classificar pessoas com crenças diferentes como inferiores intelectualmente e moralmente. Além disso, pessoas com mais Humildade Intelectual demonstram ser menos afetadas pelo **Viés do Meu Lado** e pelo **Viés da Confirmação**, expondo a si mesmas com mais frequência a perspectivas contrárias; bem como a serem amigas, escutarem e cooperarem com indivíduos de outros grupos. Se já não bastasse, as evidências apontam que indivíduos com alta humildade intelectual têm mais chances em se reconciliar com pessoas as quais ofenderam e machucaram. Tendo em vista que os relacionamentos são o principal preditor de felicidade para o ser humano, essa é uma excelente notícia.

Enquanto a **modéstia** é a conscientização de não valorizar exaustivamente suas conquistas para as demais pessoas e dar espaço para outras brilharem, e a **tomada de perspectiva** é a habilidade em reconhecer e entender os pontos de vista dos outros, a **Humildade Intelectual** é a habilidade em reconhecer e entender as limitações de **suas próprias crenças e conhecimentos**.

Alguns obstáculos para alcançar a Humildade Intelectual já foram explorados nessa obra; casos do **Efeito Dunning-Kruger** que resulta com que pessoas com baixo conhecimento em certos assuntos classifiquem suas habilidades em níveis similares aos que especialistas classificam a si mesmos; do **Viés do Autointeresse**, que faz com que as pessoas se esforcem cognitivamente para manter uma imagem endeusada de si mesmas, mesmo quando tomam péssimas decisões; bem como o **Groupthink**, que pode levar os membros a tentarem manter a harmonia nas relações e assim, sujeitarem-se às ideias e crenças do grupo. Como vimos no exemplo do Heaven's Gate, quanto mais tempo envolvido com um grupo, mais resistência existe por parte das pessoas em mudar de opinião e, consequentemente, menor será a sua Humildade Intelectual. Além disso, os membros mais antigos de qualquer grupo passam a ganhar status e a assumir posições hierárquicas superiores, fazendo com que a **sedução pelo poder** as distancie cada vez mais de alcançar a Humildade Intelectual.

Felizmente, ao mesmo tempo que existem obstáculos para a Humildade Intelectual, também existem caminhos sendo traçados para conquistá-la. Os estudos sobre esse assunto são recentes, porém, algumas intervenções vêm obtendo sucesso na construção dessa habilidade nas pessoas. Ao assumirem o **papel de observadoras** em qualquer situação, como se estivessem vendo à distância um acontecimento ao invés de estarem envolvidos nele, as pessoas passam a ter mais chances de alcançar a humildade intelectual. Após **escreverem uma redação** detalhada sobre como uma lei funcionava, os participantes se tornaram mais humildes intelectualmente ao perceberem que dominavam menos o assunto do que imaginavam. Um bom exercício seria escrever sobre a Lei Rouanet, não é mesmo? Após escreverem **dois**

fatos que não sabem sobre determinado assunto, as pessoas demonstraram menos autoconfiança no tópico, tornando-se mais humildes. Ao **lerem um artigo** que revelava que a inteligência não é fixa, mas uma habilidade maleável que pode ser desenvolvida, os participantes reportaram mais humildade intelectual. A melhor notícia é a de que em um estudo, participantes que leram sobre os benefícios da Humildade Intelectual reportaram mais humildade logo em seguida – exatamente a atividade que você está realizando nesse momento!

Ao ter acesso às dezenas de vieses cognitivos e comportamentais que distorcem nossos julgamentos, explicados em detalhes nesse livro, um dos benefícios que você recebe é uma maior Humildade Intelectual. Aliás, um dos objetivos desse livro é fazer de você uma pessoa **mais humilde e ao mesmo tempo, mais inteligente**. Como professor de ciências comportamentais, eu aprendi algo valioso ao conversar com cientistas e ler artigos científicos: apesar de não parecer, quando eu respondo "eu não sei" para a pergunta de um aluno, estou **demonstrando confiança**.

Como você se comporta frente a informações contrárias as suas crenças? Você faz como os membros do Heaven's Gate o culpa telescópio quando não enxerga o que quer? Que tal, começando hoje, você encarar informações contrárias às suas crenças da seguinte forma:

> *Uau, eu nunca tinha ouvido isso! Que coisa fantástica, preciso pesquisar mais sobre este assunto para atualizar meus conhecimentos.*
>
> *Nossa! Isso é completamente diferente do que eu acredito! Que oportunidade incrível para repensar meu ponto de vista e aprender algo novo. Será que estou errado?*

Essa leitura certamente te causou grande desconforto e uma vontade de se transformar em uma pessoa diferente, por isso, permita-me apresentar uma última descoberta científica que pode resolver o que está lhe atormentando. Na década de 1980, o cientista da Universidade de Columbia, Tory Higgins desenvolveu a **Teoria da Auto-Discrepância**, baseada na ideia de que cada indivíduo deve comparar seu **"eu atual"** com seu **"eu ideal"** e seu

"eu obrigatório." Higgins propõe que esta comparação tem implicações motivacionais importantes na construção da pessoa que você quer se tornar.

Seu "eu atual", a pessoa que você acredita ser hoje, deve ser colocado em comparação primeiramente com o seu "eu ideal", ou seja, com a pessoa que você gostaria de se tornar, baseando-se nos desejos e aspirações que tem sobre si mesmo. A discrepância causada ao comparar seu "eu atual" com seu "eu ideal" promove o que Higgins chama de **Foco Promocional**: uma motivação pelo crescimento, uma busca por bons resultados, por algo melhor, que traz comportamentos e emoções positivas. No Foco Promocional, existe um sentimento de desconforto se você **não agir** e continuar sendo seu "eu atual." Em seguida, seu "eu atual" deve ser colocado lado a lado com o seu "eu obrigatório", ou seja, com o ser que está preocupado em honrar suas obrigações e demandas externas. Esta comparação, por sua vez, promove um **Foco Preventivo**, ou seja, uma sensibilidade maior a resultados negativos, um medo de suas aspirações não serem alcançadas, o que gera uma redução motivacional e emoções negativas como culpa ou ansiedade, causadas pela possibilidade de vivermos uma vida em que não cumprimos nossas obrigações.

É importante compreendermos que a vida ideal é aquela baseada naquilo que você **deve fazer** para virar a pessoa que você quer ser, e naquilo que você **não deve fazer**, para cumprir suas obrigações morais. As perguntas que faço para encerrar nossa jornada são as seguintes:

Até quando você continuará falsificando seu "eu ideal?" Em que momento você irá parar de mudar suas hipóteses para que elas se encaixem naquilo que já acredita? Existirá um dia em que dará um basta no seu apoio a políticos corruptos? Que deixará de usar uma estratégia errada na empresa apenas por que já a segue há muitos anos? Qual será o momento em que você assumirá definitivamente o seu "eu obrigatório" e terá humildade em mudar de opinião, mesmo que isto prejudique a imagem presente que tem de si mesmo?

Certa vez, um aluno da Universidade da Califórnia Santa Cruz perguntou ao meu estimado mentor, Elliot Aronson, o que ele achava do seu plano de passar um ano na Índia, com o objetivo de "encontrar a si mesmo." Aronson respondeu ao aluno que é sempre bacana passar um ano fora em outro país, porém o alertou de que **o ser não é algo que se encontra, o ser é algo que se constrói**. Aronson afirma que o ser se constrói através de seu comportamento, tomando decisões difíceis, sendo consciente do que está fazendo, num senso moral, a cada momento. Aronson finaliza sua resposta com uma reflexão fundamental para a nossa vida:

> *"Quem sou eu?" é uma pergunta muito boa, uma ainda melhor é "Quem eu quero me tornar"? Quando você sabe quem quer se tornar é que, conscientemente, olha para cada decisão importante que faz e acaba se movendo em direção ao tipo de pessoa que você quer ser."*

Já passou da hora de pararmos de enganar a nós mesmos e buscarmos, autenticamente, construir a pessoa que queremos ser.

REFERÊNCIAS

Porter, T., Elnakouri, A., Meyers, E. A., Shibayama, T., Jayawickreme, E., & Grossmann, I. (2022). Predictors and consequences of intellectual humility. *Nature Reviews Psychology*, 1(9), 524-536.

Stanovich, K. E., & West, R. F. (2007). Natural myside bias is independent of cognitive ability. *Thinking & Reasoning*, 13(3), 225-247.

Nickerson, R. S. (1998). Confirmation bias: A ubiquitous phenomenon in many guises. *Review of general psychology*, 2(2), 175-220.

Kruger, J., & Dunning, D. (1999). Unskilled and unaware of it: how difficulties in recognizing one's own incompetence lead to inflated self-assessments. *Journal of personality and social psychology*, 77(6), 1121.

Miller, D. T., & Ross, M. (1975). Self-serving biases in the attribution of causality: Fact or fiction?. *Psychological bulletin*, 82(2), 213.

Janis, I. L. (1973). Groupthink and group dynamics: A social psychological analysis of defective policy decisions. *Policy Studies Journal*, 2(1), 19.

Higgins, E. T. (1989). Self-discrepancy theory: What patterns of self-beliefs cause people to suffer?. In *Advances in experimental social psychology* (Vol. 22, pp. 93-136). Academic Press.

Apêndice

METODOLOGIA CIENTÍFICA: A MELHOR FERRAMENTA PARA AFIAR SEU PENSAMENTO CRÍTICO

Se eu te dissesse que para ganhar um Prêmio Nobel, tudo o que você deve fazer é comer muito chocolate, você certamente classificaria minha dica como um devaneio. Mas por que você não faz o mesmo julgamento se eu te disser que armas de fogo reduzem a violência? Por mais absurda que esta comparação possa parecer neste momento, no decorrer deste capítulo você entenderá que ambas as afirmações seguem exatamente a mesma lógica e que, para entendê-la, é necessário um pouco de conhecimento sobre metodologia científica.

Há alguns meses, recebi uma mensagem em um grupo de WhatsApp que tinha origem – pasmem – em um grupo de médicos. O título da mensagem era algo como: Quanto mais nos vacinamos, maior o número de casos de Covid 19. Ao clicar no link que acompanhava a mensagem, fui encaminhado a um blog americano onde o autor da postagem dizia: "Quando é que 'eles' vão finalmente acreditar nos dados? Nunca." A conclusão do autor era acompanhada por vários gráficos e dados obtidos por cientistas e instituições de respeito. No entanto, faltou ao blogueiro uma simples interpretação nesta análise: são vacinas que causam aumento nos casos de Covid 19 ou seriam os aumentos nos casos de Covid 19 que causam mais vacinações? O leitor com um pouco mais de 40 anos de idade deve lembrar do Dilema de Tostines: vende mais porque é fresquinho ou é fresquinho porque vende mais? Diferentemente do caso do biscoito, onde em uma análise inicial podemos chegar à conclusão de que as duas afirmações têm chances similares de serem verdadeiras, o caso das vacinas tem a probabilidade de pender apenas para um lado. Na sua opinião, o que é mais provável? Que a vacina possa de alguma maneira estar causando novos casos de Covid 19? Ou que o aumento do número de casos de Covid 19 faça as pessoas ficarem com medo de morrer e isto faz com que elas decidam se vacinar? Lembre-se que de acordo com a posição inicial do autor sobre o assunto, maiores as chances de ele interpretar dados ambíguos de forma a confirmar suas crenças. Ao acessar o perfil do dono do blog, que é um empreendedor na área de tecnologia, uma informação chama atenção:

> "Quando a pandemia do Covid nos atingiu, 'João' pegou uma licença de trabalho de sua empresa para começar o Fundo de Tratamento Precoce do COVID-19. Ele colocou USD 1 milhão do seu próprio dinheiro no fundo e levantou outros USD 5 milhões de fontes privadas."

Para os que conhecem a Dissonância Cognitiva, quão difícil é mudar a opinião de uma pessoa que:

1. Pediu uma licença para se afastar de sua própria empresa;
2. Criou um fundo financeiro;
3. Investiu USD 1 milhão de seu próprio bolso no fundo e;
4. Convenceu outras pessoas e empresas a doarem mais USD 5 milhões ao fundo.

Ao obter evidências contrárias as suas crenças – tratamento precoce, infelizmente, não funciona – qual é a cognição mais atraente para este indivíduo?

- "Puxa, que pena, tirei uma folga da minha própria empresa para começar um fundo financeiro para o tratamento precoce do Covid-19, investi USD 1 milhão e convenci outras pessoas a doarem mais USD 5 milhões em algo que acabou sendo comprovado pela ciência como ineficaz. Vou pensar melhor na próxima vez. Preciso segurar meus impulsos, talvez seja prudente eu não me envolver em assuntos fora da minha área de formação. Vou me redimir tentando recuperar de alguma forma este USD 1 milhão que investi, vou pedir desculpas aos meus sócios pela minha impulsividade e devolver o quanto antes os USD 5 milhões para as pessoas e empresas que acreditaram no meu projeto. Que mancada!"

- "Os órgãos de saúde, governos e as empresas farmacêuticas estão enganando a população sobre a eficácia destes medicamentos para lucrar com a venda de novas vacinas! Esses medicamentos funcionam. Sou esperto, tomo boas decisões, sou racional, defendo causas importantes. Não me afastei do meu trabalho, iniciei um fundo, investi USD 1 milhão e muito menos convenci outras pessoas a doarem USD 5 milhões em vão. Vou buscar por novas evidências e publicá-las em um blog para provar para todo mundo que estou certo."

E então, qual a sua opinião? Além disso, tendo conhecimento sobre outras falhas cognitivas as quais estamos sujeitos, quanto você imagina que o cérebro do autor do blog se esforçou para encontrar uma explicação alternativa que coloque suas crenças em dúvida na relação entre casos de coronavírus e número de vacinados?

Em uma conversa recente com um amigo, ele me disse que hoje em dia, os cientistas manipulam dados para encontrar o que querem, e esta afirmação é verdadeira. Qualquer cientista pode realmente manipular dados para confirmar o que já acredita, porém, as vítimas deste tipo de desonestidade não são outros cientistas e sim, os cidadãos comuns. Como você aprenderá em breve, a metodologia científica segue uma série de regras para a verificação de qualquer fenômeno e assim, um estudo manipulado para obter resultados tendenciosos é facilmente desmascarado por outros cientistas, impedindo com que a descoberta ganhe relevância no mundo acadêmico. No entanto, como existem revistas científicas de péssima qualidade, um estudo igualmente péssimo tem grandes chances de publicação nestes veículos. Como os cidadãos comuns não têm conhecimento sobre a qualidade de revistas científicas, além de uma fome enorme para mostrar que estão certos, basta que algo seja oficialmente publicado para que as pessoas fora do círculo acadêmico a classifiquem como uma "comprovação científica." Como vimos em um capítulo anterior, nem a publicação do artigo de baixa qualidade é necessária mais: casos como o do working paper referente ao "estudo da Johns Hopkins" ilustram bem este fato.

Existem sim cientistas desonestos, comprados por políticos, lobistas e indústrias para fabricar dados, e seus estudos têm a clara intenção de colocar as posições destas pessoas e instituições em um pedestal. Mas estes estudos não iludem outros cientistas, que rapidamente fazem análises minuciosas, que fogem da expertise do cidadão comum, para analisar a veracidade e confiança dos dados, rapidamente descartando evidências fracas e realizando novos estudos para expor o colega charlatão. No entanto, como as pessoas fora da academia dificilmente se manterão atualizadas no assunto, o estrago causado pela leitura de um artigo vindo de um cientista desonesto continuará a ser sentido por toda a sociedade no longo prazo. Logo, você conhecerá um caso como este, que iniciou o movimento antivacina.

O caso do blog nos gera um alerta de que manipulações usando a ciência não precisam ser necessariamente feitas por cientistas. Pessoas comuns, como o blogueiro / empresário, vítimas de uma série de vieses que fogem de sua compreensão, também possuem um poder de influência enorme, levando os avarentos cognitivos a acreditarem em informações que colocam suas próprias vidas em risco, mas trazem autoestima no curto prazo.

Mas afinal, o que esta história tem a ver com chocolates e Prêmio Nobel, armas de fogo e violência? As conclusões de todas estas histórias têm uma comunalidade: elas são baseadas em correlações, assim como o segredo de Tostines. Você conhece os perigos de tirar conclusões vindas de correlações? Aperte os cintos!

Método Correlacional

Ao sermos iludidos pelos mais variados bugs cognitivos, muitas vezes entramos em uma jornada sem volta. Por isso, a consciência sobre a existência destes vieses é importante na construção da pessoa que você quer ser. Como vimos nas páginas anteriores, forças enormes moldam nosso comportamento, entre elas, o desejo de termos realizado **boas escolhas**, de estarmos **certos**. O ser humano viaja longas distâncias para provar que estava certo, mesmo estando errado, e busca pela confirmação de que está correto, ao invés de buscar pela **verdade**. E felizmente, o processo de **busca pela verdade acontece** em uma área: a ciência.

A ciência não é perfeita, mas sem dúvida alguma ela é **a ferramenta mais confiável que existe para tomarmos decisões**. Em uma época em que as pessoas confiam mais na opinião de políticos do que em evidências científicas é importante explorarmos como a ciência funciona e por que ela é tão confiável. O conhecimento da metodologia científica, no entanto, vem com um preço alto: **após a leitura deste capítulo, você nunca mais irá processar informações do mesmo jeito. Você nunca mais aceitará a**

apresentação de dados sem nexo. Você perceberá quão descabidas são algumas matérias que apresentam grande cobertura da mídia. Você passará a entender quão absurdas são as afirmações de políticos. Seu nível de exigência ao consumir informações crescerá absurdamente. Sua régua subirá demais! Está pronto ou pronta? Aviso de antemão que a jornada pelo mundo da ciência não tem volta.

Suponha que recentemente você ouviu o depoimento de um político afirmando que a solução para a redução da violência é facilitar com que o cidadão comum possa **comprar armas**. Por mais que a opinião faça sentido e o objetivo do político seja criar um país mais pacífico, essa afirmação precisa ser colocada sob teste. Uma das coisas mais importantes que aprendi em quase 20 anos de contato com a ciência, é que a **nossa intuição nos trai**. Frequentemente, aquilo que **achamos** que funciona para resolver certa situação, gera resultados opostos aos que esperamos.

No caso da liberação de armas, podemos investigar o que os cientistas descobriram sobre a **relação entre a quantidade de armas em um país e seus níveis de violência.** Estudos **correlacionais** (lembra dessa palavra?) apontam que **quanto mais armas** os cidadãos de um país possuem, **maior é a violência**. No entanto, quando um estudo é **correlacional**, ou seja, quando ele mede como duas variáveis se relacionam (armas e violência), um cientista **nunca pode afirmar** que armas **causam** violência. Tudo o que sabemos em correlações é que **as variáveis estão associadas**, neste caso, quando o número de armas aumenta, a violência aumenta também. Além disso, um estudo correlacional não consegue determinar a **direção da causalidade,** ou seja, se **armas** aumentam a violência ou se é a **violência** que aumenta a quantidade de armas: o velho Dilema de Tostines.

Ao olharmos mais de perto o caso do blogueiro que afirmou que a vacinação estava causando um aumento nos casos de Covid-19, é mais provável que a direção da causalidade seja a **oposta**: quanto mais casos de coronavírus são descobertos, mais as pessoas ficam assustadas e maiores as chances delas se vacinarem. Apesar desta conclusão ter lógica e provavelmente ser correta, um cientista nunca pode afirmar **causalidade** mesmo com evidências como essa, já que a correlação pode estar sendo moderada por uma **terceira variável**. O aumento no número de vacinados pode ter como **causas** outros fatores como as campanhas de vacinação, a facilidade de acesso às vacinas, o falecimento de entes queridos, a sensação de escassez de doses por parte da população, o incentivo de um artista, entre centenas de outras possibilidades. Esta terceira variável também é nomeada pelos estatísticos como **Variável Confusa**, ou seja, uma variável que pode estar relacionada **tanto com a causa quanto com o resultado**. Como um exemplo simples, existe uma correlação positiva entre uso de **protetor solar** e desenvolvimento de **câncer de pele**. O cidadão sem treinamento científico pode concluir que protetor solar **causa** câncer de pele, ou que câncer de pele aumenta o uso de protetor solar, mas geralmente esquecemos de uma **terceira variável** que pode explicar melhor o fenômeno: **exposição ao sol**. Uma possível explicação desse fenômeno é a de que quanto mais uma pessoa se expõe ao sol, mais protetor solar ela usa e mais chances de desenvolver câncer de pele ela apresenta. Do mesmo modo, quanto mais as pessoas ficam sabendo de conhecidos que desenvolveram câncer de pele, mais protetor elas compram! Perceba que a exposição ao sol está relacionada tanto com a hipótese da causa (uso de protetor solar) quanto a do resultado (câncer de pele). Em muitas oportunidades os cientistas podem **controlar** uma grande quantidade de variáveis em estudos correlacionais e, mesmo assim, por ser impossível de controlar **todas** elas, é impossível também estabelecer **relações de causalidade** em estudos que utilizam esta metodologia.

Um mantra entoado pela comunidade acadêmica é que correlação não significa causa.

No caso das armas, pode ser que **cidadãos mais violentos** são os que compram armas, portanto, não é a quantidade de armas que aumenta a violência e sim, o fato de que cidadãos mais violentos por natureza compram mais armas e as usam com mais frequência quando sua compra é facilitada. O problema neste caso seriam os cidadãos mais violentos, não as armas. Então isto significa que se fosse exigido um teste que mede o grau de violência de um cidadão antes que ele possa comprar uma arma, teríamos uma redução na violência? Não necessariamente, porque pode ser que a mera **posse** de uma arma **provoque** comportamentos mais violentos em qualquer tipo de pessoa. A violência maior em países onde comprar arma é tarefa fácil também pode ter sido causada por **variáveis** como o **calor**. As evidências científicas apontam uma correlação entre clima quente e aumento da violência, portanto, pode ser que os países que facilitam a compra de armas aos cidadãos sejam majoritariamente de clima quente e é a **temperatura**, e não as armas em si, que provocam violência. Isto significa que países com clima ameno terão menos violência? Não necessariamente, pois pode ser que em países mais frios, em momentos de depressão por falta de luz solar, as pessoas utilizem armas para cometer suicídio. Então, a **presença** de uma arma em casa é o que pode aumentar as chances de uma pessoa acabar com sua própria vida e aumentar casos de violência. Isso significa que se um teste que mede as tendências depressivas de uma pessoa fosse aplicado no momento da compra de uma arma, ele ajudaria a combater o suicídio? Não, pode ser que a violência aumente nos países que liberam armas facilmente pois os criminosos as roubam dos cidadãos comuns e as usam contra outras pessoas. Pode ser também que a presença de uma arma em casa aumente as chances de adolescentes que sofrem bullying na escola usarem estas armas para matar seus colegas e professores, então o problema não são as armas, mas sim o bullying. É possível também, que países com mais disponibilidade de armas apresentem maior desigualdade social e que pessoas com dificuldades em manter sua família sejam aquelas com maiores chances de usar armas para roubar, neste caso, a desigualdade social, e não as armas, seria o motivo do aumento da violência. É possível que os países onde comprar armas é fácil apresentem uma população composta por 65% de homens e 35% de mulheres e como evidências apontam que homens cometem mais homicídios do que mulheres, o problema está na desproporcionalidade de homens em relação a mulheres, não na disponibilidade de armas. É melhor parar por aqui, pois posso ficar escrevendo **centenas de páginas** imaginando as possíveis causas do aumento da violência correlacionadas com armas de fogo. Perceba que muitas pessoas relacionam **ciência com certeza**, no entanto, o relacionamento da ciência é com a **probabilidade**. **Sim e não** são certezas, a ciência trabalha com o talvez.

Acredito que você entendeu quão complexo um assunto pode ser, principalmente quando os únicos dados que temos são correlacionais. Muitos de nós utilizamos uma forma **binária** de pensar, "x causa y". Porém, como vimos, a causa do problema pode ser z, w, p, q, α, m e até uma combinação entre todos estes fatores. O renomado cientista da Harvard, Max Bazerman, nos presenteia com a bela dica de analisarmos informações procurando **aquilo que não nos foi apresentado.** Armas aumentam ou diminuem a violência? Em quais outras variáveis eu posso pensar **além** de armas e violência? Vamos praticar? Certa vez, li o post de um senador que dizia: **Mais armas, menos crimes!** Na publicação, o senador mostrava dados de um levantamento feito por um instituto comandado por um deputado estadual simpatizante das armas, que apontavam que os 5 estados mais armados do Brasil tinham 33% das armas legais do país e computavam apenas 9% dos homicídios no país, enquanto os 5 estados menos armados possuíam apenas 6% das armas legais e eram responsáveis por 26% dos homicídios. Com o pouco de experiência que você possui em correlações até então, onde estão as falhas deste levantamento e da conclusão do senador? Quais informações **não** lhe foram apresentadas? **Armas** causam menos violência ou **menos violência** causa o aumento de armas? Pode ser que armas gerem uma sensação de intimidação em criminosos e realmente diminuam a violência, como também é possível que baixos índices de violência levem as pessoas a ficarem com medo de perder sua tranquilidade, incentivando a compra de armas. Pode ser que mesmo em estados com baixos índices de violência, um **terceiro fator,** como o discurso repetitivo de um político de grande influência afirmando que os bandidos estão prestes a invadir sua casa, modere o aumento no número de armas através do **Viés da Disponibilidade**. Entrando mais profundamente nesta análise, qual é a definição de "crime" para você? Apenas homicídios podem ser considerados como crime? Que tal o marido que chega em casa embriagado e ameaça a esposa com uma arma? Isto é um crime na sua opinião? Este tipo de caso é reportado para a polícia e entra nas estatísticas criminais? E assaltos a mão armada, onde os ladrões ameaçam as vítimas, mas não matam ninguém. São crimes? E oportunidades em que um vizinho atira no outro por causa de uma discussão sobre futebol, mas por sorte a vítima sobrevive, não contam? Que tal se falássemos sobre os 6 estados mais e menos armados, ao invés dos 5 levantados pelo senador, a estatística mudaria? E se fossem os 4 estados mais e menos armados, o que mudaria nestes números? Que tal incluir nestes dados **todos** os estados brasileiros? E se ao invés de agrupar os estados, fizéssemos uma análise de cada estado **separadamente**, mais armas continuariam a estar correlacionadas com menos "crimes"? Entre os "estados mais armados" estão Paraná, Santa Catarina, Rio Grande do Sul, Mato Grosso e Acre, já entre os "menos armados" estão Bahia, Ceará, Maranhão, Pernambuco e Sergipe, portanto, o motivo da diferença no número homicídios não poderia ser a **desigualdade social?** O estudo levanta apenas 35% dos homicídios, para os 65% faltantes a correlação com a quantidade de armas continua significativa? Se levarmos em consideração que existem muitas armas ilegais circulando pelo país, se elas entrassem nas estatísticas do estudo, mais armas continuariam correlacionadas com menos homicídios? Além dos dados em si, que tal analisarmos a **confiabilidade da**

fonte? O instituto que realizou o levantamento, **fundado por um cidadão entusiasta das armas**, tem algum interesse em fazer pesquisas livres de vieses? Se eles encontrassem dados mostrando que mais armas **aumentam a violência**, será que eles o publicariam? Você confiaria em uma pesquisa conduzida por uma indústria de cigarros, informando que fumar faz bem à saúde? E o senador que postou a informação, tem algum interesse fora do nosso conhecimento para divulgar tal informação? Que tal o recebimento de verbas de campanha vindas de fabricantes de armas? Mais uma vez, temos evidências de que manipulações de dados não enganam cientistas, mas sim os cidadãos de bem. Na metodologia científica, é conhecida como **"cherry picking"** a prática de "escolher" dados de forma tendenciosa, com o intuito de obter resultados que interessam ao pesquisador. Você pode estar certo de que os cientistas têm **todas as ferramentas** que desmascaram este tipo de prática, mas e o cidadão comum?

Um estudo ilustra de forma interessante quão complexas as **correlações** podem ser e como elas podem trair nossas conclusões. Em um certo período, o exército Americano estava preocupado com a quantidade de acidentes de motos que seus soldados estavam sofrendo, portanto, encomendaram um estudo para descobrir quais eram os fatores que aumentavam as chances destes acidentes acontecerem. Os cientistas coletaram dezenas de informação sobre os soldados; como idade, sexo, nível de educação formal, peso, anos de experiência pilotando motos, histórico de acidentes, forma física, análises psicológicas, medidores de saúde, bem como sobre os acidentes; velocidade da moto, tipo de colisão, horário do acidente, causa do acidente, tipo de imprudência, modelo da moto, tipo de queda, uso de capacete, local do acidente, entre outras. Na sua opinião, qual foi o fator que teve a maior correlação com os acidentes de motos? Distração? Alta velocidade? Imprudência? Transitar em corredores de automóveis? Se imaginou que seria um destes você está tremendamente enganado! O principal preditor de acidentes de motos a **quantidade de tatuagens** que o soldado tinha! Isto significa que tatuagens **causam** acidentes? Ou que acidentes **causam** tatuagens? A não ser que você considere uma cicatriz como tatuagem, a resposta para ambas as perguntas é não. Como podemos perceber, a correlação entre acidentes e tatuagens é causada por um **terceiro** fator, que é a tolerância do indivíduo a expor seu corpo ao risco.

Nesse momento, acredito que você já esteja pronto para criticar o primeiro estudo que apresentei neste capítulo: o cientista Franz Messerli encontrou uma correlação positiva entre o consumo de **chocolate** em vários países e o número de ganhadores do **Prêmio Nobel** nestas nações. Chocolates **causam** o recebimento do Prêmio Nobel? Indivíduos de países com ganhadores do Prêmio Nobel passam a comer mais chocolate, quem sabe, para comemorar a conquista? Ou seria **a educação de qualidade** em países como Suíça e Dinamarca, que faz as pessoas terem vidas melhores, mais chances de ganhar o Prêmio Nobel, e, quem sabe, poder comprar mais chocolate? Quais outras variáveis confusas existem nesta correlação?

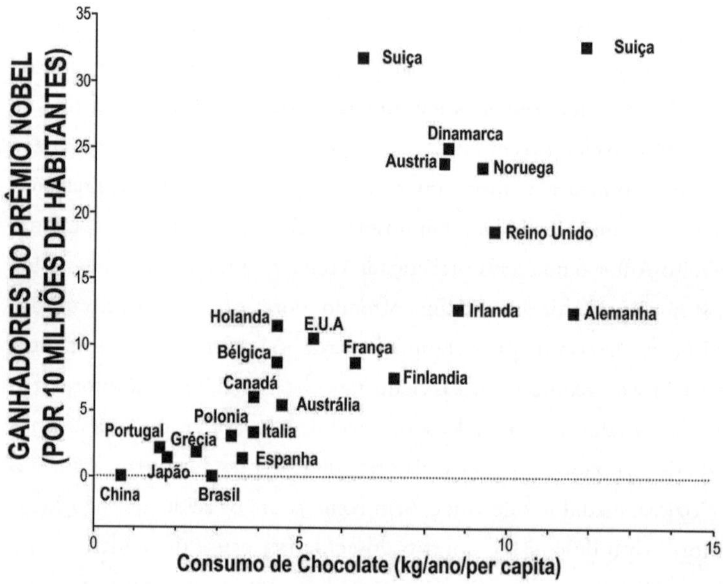

Figura 30 – Comer chocolate promove ganhadores do Prêmio Nobel?

Como você pode imaginar, profissionais da maioria dos setores, inclusive do jornalismo, não passam por treinamento científico e assim, têm seus pensamentos traídos pela **forma binária** com a qual o ser humano processa informações. Praticamente todos os dias leio notícias que indicam causa e efeito, onde o que existe é apenas correlação.

Resumindo, estudos correlacionais são excelentes para ilustrar a relação entre duas variáveis, no entanto eles não determinam **causalidade**. A força de uma correlação é medida entre -1 e 1, e quanto mais próximo dos extremos mais forte ela é. Como um exemplo no caso das armas, se a correlação entre armas e violência fosse -0,90, ela deveria ser interpretada como uma correlação **negativa** extremamente forte, indicando uma tendência de que quanto mais armas, menor a violência. Mas se esta relação fosse 0,55, podemos interpretar como uma correlação positiva moderada, indicando uma tendência de que a quantidade de armas aumente os casos de violência, mas nem tanto.

Apesar das deficiências do estudo correlacional, ele não pode ser desconsiderado. Existem certas investigações científicas que **só podem ser feitas através deste tipo de estudo**, geralmente, fenômenos que são difíceis de se estudar no ambiente controlado de um laboratório. Como um cientista poderia analisar, por exemplo, a relação entre tabagismo e câncer? Você pode imaginar o quão difícil seria para um cientista realizar um estudo onde um grupo de pessoas fosse obrigado a fumar dois maços de cigarro por dia, um segundo grupo apenas um maço por dia e um terceiro grupo nunca pudesse fumar **durante vinte anos**. Posteriormente, os cientistas analisariam qual dos grupos teve uma maior incidência de câncer. Apesar do design deste experimento ser excelente, a execução dele é impossível. Como o cientista irá garantir que as pessoas fumem a exata quantidade de cigarros por dia? Como ele ou ela irá garantir que as pessoas do grupo de controle **nunca** fumem durante os próximos vinte anos? Os estudos correlacionais resolvem este tipo de problema, possibilitando que pesquisas importantes possam ser realizadas analisando o **comportamento real das pessoas**, avançando nosso conhecimento em diversas áreas.

Experimentos Científicos

Nem todo fenômeno é impossível de ser isolado e precisa ser estudado usando o método correlacional. Quando algo pode ser estudado no ambiente controlado de um laboratório, os cientistas podem inferir com **grande grau de precisão** o que **causou** certo acontecimento. Estes poderosos estudos são chamados de **experimentos científicos**. Em um experimento científico, os cientistas podem **arquitetar** aquilo que querem estudar. No caso das armas, eles podem analisar, por exemplo, se a mera presença de uma arma em um ambiente **causa** com que as pessoas se comportem de forma mais violenta. Para isto, os cientistas podem selecionar um grupo de participantes, colocá-los para realizar uma tarefa e em seguida fazer outras pessoas **insultarem** os participantes por sua baixa performance. Posteriormente, os participantes insultados podem se vingar. Assim, no próximo passo do experimento os participantes que foram insultados julgarão a performance daquelas que as insultaram. Este julgamento pode acontecer através de um **choque**. Neste caso, quanto pior for o desempenho das pessoas, mais forte deve ser o choque dado pelo participante. Nessa condição, os participantes seriam separados em dois grupos: em um deles, uma **raquete** seria colocada em cima da mesa onde o aluno controlaria a máquina de choques, no outro, a raquete seria substituída por uma **arma**. Na condição de controle, **nada** seria colocado em cima da mesa. Dessa forma, os cientistas podem medir se as pessoas insultadas que avistaram uma arma em cima de suas mesas deram choques **mais fortes** do que aqueles que avistaram uma raquete, se a presença da raquete causou choques mais violentos do que a presença de arma ou se não existiu diferença na intensidade dos choques em ambas as condições. E quão diferente foi a intensidade dos choques que os participantes que avistaram a raquete ou a arma deram em suas vítimas em comparação com aqueles que não foram expostos a nenhum dos objetos, o grupo de controle?

Em muitas oportunidades, um experimento como este é o melhor que um cientista pode fazer para estudar um fenômeno, já que seria antiético realizar um estudo onde um grupo de participantes receberia uma arma, um segundo receberia uma raquete e o terceiro não receberia nada e, posteriormente, os cientistas analisariam qual dos grupos se comportou de forma mais violenta. Apesar deste estudo ter um design perfeito e com ele, a possibilidade de testar a hipótese de que "armas não matam pessoas" seria real, este experimento nunca seria aprovado por um comitê científico. Sim, existem comitês que julgam a ética dos estudos, aprovando ou reprovando os mesmos.

O experimento com armas e raquetes não é uma criação minha e sim, um experimento que realmente aconteceu. Nele, os participantes que avistaram uma arma se comportaram de forma **mais violenta** do que as pessoas que avistaram uma raquete ou do que o grupo de controle. Desta forma, os cientistas do estudo podem concluir que armas **causam** comportamentos mais violentos em pessoas que acabaram de ser insultadas. Conhecendo um pouco de ciência, você pode estar se perguntando: mas não existe a chance das pessoas que viram as armas neste experimento **já serem mais violentas** por natureza? Então não foi a arma em si que causou o comportamento agressivo e sim, a **violência natural** das pessoas? Aqui entra um grande trunfo do método experimental. Quando os cientistas separam as pessoas em grupos, eles o fazem usando uma distribuição **aleatória**. Desta forma, de acordo com as regras estatísticas, as chances de pessoas **violentas** ou **não violentas** estarem no mesmo grupo são **as mesmas**, ou seja, estas diferenças "cancelam" umas as outras. A aleatoriedade no método científico permite que pessoas de idades, crenças, religiões, posições políticas, gênero, culturas, países, níveis de violência e qualquer outra variável tenham as **mesmas chances** de fazer parte de qualquer grupo, desta forma, os cientistas podem **afirmar com grande nível de confiança** que certo comportamento foi **causado pela intervenção**, e não por alguma característica da personalidade dos participantes. A distribuição aleatória é extremamente poderosa no sentido de conseguir **isolar a causa** de certo fenômeno.

No experimento com armas, as chances de pessoas violentas e não violentas estarem em qualquer grupo era **igual**, por este motivo, os cientistas podem afirmar com imensa confiança que foi a **presença da arma** e **não a violência natural** dos participantes, que **causou** o comportamento agressivo. Porém, a aleatoriedade não é a única ferramenta poderosa de um experimento. Outra característica fundamental de um experimento científico é o **grupo de controle**, ou seja, aquele grupo que, geralmente, **não sofre intervenção** alguma. No caso do experimento com armas, o grupo de controle foi aquele que não foi exposto a arma e nem a raquete. O grupo de controle dá aos cientistas ainda mais certeza de que o comportamento das pessoas foi **causado pela intervenção** e não por **mero acaso ou sorte**. Usando um cálculo que revela se a diferença de comportamento dos grupos foi estatisticamente significativa ou não, em comparação com o grupo de controle, os cientistas podem concluir se o comportamento dos participantes foi resultado do **acaso** ou se foi realmente a **intervenção** que causou o comportamento observado. Voltando ao experimento das armas, se os cientistas observassem que o grupo que avistou as armas e o que não avistou nem armas nem a raquete – o grupo de controle – tiveram comportamentos muito parecidos, eles poderiam concluir que a presença de armas não aumenta e nem diminui a violência. Por este motivo é que os cientistas podem concluir com grande certeza que a presença de armas **causa** um aumento na violência dos participantes, pois **comparados com o grupo de controle**, os participantes que avistaram armas agiram de forma **significativamente** mais violenta do que o **normal**. Para reforçar, a comparação com o grupo de controle demonstra que o comportamento mais violento dos participantes de um dos grupos de tratamento não foi obra do acaso, e sim, **causado** pela presença de uma arma em cima da mesa.

Apesar da robustez estatística obtida pela aleatoriedade e pelo grupo de controle, existem chances de um experimento chegar a uma conclusão e outro chegar a uma conclusão contrária? Claro! E aqui chegamos em outra ferramenta científica que assegura a confiança de um experimento: a **possibilidade de replicação**. O método experimental permite com que cientistas do mundo todo **repitam** com fidelidade o experimento em seus países, com diferentes pessoas, em diferentes épocas, em diferentes realidades econômicas, em diferentes culturas e assim por diante, gerando alto grau de confiança para a descoberta. Como dois experimentos podem chegar a conclusões conflitantes, a replicação resolve estes casos, pois o **acúmulo** de evidências apontará com mais frequência para a **direção correta**. Mesmo no método correlacional, a replicação é fundamental. Sim, existem estudos que mostram uma correlação negativa entre armas e violência (mais armas, menos violência), porém o **acúmulo de evidências** aponta na direção contrária. Perceba que a replicação é a ferramenta que faz com que a **ciência corrija a si mesma**, além de ser uma forma de proteção contra cientistas com interesses ocultos. Como vimos, cientistas podem produzir evidências que confirmem seus interesses, no entanto, não podemos esquecer que a **ciência é uma área competitiva**. No momento em que um cientista publica um artigo em um journal, outros cientistas virão famintos para replicar o estudo e verificar a sua confiabilidade, desmascarando os impostores rapidamente. No caso de fraude, o impostor passará por uma vergonha tremenda frente aos seus colegas, além de sofrer outras sanções que veremos em breve. Com o passar do tempo, o acúmulo de boas evidências esmaga as evidências de baixa qualidade, mantendo trapaceiros longe dos holofotes.

Não existe estudo ruim que sobreviva a ciência boa.

Não esqueçamos que nem todo cientista que chega a evidências contrárias aos outros é mal-intencionado. Às vezes, o estudo apresenta alguma falha metodológica que fugiu do radar do pesquisador e assim, a replicação dos estudos **corrige** estas falhas. O cientista Jonathan Haidt, da New York University, compara a comunidade científica ao cérebro. Um neurônio sozinho não tem grande utilidade, mas uma grande rede de neurônios agindo em conjunto alcança objetivos incríveis. Um cientista pode ter uma mente falha e enviesada, mas várias mentes juntas corrigem estas falhas e produzem resultados magníficos.

Muitos estudos de medicamentos e vacinas são feitos através do método experimental, gerando alto grau de confiança na eficácia do produto. Mas vacinas não levam anos para ser desenvolvidas? Depende! Em um momento como o da pandemia do coronavírus, a comunidade científica médica se **concentrou** enormemente ao estudo das vacinas para acumular evidências suficientes para concluir algo sobre a sua eficácia, afinal, a humanidade precisava deste produto com **extrema urgência**. Se durante um ano tivermos grande parte da comunidade científica **exclusivamente** dedicada a descoberta de uma vacina, os milhares de cientistas envolvidos produzirão uma enorme quantidade de evidências que, juntas, apontarão com mais frequência para uma determinada direção. Agora, qual é a urgência que a ciência tem em descobrir todas as evidências possíveis sobre os **efeitos do dinheiro em nossa motivação**, por exemplo? Em casos como este, a ciência caminha mais devagar e o acúmulo de evidências custa a mostrar a direção mais frequente.

Então, usando o seu conhecimento inicial sobre experimentos científicos, como você testaria a eficácia de uma vacina? Que tal repetir os procedimentos do estudo das armas? Neste formato, um grupo de pessoas receberia a **vacina**, um segundo grupo receberia um **placebo** (uma solução salina, por exemplo) e um terceiro, de controle, não receberia **nada**. Depois de um período, você poderia analisar as diferenças nos exames de plasma sanguíneo em cada grupo, verificando a quantidade de defesas orgânicas nos participantes, principalmente no que se refere aos anticorpos específicos que combatem a doença estudada. Você também poderia fazer outras análises, como por exemplo, verificar quantas pessoas de cada grupo foram infectadas pelo vírus e como foi o desenvolvimento dele em cada uma delas. Quantas pessoas de cada grupo vieram a falecer? Quantas foram entubadas? Quantas tiveram de ser encaminhadas para a UTI? Quantos dias, em média, as pessoas de cada grupo levaram para testar negativo novamente? Feitas estas análises, o próximo passo é comparar os resultados de cada grupo, usando um cálculo que determina se as diferenças entre os grupos são ou não **estatisticamente significativas**. Caso os resultados apontem que o grupo de vacinados apresentou um aumento significativo na quantidade de anticorpos e uma redução igualmente significativa no número de mortes, internações em UTI's, entubamentos e dias de recuperação, em comparação com o grupo que tomou um placebo e o que não recebeu tratamento algum, os cientistas podem concluir com toda a precisão que a vacina se mostrou altamente efetiva para combater a doença. Mas o meu principal intuito com a formulação deste experimento não era falar sobre a vacina e sim, sobre outra ferramenta que os cientistas usam em experimentos: **o teste duplo cego**.

O texto duplo cego é feito para ser uma garantia de que nem os cientistas e nem os participantes sejam influenciados por outros fatores que possam **contaminar** os resultados do experimento. Assim, os participantes do estudo não sabem qual é o tratamento que receberam, ou seja, eles não sabem se receberam a vacina ou o placebo, por exemplo, mantendo-se "cegos" sob suas condições no experimento. É amplamente documentada na área médica a evidência de que o simples fato de um paciente **saber** que recebeu um medicamento para curar uma condição, faz com que ele apresente melhoras significativas, mesmo que o "medicamento" seja na realidade uma pílula de farinha ou uma solução de água e sal, sem qualquer outro tipo de ingrediente. Isto é conhecido pelos cientistas como **Efeito Placebo**. Recebendo ou não o tratamento efetivo, alguns pacientes apresentarão sinais de melhoria nos dias seguintes, seja pelo Efeito Placebo ou pela Regressão à Média, **caso ele não saiba o que lhe foi administrado**. O nosso cérebro é realmente incrível e, ao tomar conhecimento de que **algo foi feito** para combater uma ameaça ao organismo, ele **estimula a produção de defesas orgânicas** como anticorpos, leucócitos, células CD, entre outras. Caso o paciente **saiba** que tomou uma pílula de farinha, por exemplo, estes efeitos não acontecerão. Obviamente, para que a intervenção do medicamento ou vacina seja classificada como eficaz, esses aumentos nas defesas orgânicas obtidas pelo placebo devem ser inferiores aos alcançados pelo produto farmacêutico. Ao comparar os resultados dos participantes que receberam uma vacina com o grupo que recebeu um placebo, os cientistas conseguem determinar se a vacina teve algum **efeito real** no paciente, ou se os efeitos da vacina foram similares aos do placebo, descartando neste caso a eficiência do medicamento.

Além dos pacientes não saberem qual tipo de tratamento receberam, esta condição se estende também **aos cientistas que conduzem o experimento**. No caso de uma vacina, os médicos que irão acompanhar os pacientes também devem se manter "cegos" para o tratamento que o participante recebeu. Caso contrário, o médico dará mais atenção para aqueles que receberam a vacina e menos para os que foram tratados com o placebo, influenciando diretamente nos resultados da pesquisa, ou usando a linguagem científica, **contaminando o estudo**. Assim como o placebo, a

atenção de um médico também produz mudanças no organismo do paciente – aqueles bem tratados podem apresentar melhorias mais significativas do que os que foram atendidos com menos carinho. A condição cega do médico faz com que ele tenha uma probabilidade maior de tratar todos os pacientes de forma similar, ou seja, do tratamento se manter **controlado**. Controlar o máximo de variáveis possíveis é importante em um experimento para aumentar o grau de confiança dos cientistas de que foi a **intervenção** que causou os resultados e não o tratamento mais atencioso do médico, por exemplo.

No final das minhas palestras sobre **A Ciência da Felicidade**, frequentemente sou abordado por entusiastas que ficam encantados com as pesquisas científicas que indicam que **interações positivas** nos geram grande bem-estar. Muitas dessas pessoas dizem ter visto o vídeo com o **"estudo das plantinhas"** e afirmam que essa é mais uma prova do poder das interações (link para o vídeo nas referências). Se você não está familiarizado com esse estudo, permita-me o apresentar. O vídeo; produzido por uma empresa europeia que comercializa móveis, decorações, plantas e outros acessórios para casas e escritórios; mostra o que aconteceu quando duas plantas idênticas foram colocadas em uma área comum em uma escola. Os alunos foram solicitados a **xingar** uma das plantinhas e a **elogiar** a outra. Depois de alguns dias, a plantinha xingada **morreu** e a incentivada com palavras positivas continuou **viva e formosa**. A lição que a empresa e a escola queriam dar aos alunos era a de quão prejudicial é o bullying e quão benéfico é um elogio. Estudos como esse nos seduzem e fazem com que **queiramos que os dados sejam verdadeiros**, porém, a metodologia cientifica tem um compromisso com a verdade que é mais importante do que os nossos desejos. Por mais que eu queira acreditar que uma plantinha incentivada floresce e uma xingada apodrece, meu lado cientista fala mais alto – e espero que a partir de agora, o seu também. Conhecendo os passos de um experimento científico, onde estão as falhas desse estudo e de suas conclusões? Qual é a garantia que temos de que as duas plantinhas foram **regadas e adubadas de forma "cega" e igualitária** pelas pessoas que conduziram esse estudo? Será que essas plantas receberam exatamente a **mesma exposição a luz solar**? Por que esse estudo não analisou o crescimento de uma terceira planta, que não foi xingada e nem incentivada, para servir como a **"planta de controle"** e ser comparada com as outras duas? A empresa que realizou esse "experimento" continuaria divulgando os resultados caso descobrisse que incentivos e xingamentos **não causaram mudança alguma** no crescimento das plantas? Essa empresa tinha algum **interesse** em que sua hipótese fosse verdadeira? Uma amostra de **duas plantas** é confiável ao ponto de as descobertas poderem ser **extrapoladas para toda a população**? Será que os acontecimentos desse estudo não são frutos do **acaso**? Quantos outros cientistas **replicaram** esse "experimento" e obtiveram os mesmos resultados? Se 100 plantas fossem xingadas e outras 100 incentivadas, teríamos **o mesmo padrão de desenvolvimento** ilustrado no experimento? Será que uma **planta** tem o poder de **distinguir** um xingamento de um incentivo? Levando em conta que xingamentos, incentivos e outras classes de palavras são **invenções humanas**, quais mecanismos fariam uma planta entender essas palavras? Como as plantas estavam uma do lado da outra durante o estudo, como é que cada planta tinha a consciência de que era ela que estava sendo elogiada ou xingada pelos estudantes, já que elas não conseguem **enxergar**? Plantas conseguem distinguir **tons de voz** diferentes, **volumes** diferentes? Será que palavras de incentivo tem **ondas sonoras** diferentes de xingamentos e, caso sim, como essas ondas iriam impactar de alguma maneira a **fisiologia** de uma planta? Se as plantas fossem incentivadas e xingadas em **outras línguas**, haveria mudanças?

Entendeu como o pensamento científico é uma maneira fantástica para desenvolver seu **pensamento crítico**? Sua opinião sobre a confiabilidade da metodologia científica mudou? Isso é só um pedaço, ainda tem mais!

Autorrelato

Além dos métodos correlacional e experimental, existem diversos outro usados com frequência pelos cientistas, como as **entrevistas** e **questionários**. Por que ao invés de usarmos correlações ou experimentos, nós simplesmente não **perguntamos** para as pessoas se, por exemplo, elas já usaram armas, se já as utilizaram de forma violenta, se elas se consideram pessoas violentas, se elas acreditam que o problema da violência no país são as armas e outras questões que nos trariam revelações importantes? Esse método é bastante usado pelos cientistas, porém, como todo método, ele apresenta algumas **falhas**. Como vimos, o ser humano tem a necessidade de construir uma imagem positiva sobre si mesmo, o conhecido **Viés do Auto Interesse**. Ao serem perguntadas sobre serem ou não violentas, o comportamento socialmente aceitável é **não ser violento**, portanto, as pessoas tendem a responder perguntas a fim de manter uma imagem elevada de si mesmas. Lembro de uma ocasião em que estava realizando um trabalho de consultoria para um cliente dos EUA e a equipe desta empresa, que trabalha com bem-estar, queria saber a frequência de relações sexuais que os brasileiros tinham. Encontrei uma pesquisa, feita através de **entrevistas**, que dizia que o brasileiro fazia sexo em média três vezes por semana. Como você pode imaginar, ao serem perguntadas sobre a quantidade de sexo que praticam durante uma semana, as pessoas querem passar uma imagem positiva de si mesmas, reportando um número superior ao seu real comportamento, algo que prejudica as descobertas da pesquisa e faz com que ela não seja confiável.

Outras Metodologias

Até o momento, você conheceu em mais detalhes estudos correlacionais, experimentais, entrevistas e questionários. Como este não é um livro sobre metodologia científica, vou apenas apresentar apenas mais dois tipos de pesquisa e depois, vamos para a cereja do bolo. Quando o cientista precisa tirar uma "foto do momento" de algum acontecimento, é usado o **método perspectivo**. Muitas vezes os cientistas usam estudos perspectivos para registrar **os passos** de uma descoberta. O método também é utilizado para fazer as pesquisas eleitorais, que como bem sabemos, são pesquisas "vivas" que podem mudar de resultado a qualquer momento. Já quando um cientista precisa investigar algo que **já aconteceu**, o método usado é o **retrospectivo**. Um exemplo de estudo retrospectivo é a análise da dinâmica da troca de poder em democracias, ou seja, quais são os padrões de estabilidade de cada tipo de governo nos países. Quando um partido da esquerda ganha uma eleição, a tendência é que um partido de direita ganhe as próximas? Quando um partido de direita ganha, a tendência é que ele cumpra dois mandatos e posteriormente seja trocado por um de esquerda? Essas são algumas análises realizadas por este tipo de estudo.

Agora, gostaria de me concentrar no método mais poderoso da ciência: as **meta-análises**. Estes estudos são conhecidos como "estudo dos estudos" e acontecem quando os cientistas selecionam uma grande quantidade de artigos científicos sobre determinado assunto e analisam os dados de todos eles **juntos**, de uma vez só. Em uma meta-análise, um cientista pode selecionar estudos correlacionais, experimentais, longitudinais, documentais e qualquer outro tipo – inclusive aqueles com conclusões opostas –, descobrir o que eles entregam de informações valiosas e para que direção os dados apontam definitivamente. Como cada metodologia tem suas falhas, as meta-análises são uma ferramenta poderosa para combinar descobertas de todos os tipos de estudo e **eliminar qualquer falha metodológica** que possa ocorrer. Por esta razão, as meta-análises são consideradas pelos cientistas como o **suprassumo da ciência**, os estudos mais confiáveis. Como vimos, um estudo isolado pode apresentar resultados anômalos, mas centenas de estudos sobre o mesmo assunto, feitos com metodologias variadas, analisados em conjunto irão resolver este tipo de problema.

O mundo da ciência apresenta ainda mais ferramentas que aumentam o nível de confiança das descobertas. A **publicação** do artigo é mais uma delas. Para uma descoberta **tornar-se uma evidência científica**, ela deve ser **publicada** em um journal, ou revista científica, como chamamos aqui no Brasil. Os journals, na maioria das vezes, possuem uma equipe de cientistas independentes que analisam todos os dados da pesquisa, rodam os dados novamente, analisam o design do estudo e centenas de outras tarefas, para aí sim, decidirem se as descobertas são confiáveis ou não e principalmente, dignas de publicação. Caso eles encontrem inconsistências, o autor deve fazer ajustes no artigo e enviar novamente para a avaliação, para publicação posterior. Esta prática é conhecida como **revisão de pares**, e confere ao journal um status mais elevado no mundo acadêmico. Um artigo publicado com revisão de pares significa que os maiores cientistas da área leram, criticaram e pediram os ajustes necessários **antes** de o estudo ser disponibilizado pelo público em geral – uma espécie de selo de qualidade. Infelizmente, existem journals que não possuem tal comitê e ainda, outros que aceitam qualquer tipo de artigo. Por isso, existe uma **classificação de qualidade** de cada journal, chamada de **fator de impacto**, uma métrica que classifica o journal de acordo com a quantidade de citações que ele recebeu. Quanto mais cientistas referem-se a estudos publicados em determinado journal, maior a confiabilidade na qualidade dele. Já mencionei por aqui que pesquisas ruins não fazem outros cientistas como vítimas? Infelizmente, a maioria das pessoas não sabe de tal classificação, aceitando qualquer tipo de estudo como uma **verdade** a ser seguida e que não pode ser questionada, principalmente quando o estudo confirma o que a pessoa **quer** que seja verdade. Porém, como em qualquer área, existem publicações científicas de péssima qualidade, sem confiança alguma, produzidas para trazer alguma vantagem para o pesquisador. Por isso, é importante saber o nível de confiança do journal antes de sair afirmando que certo fato é "comprovado cientificamente." Outro ponto de alerta é que quando certo tipo de intervenção não obtém evidências convicentes e, assim, não é aceita por journals de renome – como os casos da homeopatia, astrologia, acupuntura, microfisioterapia, constelação familiar, programação neurolinguística, tratamentos quânticos milagrosos e outros –, cientistas com interesses escusos **criam journals** para conseguir publicar seus estudos. Geralmente, estes journals **não são revisados por pares** e quando são, os pares são outros profissionais da área com **interesses em comum**. Sim, existem oportunistas em todas as áreas e a ciência não está livre deles. O perigo disso é que a falta de conhecimento científico da população em geral faz com que várias pessoas sejam vítimas de tratamentos e intervenções sem eficácia comprovada, que inclusive podem colocar as suas vidas em risco. Vou cansar de repetir que as vítimas de estudos de qualidade duvidosa não são outros cientistas e sim, **eu e você**.

Infelizmente, nem mesmo journals de renome estão livres de pesquisas suspeitas, muitos deles, como o **The Lancet** e o **New England Journal of Medicine**, já publicaram estudos conduzidos de forma fraudulenta, vindo a ser descobertos posteriormente. Um caso recente do The Lancet envolveu a retirada de um estudo com dados manipulados que evidenciava que pacientes que recebiam hidroxicloroquina tinham taxas maiores de mortalidade por Covid-19, o que nos traz a segurança em saber que a **ciência não sofre a influência de partidarismo político**. Diferentemente da política, onde muitos corruptos passam impunes e são novamente eleitos pela população, na ciência as consequências são mais graves. Em alguns casos, caso seja comprovada a conduta desonesta de um cientista, ele corre o risco de **perder a licença** para atuar em sua profissão. Um destes casos aconteceu após a publicação de um estudo que até hoje causa danos para a sociedade, realizada por cientistas que concluíram que a vacina para rubéola **aumentava os casos de autismo** – uma **correlação**, como você pode imaginar. O artigo chocou a comunidade médica e provocou a ira de inúmeros pais e mães, que começaram a processar as fabricantes de vacinas a torto e direito. No entanto, o journal descobriu posteriormente que os médicos que publicaram este artigo tinham um **acordo** com um escritório de advocacia que estava auxiliando os pais a processarem os laboratórios farmacêuticos, configurando um **conflito de interesses**. Mais grave, porém, foi a constatação de que os **dados da pesquisa foram falsificados** por Andrew Wakefield, o autor principal do artigo. Se não bastasse isso, o estudo foi feito com **apenas 12 crianças**, uma amostra **longe de alcançar um nível de confiança** dentro dos padrões científicos. Um dos conhecimentos mais disseminados no mundo da ciência é a **Lei dos Pequenos Números**, que revela que amostras pequenas apresentam uma chance enorme de **gerar resultados extremos**. Como um teste, recorte 24 pedaços pequenos de papel e anote em 12 deles a letra A em nos outros 12, a letra B. Dobre cada um desses papeis, misture-os bem e, aleatoriamente, separe apenas 6 pedaços de papel. Quando você os abrir, existem chances enormes de você encontrar 4 ou 5 pedaços com a letra A, por exemplo. Isso significa que uma **amostra muito pequena não é representativa da população em geral**. Os médicos desse estudo fraudulento perderam suas licenças, além de terem seu artigo **retratado** – excluído – do journal. Infelizmente, mesmo com os processos punitivos da ciência, o dano causado por este artigo é sentido até hoje, pois ele deu origem ao **movimento anti-vacina**, que continua firme e atuante até os dias de hoje.

Um artigo desonesto que recebe uma marcação de **"retratado"** ou **"retracted"** em inglês, alertando os leitores sobre a exclusão do artigo da base do journal, muitas vezes causa um dano **permanente** na carreira do cientista, dificultando com que ele atue na área novamente ou seja contratado por outra universidade. Atualmente, todos os journals sérios exigem que aos autores revelem a **origem do dinheiro** que permitiu o investimento na pesquisa, para evitar conflitos de interesses e causar danos irreparáveis para a população.

Hipótese Nula

Além de todos estes cuidados, a metodologia científica apresenta ainda outra vantagem. Quando um cientista vai pesquisar certo assunto, ele aborda este assunto de forma a provar que **ele mesmo está errado**, desenvolvendo uma hipótese falsificável ou nula. Vamos voltar ao estudo das armas: para descobrir o impacto delas no comportamento das pessoas, o cientista deve formular pelo menos duas hipóteses: **(1) armas impactam a violência** e **(2) armas não aumentam ou diminuem a violência**. Os cientistas nomeiam como **Hipótese Nula** aquela onde assumem que **nenhuma** diferença existirá, ou seja: armas não aumentam e nem diminuem a violência. Já a **Hipótese Alternativa** é aquela onde o cientista irá assumir que alguma diferença será encontrada: **armas impactam a violência.**

Usando um exemplo pouco complexo, imagine que você quer descobrir se uma **moeda** é normal ou se ela é uma daquelas utilizadas por mágicos. Para isto, você vai lançar a moeda uma certa quantidade de vezes e analisar se ela cai de forma suspeita mais em cara do que em coroa, ou vice-versa. Sua **hipótese nula** seria a de que **a moeda é normal**, de que nada estranho irá acontecer durante os arremessos. Já a sua **hipótese alternativa** seria a de que **a moeda é suspeita**, de que ela provavelmente tem um peso desbalanceado que a fará cair sempre em coroa. Para aceitar ou rejeitar suas hipóteses, você deve descobrir o valor do **p**, ou valor da probabilidade. No primeiro arremesso você obtém coroa e conclui que nada de estranho aconteceu, afinal, a probabilidade de uma moeda dar coroa é de 50%, ou 0,5, certo? No segundo lançamento, coroa novamente. Nada de estranho ainda, já que tirar duas coroas seguidas é algo bem possível, as chances são de 25%. Terceiro arremesso e adivinhe, coroa mais uma vez. Tudo normal ainda, já que as chances são de 12,5%. No quarto arremesso, coroa novamente. Aqui, você começa a **desconfiar** que a moeda é suspeita certo? Já que as chances de tirarmos coroa em quatro arremessos seguidos são baixas, apenas 6%. De qualquer forma, você deve seguir com o seu teste e fazer o quinto arremesso. Adivinhe o que aconteceu? Coroa de novo! Nessa hora, você começa a ter **certeza** de que a moeda tem algo estranho, pois as chances de uma moeda dar coroa cinco vezes seguidas são de apenas 3% ou 1/32. Segundo os padrões estatísticos, quando o valor do p é **menor do que 5% ou 0,05**, o cientista deve **descartar a hipótese nula**, ou seja, a hipótese de que a moeda é normal, de que nada fora do usual está acontecendo. Assim, a **hipótese alternativa deve ser aceita**: a de que a moeda **não é normal** e que certamente tem um peso desbalanceado. Neste caso, o cientista conclui que **existe uma diferença estatisticamente significativa** entre o comportamento da moeda e as **chances reais** de ela cair em coroa **cinco vezes seguidas**. O valor de 0,05 também é conhecido como **valor alfa**. Quando o valor do p é menor do que 0,05, ou 5%, isto significa que o intervalo de confiança é de 95%. No caso da moeda (p= 0,03) existe 97% de certeza de que a moeda é suspeita.

Mais um exemplo fácil, mas diferente. Imagine que quer descobrir se existe uma diferença significativa entre a altura de homens e mulheres. Você tem uma tabela com a altura de vinte homens e vinte mulheres e, na sua observação preliminar, os homens parecem ser significativamente mais altos. Porém, a mera observação da tabela pode te enganar. Para ter certeza, você precisa formular **uma hipótese de que sua intuição pode estar errada** e em seguida realizar cálculos estatísticos. Neste caso, sua **hipótese nula** seria a de que **não existe diferença significativa entre a altura de homens e mulheres** e sua **hipótese alternativa** seria a de que **os homens são mais altos do que as mulheres**. Ao realizar os cálculos você chega em um p= 0,02. O que isto significa? Que a hipótese nula deve ser descartada e a **hipótese alternativa** deve ser aceita. A conclusão é que **homens são estatisticamente mais altos do que as mulheres**. Inclusive, existe um nível de confiança de 98% em sua pesquisa indicando que, como regra, os homens são mais altos.

Um cientista nunca pode estudar um fenômeno analisando apenas **um lado** da história, falha que **nós cometemos** quando buscamos apenas por fatos que confirmam nossas opiniões iniciais, descartando as informações que nos contradizem, o conhecido **Viés da Confirmação**. É comum em um artigo científico você ler que a hipótese inicial **não foi confirmada**. Os cientistas, conhecedores dos vieses que influenciam nossas decisões, precisam ter a humildade de saber que também podem ser vítimas deles, por este motivo, eles abordam um assunto sempre com o intuito de **verificar se estão errados**, não com o objetivo de mostrar que estão certos. Assim, eles formulam uma hipótese nula, coletam informações, fazem observações cuidadosas e usam as mais sofisticadas ferramentas estatísticas para chegar a conclusões baseadas em dados, não em achismos, experiências passadas, intuições ou crenças.

Diferentemente dos membros do Heaven's Gate, os cientistas não podem culpar o telescópio quando atingem resultados contrários às suas crenças.

Um dos fatos que mais me surpreendeu durante uma conversa que tive com a cientista Vanessa Bohns na Cornell, foi o de que em algumas perguntas que fiz a ela, a resposta que obtive foi a seguinte: "Luiz, acho que não sou a pessoa mais indicada para falar sobre este assunto." Sim, uma cientista da **Cornell**, uma das instituições mais prestigiadas do mundo, é humilde e cautelosa o suficiente para admitir não ter preparo suficiente para falar sobre um assunto o qual não domina completamente. Temos uma boa lição para tirar desta situação, não é mesmo? A ciência é o processo da busca pela verdade, doa a quem doer. Você pode até **não gostar** do resultado de um artigo científico, mas isto não faz com que ele se torne uma mentira. O famoso físico Neil deGrasse Tyson, nos presenteia como uma bela frase:

"A coisa boa da ciência é que ela é verdade,
independentemente de você acreditar nela ou não."

Usar o ceticismo no dia a dia pode aumentar de forma exponencial a precisão de suas decisões. Na **ausência de evidências**, o melhor é **não acreditar** naquilo que você "acha" que é verdade.

Um Por Todos, ou Todos Por Um?

Apesar da incrível complexidade da natureza humana, muitas pessoas ainda acreditam que se **um** indivíduo fez algo e obteve certo resultado, se elas fizerem o mesmo obterão resultados iguais. As mídias sociais são lugares onde este tipo de mensagem é saliente: "**eu** fiz e deu certo, compre meu curso!" Se **uma** pessoa fumou a vida inteira e morreu de uma doença sem relação com o tabagismo, isto significa que se **você fumar a vida toda o seu destino será igual?** Dificilmente! A ciência nunca pode se dar ao luxo de analisar apenas **um caso** para determinar o que é verdade. Para chegar a uma conclusão confiável, cientistas precisam estudar **vários indivíduos** colocando-os **aleatoriamente** em condições diferentes, comparando os resultados destas condições com um grupo de controle, realizando cálculos estatísticos incrivelmente sofisticados, publicando seus artigos em journals de alta credibilidade com revisão de pares, tomando todos os cuidados para que o design do estudo permita a **replicação**, possibilitando a produção de um enorme volume de evidências em outros laboratórios, aumentando desta forma a confiabilidade das descobertas, para **somente então** avançar nosso conhecimento sobre como um fenômeno funciona. Bem mais complexo do que as pessoas imaginam, não é mesmo? De qualquer forma, você continuará a escutar pessoas dizendo que:

— *Meu tio nunca comeu vegetais e morreu com 96 anos. Esse negócio de que vegetais são saudáveis é balela.*

— *Minha mãe me criou na base da palmada, por isso eu nunca me meti com drogas. É por isso que eu dou umas palmadas nos meus filhos também. Se funcionou pra mim, vai funcionar para eles.*

— Meu pai pegou coronavírus, tomou cloroquina e curou-se. Se você tomar, vai curar-se também.

— Um amigo meu tomou três doses da vacina do coronavírus e acabou falecendo do mesmo jeito: eu falei que estas vacinas não servem pra nada.

— A Apple usa aquela estratégia para vender mais. Se deu certo na Apple, vai dar certo na minha empresa também.

— Um amigo meu era extremamente pobre e depois de muita batalha, conseguiu tornar-se um empresário de sucesso. As pessoas que continuam na pobreza estão lá por que querem, elas não se esforçam para mudar de vida.

Quando você escutar estes tipos de comentários, seu lado cientista também falará mais alto e você buscará saber se aquele comportamento é a regra ou a exceção. A regra para pessoas que não comem vegetais é viver até os 96 anos, ou será que este caso é a exceção? A regra para quem apanha dos pais é evitar as drogas, ou será que este fenômeno é mais complexo? A regra para quem toma cloroquina é salvar-se do coronavírus, ou esta é a uma mera especulação? A estratégia que uma empresa usou para ter sucesso é uma regra, ou o mundo dos negócios é mais complexo do que uma estratégia pode explicar? Qualquer pessoa que nasce na pobreza tem a capacidade para tornar-se milionário, ou os milionários que vieram da pobreza são a exceção?

> *A ciência tenta entender a regra e a exceção, auxiliando-nos a tomar melhores decisões e a evitar erros que custam muito caro.*

Apesar de utilizarem uma metodologia extremamente confiável para definir a causa de muitos comportamentos, cientistas nunca podem afirmar que existe apenas **uma** causa para certo fenômeno. Como já vimos, a exposição a armas **causa** um aumento no comportamento agressivo, mas não podemos afirmar que a exposição a armas é a **única causa da violência**. Afirmar isso é um exemplo do que os cientistas nomeiam como **reducionismo**, a tentativa de explicar um fenômeno complexo usando apenas **uma**, ou poucas variáveis. Exposição a armas causam mais violência, assim como o **calor, a desigualdade social, videogames e programas de televisão violentos, hormônios, genes, bebidas alcoólicas, maltrato por parte dos pais, frustração, bullying, desemprego, más companhias e muitas outras variáveis.** Da mesma forma que uma empresa não alcança sucesso cuidando apenas de suas finanças, pois precisa vender, fazer publicidade, desenvolver bons produtos, ter políticas de RH inteligentes, traçar rotas logísticas eficientes e seguir muitas outras estratégias, o comportamento de um indivíduo também é o resultado da interação de inúmeras variáveis.

Uma variável dificilmente explica todas as possíveis causas de um fenômeno.

Você deve se recordar do conselho do cientista da Harvard, Steven Pinker, logo na introdução do livro: por mais que a visão de um piloto de avião seja perfeita na maior parte do tempo, às vezes ele precisa desconsiderar sua visão e entregar o avião para o comando dos instrumentos. O nosso cérebro funciona de forma similar, em grande parte das oportunidades ele toma decisões corretas, devemos nos alertar, porém que somos influenciados por vieses e portanto, precisamos ser guiados pela ciência quando não podemos confiar em nossa visão. Espero que com o conhecimento que tem agora, a ciência possa ser a sua melhor amiga em momentos de dúvida.

REFERÊNCIAS

Kellermann, A. L., Somes, G., Rivara, F. P., Lee, R. K., & Banton, J. G. (1998). Injuries and deaths due to firearms in the home. Journal of Trauma and Acute Care Surgery, 45(2), 263-267.

Efron, B. (2007). Correlation and large-scale simultaneous significance testing. Journal of the American Statistical Association, 102(477), 93-103.

Vogt, W. P. (1993). Dictionary of statistics and methodology. Newbury Park, CA: Sage.

Bazerman, M. (2014). The power of noticing: What the best leaders see. Simon and Schuster.

Morse, J. M. (2010). "Cherry picking": Writing from thin data. Qualitative health research, 20(1), 3-3.

Martin, D. W. (2006). Psychology of human behavior. The Teaching Company.

Messerli, F. H. (2012). Chocolate consumption, cognitive function, and Nobel laureates. New England Journal of Medicine, 367(16), 1562–1564.

Fisher, M., & Keil, F. C. (2018). The binary bias: A systematic distortion in the integration of information. Psychological Science, 29(11), 1846-1858.

Christensen, L. B., & Waraczynski, M. A. (1988). Experimental methodology. Boston: Allyn and Bacon.

Berkowitz, L., & LePage, A. (1967). Weapons as aggression-eliciting stimuli. Journal of Personality and Social Psychology, 7(2p1), 202.

Diez, D. M., Barr, C. D., & Cetinkaya-Rundel, M. (2012). OpenIntro statistics (pp. 174-175). Boston, MA, USA:: OpenIntro.

https://www.simplypsychology.org/control-and-experimental-group-differences.html

Lavelle, J. S. (2020). When a crisis becomes an opportunity: The role of replications in making better theories.

Haidt, J. (2012). The righteous mind: Why good people are divided by politics and religion. Vintage.

Hudgens, M. G., & Gilbert, P. B. (2009). Assessing vaccine effects in repeated low-dose challenge experiments. Biometrics, 65(4), 1223-1232.

Kirsch, I., & Weixel, L. J. (1988). Double-blind versus deceptive administration of a placebo. Behavioral neuroscience, 102(2), 319.

Colagiuri, B., Schenk, L. A., Kessler, M. D., Dorsey, S. G., & Colloca, L. (2015). The placebo effect: from concepts to genes. Neuroscience, 307, 171-190.

Estudo das Plantinhas: https://youtu.be/Yx6UgfQreYY?si=ebCtZNOpTbX-pU1o

Martin, E. (2006). Survey questionnaire construction. Survey methodology, 13, 2006.

Miller, D. T., & Ross, M. (1975). Self-serving biases in the attribution of causality: Fact or fiction?. Psychological bulletin, 82(2), 213.

Diez, D. M., Barr, C. D., & Cetinkaya-Rundel, M. (2012). OpenIntro statistics (pp. 174-175). Boston, MA, USA:: OpenIntro.

Hedges, L. V. (1992). Meta-analysis. Journal of Educational Statistics, 17(4), 279-296.

Burnham, J. C. (1990). The evolution of editorial peer review. Jama, 263(10), 1323-1329.

Garfield, E. (2000). The use of JCR and JPI in measuring short and long term journal impact. Croat Med J, 41(4), 368-74.

https://www.theguardian.com/commentisfree/2020/jun/05/lancet-had-to-do-one-of-the-biggest-retractions-in-modern-history-how-could-this-happen

Wakefield, A. J., Murch, S. H., Anthony, A., Linnell, J., Casson, D. M., Malik, M., ... & Walker-Smith, J. A. (1998). RETRACTED: Ileal-lymphoid-nodular hyperplasia, non-specific colitis, and pervasive developmental disorder in children. The lancet, 351(9103), 637-641.

Horton, R. (2004). A statement by the editors of The Lancet. The Lancet, 363(9411), 820-821.

Kahneman, D. (1971). Belief in the law of small numbers. Psychological bulletin, 76(2), 105-110.

https://healthland.time.com/2010/05/24/doctor-behind-vaccine-autism-link-loses-license/

Frick, R. W. (1996). The appropriate use of null hypothesis testing. Psychological Methods, 1(4), 379.

McKenzie, C. R. (1998). Taking into account the strength of an alternative hypothesis. Journal of Experimental Psychology: Learning, Memory, and Cognition, 24(3), 771.

Hung, H. J., O'Neill, R. T., Bauer, P., & Kohne, K. (1997). The behavior of the p-value when the alternative hypothesis is true. Biometrics, 11-22.

https://twitter.com/neiltyson/status/1381197292728942595?lang=en

Chang, X. (2024). Vining in the Blind: The Perils of Survivorship Bias. Advances in Economics, Management and Political Sciences, 72, 47-51.

Gallagher, R., & Appenzeller, T. (1999). Beyond reductionism. Science, 284(5411), 79-79.

Pinker, S. (2021). Rationality: What it is, why it seems scarce, why it matters. Penguin.

Este livro foi impresso nas oficinas gráficas da Editora Vozes Ltda.,
Rua Frei Luís, 100 – Petrópolis, RJ.